英国の仏教発見

フィリップ・C・アーモンド 著
奥山倫明 訳

法藏館文庫

目次

凡　例

・本書は、Philip C. Almond, *The British Discovery of Buddhism* (Cambridge University Press, 1988, paperback version 2006) の全訳である。
・引用文について、すでに邦訳がある場合には参照させていただいたが、訳文を改変した場合もある。
・引用文中の旧字、旧かな遣いは、新字、新かな遣いに改めた。
・イタリックによる強調は、傍点で表わした。
・訳註は本文中に〔　〕で挿入した。人名に関する訳註は各章の初出時に付した。［　］による挿入は原著者による。
・現在の観点からみて人権感覚上、ふさわしくない表現もみられるが、本書における原著者の意図・方法を尊重し、その原語のニュアンスに近い訳出を試みた。

英国の仏教発見

はじめに

宗教研究の学徒は、一九世紀のキリスト教思想史を取り扱った多くの書籍によって便益を享受してきた。ところがキリスト教以外の諸宗教に関する一九世紀の解釈について、またそれらがヴィクトリア期〔一八三七—一九〇一〕の文化の形成に果たした役割について、集中して論じた研究はほとんど著わされていない。本書は、この時期の英国における仏教の創造と解釈を検討することによって、そのギャップを埋めることを一つの意図としている。ヴィクトリア期の思想家たちがどのようにして東洋を理解したのかを検討し、ヴィクトリア期のキリスト教徒たちがみずからの伝統を補完もし、それと対立もする異質な伝統と折り合いをつけていく方法について考察することを通して、現代西洋の宗教多元主義の発展に重要な意味をもったこの時代に、いくらか新しい光を当てたいと願っている。

私は仏教の解釈者たち自身に、みずからを語らせるような叙述を多くの箇所でしてきた。これはある次元では、ヴィクトリア期の仏教言説を構成する文献の絡まりあいのなかの精妙で複雑な結びつきを目立たせる手段である。しかしまた別の、より深い次元では、読者の胸中に、そうした言説におけるヴィクトリア期特有の諸側面について、知的な理解のみならず、ある種の感覚、情感を喚起したいという意図もある。読者がその全人格をもってヴィクトリア期の仏教と出会うことを可能にするような詳細な事実を、紙幅の許すかぎり提供することを本書は目指した。

多くの方々に謝意を表したい。チャールズ・ロング教授は多くの刺激的な会話の機会を与えてくださった。同僚のリチャード・ハッチ博士とロッド・バックネル氏は、本書の草稿を読んで多くの有益な示唆をしてくださった。またロニ・ホーキンズ夫人のタイプ入力にも感謝している。

一九八七年四月、ブリスベン　P・C・A

序　章

ああ、世尊、貴き衆生の救主、
小いさき智慧に大いなる慈悲を度《はか》りて
穢しけむ此の力無き筆の跡宥《ゆる》させ給え。
ああ、愛し導き給う同胞《はらから》よ、法《のり》の燈《ともし》よ、
願わくは仏陀の御名に帰命《きみよう》せむ、
願わくは我れ御教の法に帰命し、
願わくは我れまた僧に帰命せむ。
露は蓮の葉に宿る。日よ、映《さ》し昇れ、
我が一葉掲げて波に入らしめよ。
唵如意宝珠赤蓮華〔Om mani padme hum〕、今ぞ旭は映し昇る。
その白露の玉一つ散りて耀く海に入る。

〔エドキン・アーノルド『亜細亜の光』島村苳三訳、岩波書店（岩波文庫）、一九四〇年、二九四―二九五頁〕

エドウィン・アーノルド〔一八三二―一九〇四、イギリスのジャーナリスト、作家〕は、八巻からなるブッダの生涯についての無韻詩である自著『アジアの光』を、こうした言葉で締めくくった。これがヴィクトリア期で最も親しまれた長大な詩篇の一つだったことには疑いがない。一八七九年に初版が刊行されたのち、少なくともイングランドとアメリカで百版が出た。さまざまな外国語訳が出版され、ニコラス・トリュブナー（一八一七―八四）がロンドンで刊行した月刊の出版目録 *Trübner's American and Oriental Literary Record*〔『トリュブナーズ・レコード』〔ドイツ出身の出版人〕によると、ベンガル語版とサンスクリット版の出版も予告されている。[1] クリストファー・クローゼン〔一九四二年生まれの米国の英文学者〕は、「それまで無名だったアーノルドは主として同書の影響によって名声を得、ナイトの爵位を与えられ、桂冠詩人の栄誉を期待するまでになったが、結局それは満たされないままとなった」と記している。[2]

同書の人気の結果、ヴィクトリア期後半のイングランドでは、仏教への認識と関心が急激に高まり、それとともに仏教に対する態度は両極化した。のちにクリスマス・ハンフリーズ〔一九〇一―八三、イギリスの法律家、仏教に帰依しロンドン仏教協会を設立した〕は次のように記すことになる。「この偉大な書物については、半世紀に及ぶ学問がけっしてなしえなかったであろう聴聞の機会をダンマ〔仏法〕のために獲得したと言っても、ほとんど過言ではない[3]」。国教会の牧師、ジョージ・コボールド〔一八五七―一九一六、日本宗教についての著作もある聖職者〕は一八九四年に『アジアの光』を、「英語圏の人々の注意を仏教に向けさせる手段として、今日までおそらく他のいかなる書物よりも大きな役割を果たしてきた」書物と記しているが、そのこと自体がこの驚くほどリベラルな聖職者からの抗議を引き出すものだった。「『アジアの光』を精読し終わると、男性も女性も自己のキリスト教信仰が傷つけられたような感覚を抱き、……ゴータマ・ブッダの姿で浮かび上がるイエス・キリストの恐るべき好敵手と対峙してきたのだという感情が沸き起こってくる[4]」。

一方で『アジアの光』に魅了され、他方でその主題にキリスト教徒が拒絶感を示すというこの組み合わせが、一九世紀末頃のヴィクトリア協会〔一八六五年に設立されたキリスト教的立場に立つ科学者の協会〕のある会合において鮮明に示されている。講演を行なったのは、一八五四年から一八七八年までインドとセイロンの宣教に従事していたリチャード・コリンズ師である。彼はアーノルドが描くブッダと歴史上のブッダとを区別し、『アジアの光』のブッダは「アルフレッド・テニソン〔一八〇九―九二、イギリスの詩人〕が描くアーサー王が実際のアーサー王の似姿でないのと同じく、実在した真実のブッダの似姿ではない」と主張した。(5) こうした感情は、次の議論においてより力強く表現されている。W・H・ロビンソンは同書に示される様式・才覚・構成を称賛した。しかし続けて、「エドウィン・アーノルド卿の書籍は最も有害なものの一つであり、ブッダは少なくともキリスト教徒が敬愛する御方と同じような偉人であって、ブッダの宗教はいくつかの点ではキリスト教よりも好ましいといった意見を、軽薄な思想家、無知な思想家のあいだで広めてきた咎《とが》で非難されるべきだと私は言いたい」と主張した。(6) ヴィクトリア協会への訪問者だというロバート・モンクリーフ氏は、さらにいっそう声高に叫ぶまでに駆り立てられていた。

刊行後ただちに『アジアの光』を読了し、「これがどうして〈光〉となりえようか、最も耐えがたい暗闇を産みだしたというのに」と私は語ったものです。ご参集の皆様にあえてお尋ねしたい。仏教の信奉者たちより以上に、流血の事態や人間の苦難にまったく無関心に見える人々がこの地上にいるでしょうか。同時に、人間の苦痛と人間の生命にはこうしたおぞましく怖ろしい軽視を決め込むにもかかわらず、彼らは動物の生命には最大の配慮を示すのです。……こうした矛盾が『アジアの光』から産み出される暗黒の一部であり、〈世の光〉〔イエス・キリスト〕よりも、そうした闇を好んで受け入れるようにと、私たちは求められているのです（拍手喝采）。[7]

アーノルドの詩に対する反応が例示する両極化は、中期から後期にかけてのヴィクトリア文化に埋め込まれた仏教に関するよりいっそう全般的な両極性の一部を成していた。その両極性が『アジアの光』によって刺激されたのである。しかしヴィクトリア期のイングランドでは、一八五〇年代以来、少なくとも教養ある中流・上流階級のあいだでは、熱狂と拒絶の両極性は持続していた。事実、『アジアの光』のような文学作品の創作を可能にし、その成功を保証したのは、まさしくこうした両極性、あるいはむしろその肯定的な面だったのである。仏教に対するヴィクトリア期の熱狂のなかで、アーノルドは自著に対する捌《は》けのよい市場を見いだした。仏教は彼の本が刊行される二〇年ほど前から文化的な力を発揮し、驚くほど広汎に普及していた。そしてこののちさらに二〇年ほど、その傾向を持続していくのである。

たとえばマックス・ミュラー〔一八二三―一九〇〇〕は、一八六九年に多少の皮肉を込めてこう述べた。「さて、ブッダの宗教の特異な運命とは、次のようなものでした。すべてのいわゆる偽りの宗教や異教のなかで、ほぼそれだけが、高貴で純粋な、人道的性格のために誰からも称揚されてきたのでした。カトリックとプロテスタントの宣教師たちがブッダを称賛しようと互いに張り合っているのを見ると、わが目を疑わないわけにはいきません」(8)。一八九〇年には仏教に関する重要な著作数篇を取り上げた匿名の評者が、若干、時期尚早のきらいはあったが、仏教への熱狂の翳《かげ》りを予見した。しかしそれにもかかわらずこの評者は、ヴィクトリア時代人の想像力に及ぼした仏教の影響について、明瞭な全体像を描いてはいたのである。

近年、私たちのあいだで仏教に対する熱狂が掻き立てられている。おそらくその熱狂はすでに頂点を越えたようだ。数年前、雑誌にはそれに関する記事があふれていた。若い女性で高級文化に詳しいふりをする者は誰でも、「かくも美しき宗教、そしてそれゆえキリスト教に類するもの」を進んで称賛しようとしていた。……あの勇敢なる改革者は、独り支配的なカーストに立ち向かい、人間の友愛と平等を宣言した。この孤独な思想家は、哲学と道徳の全体系を打破し、あらゆる前例から自立し、それらと対決した。自己を犠牲とする勇敢な生涯を送り、その命は友のために捧げられた。――膨大な文献は信愛と清浄さに満たされ、格言と寓話に富み、哲学のかくも高き次元に達した。――世界に広がる共同体の世間離れした僧院で、また石造の寺院や草葺《くさぶき》の小屋で、何世紀にも及ぶ沈黙の期間を通じて、世俗を超越した人々が静謐《せいひつ》な瞑想生活に没頭していた。――こうしたことがすべて今や、真理を知ることをこいねがう誰によっても、どちらかというと平凡で、奇をてらったところのない、不完全な形態のなかに見いだされている。(9)

この一節はわずかに皮肉な調子が浮かんでおり、この評者が主張するように、仏教への熱狂がすでに峠を越えたことを表わしている。これは、この時期以前の文献にはほとんど見ることのできない口調である。しかしそれにもかかわらず、この文章はブッダのあの英雄然とした特質と仏教のロマン主義的な雰囲気を鮮やかに描き出している。そしてそれらこそが、かくも多くのヴィクトリア時代人を惹きつけたのである。

しかしながら当時でさえ、多くの批判者は激しい非難を続けていた。一八八八―八九年版の『ロンドン・クォータリー・レヴュー』は、「仏教を称賛するヨーロッパ人はエジプトやカルデアの天文学の信奉者と同様、はなはだしい時代錯誤に陥っている」と厳しく断じた。(10)モニア・モニア＝ウィリアムズ〔一八一九―九九、イギリスの東洋学者、インド学者〕は東洋学者のなかでは仏教への共感が最も少ない人物の一人であり、ロンドンの世界宣教会議における講演で、いくらか意地悪く次のように断言した。「今日起こっている奇妙なことの一つに、教養ある人々でさえ仏教の教義について夢中になりがちだという現象があります。崇拝者たちが仏教の道徳規範から選り集めて見せびらかしている輝かしい宝玉に、彼らは魅了されているのですが、他方でその規範のすべての難点、すべての瑣事《さじ》は視界から遠ざけられ、実際にはいかなるキリスト教徒も言葉にしたら口が穢れてしまうような訓戒については、言及しないままにしているのです[11]」。

本書が調べようとしているのは、ヴィクトリア文化のなかでこれまでほとんど等閑視されてきたこうした側面である[12]。私はまず、一九世紀前半に仏教が想像力豊かに創造されたということ、そしてこの西洋における仏教の創造によって、次第に東洋の諸文化のいくつかの側面を定義し限定し分類することができるようになったということを論じたい。次に、「仏教 Buddhism」という用語が具体化することで創り出され、支えられてきた仏教についての言説を分析したい。この言説が逆に、この実体の性質と内容を定義したのである。仏教が言説の対象として出現したヴィクトリア文化によって、「仏教」が創造された方法と、仏教についての言説が規定された方法を、私は示したいと思っている。

そうすることによって、西洋における、そしてとりわけ英国における仏教研究の歴史について、ある程度のことが浮き彫りになるだろう。しかしながら二つの留保を付け加えなければならない。第一に、本書は内容においてであれ、方法においてであれ、仏教学の一つの研究史として記されるものだと言うつもりはない。仏教学は本書の文脈において重要ではあるが、それは、仏教と仏教についての言説の創造と維持に寄与するかぎりにおいてのみ重要なのである。第二に、本書の目的の一つは、仏教についての学術的分析が、それが創造した対象によって影響を受けるその様態と、その対象を規定する言説をできるだけ精確に示すことである。仏教学は、その研究が産み出したもの——すなわち仏教——の原因でもあり、そしてまた結果でもある。

方法についての一つの要点が、前述したことと関連する。産み出された学術資料は膨大な量があるが、そのなかから、いかにして仏教についての言説の発展に寄与したものを確定することができるだろうか。私は参照したい学術資料を、仏教について真摯に扱っているが、どちらかといえば一般向けの文献で言及されたり、論評されたり、引用されたりしている資料に限定することにした。これは一方で、西洋における仏教研究の歴史において重要ないくつかの作品を見落とすことに帰結したかもしれない。もっともその重要性は、歴史の後知恵で初めてわかることではある。他方、やがて明らかになるように、こうした決断によって、私は数多くの文献を調べることが可能になった。それらの文献は、現代の仏教研究史のうえで取り上げられることはほとんどないだろうが、当時の人々からは重要な貢献と見られていたのである。等しい原理に立って、同様に言及、論評、引用されている場合にかぎって、私はアメリカ英語、ドイツ語、フランス語の資料も広く参照した。

方法についてさらに一点、追加しておく。私が出発点としたのは、仏教についてのヴィクトリア期の言説は、エドワード・サイードが著書『オリエンタリズム』によって明るみに出したようなオリエントについてのより広汎な言説の一部を成しているという想定である。サイードがイスラームと中東に集中したことで理解した事態に対して、仏教についての言説は実のところ異なった趣を付け加えた。しかし私はサイードと同様、仏教についての内的論理、仏教についての見解の構造に関心を抱いているのであって、その関心は仏教が「実際には」どのようであったのか、という問題とは異なる。多様な文化のなかに仏教的と分類される文献、人物、出来事、現象の集積があって、ヴィクトリア期の仏教解釈がその集積を認識し、選別し、考察し、解釈する際には、理解と誤解の両方が含まれていたのだが、私はその理解の程度に関心を抱いているのではない。私の関心はむしろ、そうした解釈が、西洋によって、西洋において、そして主として西洋のために、どのように提示されたのかという点にある。仏教はオリエントの実質的な一部分を形成しているものと見られていたが、サイードによる次の言葉はオリエントにとってと同様、仏教にとっても重要なかかわりがある。

オリエントについて記述された陳述の価値、有効性、力強さ、真実らしさが、オリエントそれ自体に依存することはほとんどなく、それを手段として利用することもできないのである。それどころか記述された陳述は、「オリエント」として実在する事物のことごとくを排除し、駆逐し、邪魔者扱いにすることによってこそ、読者に対してひとつの現前となるのである。……オリエンタリズムがともかくも意味をなしえているのは、東洋《オリエント》のおかげではなく、むしろ西洋《ウェスト》のおかげなのである。そしてその意味は、オリエントについての言説《ディスクール》のなかで、東洋《オリエント》を可視的で明晰な「其処」なる存在に変えてしまう西洋の表象技術のあれこれにもっぱら負うて成立しているのだ[13]。

したがって私の議論の中心は、仏教の構築と解釈は一九世紀の関心の多くを明らかにするものであり、それはヴィクトリア時代にとって必須の社会・文化的諸側面についての一つの重要な兆候として読むことができるという推定である。仏教の創始者についてであれ、教義、倫理、社会実践についてであれ、あるいはその真理や価値についてであれ、仏教についてのヴィクトリア期のさまざまな解釈は、仏教を構築しつつ、その構築が成し遂げられていた世界を明らかにしている。したがって、以下の諸章においては、一つの異質な宗教性についてイメージが構築される様態を理解するために、仏教についての言説を検討するのみならず、構築された言説が、それが創造された広汎な社会・文化的文脈を明らかにするその解明の方法を指し示すことも目指して、仏教言説を考察する。仏教についての言説は、以下で見るとおり、一つの鏡を提供してくれるものだ。その鏡には、オリエントについての一つのイメージが映っていただけではなく、ヴィクトリア世界のイメージもまた反映されていたのである。

第一章　仏教の発見

序

仏教は西洋において、一九世紀前半に「発見」された。この時期に「ブッダ Buddha」（また 'Buddoo,' 'Buddha,' 'Boudhou' など）の語が英語やフランス語を話す世界で流通し始め、「仏教 Buddhism」という英単語が複数の学術誌上に初めて現われた。これは一つには、控えめに言っても、イングランドとフランスが東洋《オリエント》に対して帝国主義的な関心を増大させた結果として生じたものである(1)。

もちろん、今日よく知られているように、私たちが現在、仏教として理解するものと、西洋とのあいだには、それまでも折々に出会いがあったことは否定できない。断片的な情報が、すでに初期キリスト教世界には浸透していた。西暦一〇〇〇年以降、〔インドの王子〕バルラームと〔修道士〕ヨサファトの伝説のかたちをとったブッダの生涯の一つの伝承が、西洋キリスト教の修道生活の理想に影響を及ぼした。一三世紀から一八世紀にかけて、一連の接触が生じた。ウィリアム・ヴァン・ルイスブローク〔ウィリアム・ルブルック、ギヨーム・リュブリキとも。一二二〇頃―九三頃、フランシスコ会修道士でフランス王からモンゴルに派遣された〕、マルコ・ポーロ〔一二五四―一三二四、ヴェネツィアの旅行家、いわゆる『東方見聞録』の著者〕、ジョヴァンニ・ダ・モンテコルヴィーノ〔一二四七―一三二八、イタリア出身のフランシスコ会修道士、インド、中国で宣教〕。また日本、中国、チベットへのドミニコ会、イエズス会、カプチン会、フランシスコ会の宣教師たちは皆、仏教と遭遇し、みずからの見聞を好奇心あふれる西洋に報告した(2)。

しかしながらほぼ一九世紀を通じて、これら初期の邂逅は西洋における仏教理解にほとんど影響を及ぼさなかった。一八世紀末には仏教に関する諸文献が増大し始めたが、旅行家、宣教師、外交官たちの多様な報告は、特筆すべき例外がわずかにあったものの、それらの文献が絡まりあった網の目にとって不可欠な一部を成すことはなかったし、その網のなかで重要な役割を果たすこともなかった。確かに、そうした報告はほとんど引用されていない。そのうえ、仏教に関するそれらの雑多で無関係な言及が、仏教について現われつつあった言説の一部を占めることが可能になったのは、「仏教」〔概念〕が構築されたあとのことであり、それには一九世紀半ばを待つほかはなかった。そのとき初めて、歴史を回顧するなかで、西洋と仏教との最初期の接触といった出会いを目撃することができるようになったのである。そしてまたそのとき初めて、そうした接触を仏教についての言説のなかに分類することが可能になったのだった。それまで西洋の意識において、それらは西洋と東洋の不明瞭な諸側面との出会いについての無関係な記述でしかなかった——仏教的東洋との邂逅というわけではなかったのである。

仏教の形成過程における不可欠の一部分として、多様な文化のなかに拡散している諸々の宗教現象が、相互に関連しているように見えるという認識があった。古くは一六九三年に、フランスの第三回シャム派遣使節としてルイ一四世から遣わされたシモン・ドゥ・ラ・ルベール〔一六四二—一七二九〕が、シャム〔現在のタイ〕の宗教はセイロンから到来したと推測した。というのもシャム人自身が、「シャム人の宗教があの地域から到来したのは真実だと断言した」からである。「なぜならシャム人が敬愛するソンモナ・コドム〔ブッダ〕はセイロン島の王の息子だと、パーリ語の本で読んだからである[3]」。さらに彼は、中国人から得られた情報に基づいて、中国の「坊主たち」がタイからその教義を得たという意見もあえて口にした。日本、中国、シャムの諸言語のあいだでいくつも語源の比較を試みてから、こう結論づけている。

こうして私は、中国人が輪廻の教義をシャムの僧侶《タラポイン》から得て、その専門職の一般名を、その教義の作者の固有名と思い込んだのだと信じる多少の理由を見いだした。これはおそらくそうなのだろう。というのも、シャム人が彼らの僧侶たちをチャウクと呼ぶように、中国人が彼らの坊主たちをシャカという名で呼んでいるのは確かだからである。そのため、中国人の証言から、イエス・キリストの千年前に輪廻説の作者、チェキアという名のインド人がいたという主張は成り立たなくなる。中国人がキリストの死後、彼らが主張するよりもかなりあとになって、この教説を受容し、このチェキアに関連するものは何ももっていないと認めざるをえないことを見ると、そういうことになる。しかし、インド人の信仰について見ると、彼らはチェキアについては一言も語らず、その教説の最初の作者が誰かいたとは考えていない[4]。

中国仏教のシャム起源に関するルベールの見解と、インド起源説の却下は、一九世紀初頭における仏教の創造にほとんど影響を及ぼしていない。しかしソンモナ・コドムの宗教に関する彼の全般的な描写も、ウィリアム・チェンバーズ〔一七四八—九三、英国のインド駐在官、インド学の先駆者〕を介して、同様の結果となった。一七八八年に刊行された『アジア研究』第一巻でチェンバーズは、ルベールの情報と、ロバート・ノックス〔一六四一一七二〇、イギリスの貿易業者、セイロン島で二〇年近く虜囚生活を送った）の著書で初版が一六八一年に刊行された『セイロン島誌』（濱屋悦次訳、平凡社〔東洋文庫〕、一九九四年）の情報とをまとめて、次のように記した。「ノックスのセイロン史によると、そこで語られている印象は……アダムズピーク山についてのものであるらしい。現地民はそれ〔山頂付近の穴〕が彼らの偉大な偶像、ブッドゥーの足跡だと信じている。ノックスが描くブッドゥー崇拝と、ドゥ・ラ・ルベール氏が語るソンモナ・コドム崇拝のあいだには、多くの点で驚くべき類似が見られる」[5]。チェンバーズによるこうした関連づけは、一八〇一年にジョワンヴィル〔セイロン島で測量技師を務めたフランスの博物学者〕が書いたセイロンの住民についての記事にも反映されている。それによると、「シャムの住民にとってのサモノコドゥムは、シンハリ人のブドゥウと同一人物である」[6]。そしてマホーニー船長は同年、セイロンについての報告において「ガウテメ・ブーダはシンハラ人によって、シャム人がソンモノコドム、ブーティサットと名づける聖人と同一人物と認められている」と記した[7]。

しかしながら、こうしたつながりが認められないこともしばしばあった。たとえば、一八〇二年の『イングランド百科事典』の記述は以下のようなものでしかない。

ブドゥン Budun ――セイロン人の神々の一つであり、最低の虫の状態から現存動物のさまざまな種を経て輪廻を繰り返したのち、最高位に達したと伝承されている。この名をもつ三柱の神があり、高さ半マイル〔約八〇〇メートル〕、周囲六マイルの砂丘から、千年に一度、鳥が砂一粒を取り除くことで、その丘をなくすまでそれぞれの神が統治すると言われる。(8)

この項目は一八〇七年刊行の『パーセンシス百科事典』、一八一〇年、一八一七年、そしてのちの一八五四年に刊行の『ブリタニカ百科事典』、一八二三年の『パントロジア』、一八二九年の『ロンドン百科事典』でも繰り返された。(9) 中国で活動したプロテスタント宣教師、カール・ギュツラフ〔一八〇三―五一、ドイツ人宣教師、聖書の日本語への訳者（現存最古の邦訳聖書の訳者）としても知られる〕は、ラオス、カンボジア、シャムにおける仏教の創始者はソンモナ・コドムだと知っていたが、一八三三年になっても依然として、ソンモナ・コドムは「ブッダ自身の弟子ではないか」と疑っていた。(10)

民衆のあいだでは依然として不確かではあったとはいえ、学者のあいだではこうしたつながりはいっそう明らかだった。一六九七年にイエズス会のルイ・ル・コント〔一六五五―一七二八、フランス人修道士で中国宣教に従事〕は、「インド全域が彼のきわめて有害な教義に毒されてきた」と断言した。彼はシャムの仏教徒とタタール〔中央アジア〕、日本、中国の仏教徒とを一体のものと見ていた。[11] 一世紀のちに、ジャン＝バティスト・グロシエ神父〔一七四三―一八二三、フランス出身のイエズス会修道士〕は回想に基づいて、「フー崇拝に従事する聖職者は、シャム人からはタラポイン、タタール人からはラマ、中国ではホーチャン、日本では坊主と呼ばれている」と記した。[12] マイケル・サイムズ〔一七六一―一八〇九、アイルランド出身の英国の外交官〕は、一七九五年にアヴァ王国〔現在のミャンマー北部〕駐在の大使として次のように報告した。「セイロンのシンハラ人は純粋な起源の仏教徒であり、ビルマ人はもともとその島から宗教を受け入れたのだと認めている。〔聖職者〕ラハーンたちは、それがゼホー〔セイロンについてのビルマ人の呼称〕からアラカン〔ミャンマーのベンガル湾岸地方〕に伝えられ、次いでアヴァ、そしておそらくは中国にもたらされたと語っている。というのもビルマ人たちは、中国人が仏教徒であると自信をもって断言しているからである」[13]。カトリックのラングーン宣教団に属したヴィンチェンツォ・サンジェルマノ神父〔一七五八―一八一九、イタリア人司祭〕は、一八世紀から一九世紀にかけてのビルマにおける自己の体験に基づき、次のように記した。

ビルマ帝国に含まれる全民族、すなわちペグー族、アラカン族、シャム族等は皆、ゴーダマを崇敬しゴーダマの法を守っている。ここだけでなくシャム王国においても同様に、これが公定宗教になっている。ゴーダマは中国においてもフォーという名で崇敬され、チベットではその名はブッタである。その崇拝はコロマンデル海岸〔インド東部ベンガル湾岸〕沿いの多くの地に広まっている。特に僧侶《タラポイン》たちの中心地であるセイロン島で普及している。(14)

この種の記述は、一九世紀初めの二〇年を通じて周期的に現われ続けていく。(15)

一八二〇年代頃には一般に、アジア全体における宗教現象のこうしたまとまりがブッダの宗教、すなわち仏教として分類されるようになる。インドにおけるバプティスト派宣教師ウィリアム・ウォード〔一七六九―一八二三、イギリス出身、インド伝道に従事〕は、「ブードゥーの宗教は今日、ビルマ帝国、シャム、セイロン、日本、コーチシナ〔現在のベトナム〕、中国の大半の地域に広がっているが、実際にインドの古代宗教なのか、後世に発明されたブラフミン〔バラモン〕の迷信なのだろうか」と問うた。(16) ジェイムズ・ミル〔一七七三―一八三六、スコットランドの歴史家、哲学者。ジョン・スチュアート・ミルの父〕によると、「ブッダの宗教は現在、東洋の大部分に普及していることが明らかになっている。セイロンでも東南アジアでもチベットでも中国でも、さらには遠方の日本においても普及している」(17)。ジョン・デイヴィー〔一七九〇―一八六八、イギリス人医師、化学者。軍医として植民地に駐在〕は一八二〇年にセイロンについての報告で、仏教は他のどの宗教よりも広範囲に拡大しているとまで主張した。彼は記している。「それはタタール全域、中国、日本、それらの属国、および中国とブラマプトラ川〔チベットから流れるガンジス川の支流〕のあいだにあるすべての国々の宗教であるようだ[18]」。

しかしながら、こうしたさまざまな国々の諸々の仏教のあいだの歴史的な関連について、はっきりとした考えはなかった。東インド会社のウィリアム・フランクリン中佐〔一七六三―一八三九、イギリス出身でインドに駐在した軍人、東洋学者〕はルベールと同様に、仏教はセイロンからアヴァを経由して中国、日本に到達したと捉えた[19]。これとは対照的に、ジョン・クローファード〔一七八三―一八六八、スコットランドの医師、東南アジアで植民地行政に従事〕はシャムとコーチシナ駐在の大使館員としての日記において、ホーラス・H・ウィルソン〔一七八六―一八六〇、イギリスの東洋学者〕から伝えられた仏教についての覚書に従って、シャムの仏教について次のように結論づけた。

タタールで誕生したときの〔仏教という〕その名のもとでの崇拝について、シャム人は何も知らないようであり、〔シャムの仏教は〕その崇拝と直接的な関係はまったくない。〔シャムの仏教は〕キリスト生誕前六世紀に北ビハールのマガダ国〔現在の北東インド」で生まれた宗教の改革、あるいは刷新に由来するものである。[20]

こうした不確かさはさておき、一八三〇年代半ばまでに、「仏教」はアジアの大半の地域に見られるさまざまな宗教的な信仰と実践を定義する語となっていた。一八三六年刊行の『ペニー・サイクロペディア』では仏教についての記述はこう始まっている。それは、「ヒマラヤの北、シベリアの境界にいたるまでの高原地帯住民の大多数が奉じる宗教になっており、また中国、ガンジス川の向こうのインド半島部、セイロン、インド洋のいくつかの島々、そして日本帝国において普及している信条である」。[21] 一八四五年刊行の『ニュー・イングランダー』〔現在に続く文芸誌『イェール・レヴュー』のかっての誌名〕では、仏教は東アジア文明の創造に最大の貢献を果たした宗教体系として捉えられている。[22] 一八五四年には、以下で見るようにインドが仏教誕生の場所であることがほぼ確定していた。その頃までにロンドン伝道協会のジョゼフ・エドキンズ〔一八二三―一九〇五、イギリスの宣教師で中国伝道に従事、中国研究の業績を残した〕は、仏教が広汎に拡大している事実から、インドは現在では怠惰で頽廃しているが、過去においては英国の植民政策による再活性化の力を必要としてはいなかったという意見を抱くにいたっていた。これは異端的とも言えそうな意見である。彼はこう記している。

仏教の存在そのものが、インドの人種がかつて有していたエネルギーの十分な証拠である。モンゴル人、チベット人、セイロン人は、インドシナ半島の住民とともに、中国人、日本人とも一緒になって、今でも奉持している仏教への信仰によって、彼らの最初の伝道の熱意と人類への影響力を証明している。仏教は今日、古びて傷んだ迷信のように見えているが、つねにそうだったわけではない[23]。

こうして東洋を「仏教」という対象のなかに埋め込むことと軌を一にして、その信奉者の数についての認識には多種多様な想像が繰り広げられた。古くは一七九九年にフランシス・ブキャナン〔一七六二—一八二九、スコットランドの医師でインドを対象とする博物学者〕が、その人数の特徴にこそ西洋は注意を向けるべきだと主張した。「この宗教の教義がどれほどばかげたものであろうと、人類のかくも多くの割合の人々の振る舞いに影響を及ぼしながら、これは人類の歴史においてきわめて重要な宗教になっている[24]」。しかしながら、仏教の信者数の真の膨大さが西洋にとって明らかになったのは、ようやく一八二〇年代になってからのことである。この宗教が「創造」された結果、信奉者がキリスト教徒の数を超えていることが理解されるようになった。一九世紀の残りの期間、信者数は仏教の特徴として最も頻繁に引用されるようになり、それに関する議論が必要にもなっていった。その数は三億人から五億人のあいだでさまざまに見積もられていく。仏教が他のいかなる宗教よりも多くの信奉者を抱えていると認められることもしばしばだった。たとえば一八八九年にモニア＝ウィリアムズ〔一八一九―九九、イギリスの東洋学者、インド学者〕が、その主張は「まったく誤った計算」に基づくものだと反論し(25)、そして中国伝道に当たった多くの宣教師たちがすべての中国人を生粋の仏教徒と考えることはできない、あるいはそもそも仏教徒と見なすことさえできないと論じていたにもかかわらず、そうした事実をものともせずに、最大宗教としての仏教という認識が当たり前になっていったのである。

言説の始まり

これまでの記述を通じて、私が慎重に避けようとしてきたのは、仏教が一八世紀末よりも前に存在していたという印象を与えることである。仏教はいわば発見されるまで舞台の袖で出番を待っていた、というのではなかった。オリエントの精妙な辺土で、客観的な形をとるまで浮遊していたわけでもなかった。そうではなく、一八世紀末から一八三〇年代後半のヴィクトリア時代初頭までの期間に目にするのは、仏教の創造である。仏教は一つの対象となり、そのものとして構成され、一つの実体として形を成し、多種多様な方法で仏教を例証し顕現するものとして今日捉えることのできるさまざまな文化に対して、「存在」し続けているものとなった。一九世紀の最初の四〇年のあいだに見られるのは、一つの分類対象がぎこちなく、しかしながら画期的な姿を現わしつつある様子である。その対象の創造が今度は、東洋の多くの国々においてそれを例証し顕現する文化の「諸事実」の集合体を、体系的に定義、記述、分類することを可能にしているのである。

仏教の創造は、いくらか区別できる二つの局面で生じた。第一が生じたのは、一九世紀の最初の四〇年のことである。この間における仏教は、東洋《オリエント》、すなわちある特定の地理的、文化的な場所において、「あちらに存在する」ものとして例証、顕現される対象であり、したがって想像力に掻き立てられた他なるものだった。西洋で構築されたものとしての仏教は、旅行者、外交官、宣教師、軍人、商人等々が東洋で遭遇するものを、扱いやすいものにしてくれた。一つの分類対象としての仏教は、西洋人が外地で遭遇するものを組織だったものにして、そうすることでその異質性、異他性を減じることになった。仏教の居場所が東洋だった。

こうした事態は、ヴィクトリア時代の最初の二五年のあいだに微妙に変化することになる。もともと東洋《オリエント》の現在において「あちらに存在する」ものであった仏教が、過去の仏教文献の収集、翻訳、刊行が進展することによって、その第一の場所が西洋であるような対象として規定されるようになったのである。仏教は一八六〇年までに、東洋ではなく、西洋のオリエント図書館〔東洋学図書館〕、オリエント研究所〔東洋学研究所〕において、文献、文書のかたちで、それを解釈する西洋の学者たちの机上に存在するようになっていた。それ自体の文書としての特質を介して、定義され、分類され、解釈される文献的対象物になっていたのである。一九世紀半ばまでに「あちらに存在する」ものであった仏教は、西洋によって判断を下されるものになりつつあった。ただ西洋のみが、仏教がかつていかなるものであったのか、今日いかなるものであるのか、そしていかなるものであるはずなのかを知っていた。仏教の本質は、東洋の「あちらに存在する」ものではなく、仏教自体の過去の文書を西洋が支配することを通じて、西洋において表現されるものと見られるようになった。仏教の創造におけるこうした二つの局面に目を転じ、以下で詳述していくことにしよう。

ヴィクトリア期初頭までに、仏教がいかにして一つの分類対象となったかをここまでで見てきた。しかしながら記述と分類という仕事において、この概念構築が果たしうる効用はごく限定的なものにとどまった。それでも五〇年ほどのあいだ、精粗さまざまながら、情報が集まり、推測が企てられてきた。たとえば一七七七年にジョン・スチュワート〔一七四七―一八二二、イギリスの旅行家、哲学者か〕はジョン・プリングル卿〔一七〇七―八二、スコットランド出身の医師、哲学者、英国王立協会会長〕あての手紙で、チベットの宗教を啓蒙主義的な理神論の一つの堕落形態と叙述し、「そもそもどこから生じたのであっても、チベットの宗教は根源においては純粋、単純で、神のきわめて高貴な諸概念を伝え、嘆かわしい道徳体系などは含んでいないのですが、その発展の過程で俗人たちの創作によって大いに変化して堕落してきたのです」と記した。(26) ロバート・パーシヴァル〔一七六五―一八二六、アイルランド出身の軍人、南アフリカ、セイロンの旅行記作家〕は、〔一九世紀初頭の〕世紀転換期にセイロンについての描写のなかで、ヨーロッパ人もセイロン人自身も、セイロンの宗教についてのはっきりとした観念は形成していないようだと記した。続けて彼は、セイロン人の宗教はインド人の宗教の一つの派生形にすぎないと主張する人もいたことは認めるが、「自分にとってはインド人が実践するものとは異なる偶像崇拝の体系に基づいているように見える」と記している。(27) スチュワートと同様にパーシヴァルもまた、セイロンの宗教は一つの理性的宗教が堕落したものだろうと示唆した。彼によると、「他のいかなる民族よりも強く、一つの最高存在を崇拝する民族が、同時に、悪魔、動物、そしてほかならぬ地球の産物に信仰を捧げるのを見るときに、私たちは宗教に関する諸概念の不可思議な混同の際立った証拠を得ることになる」と説かれる。(28) パーシヴァルと同じくウィリアム・チェンバーズもまた、チンジレイ人〔シンハラ人のことか〕の宗教と彼が呼ぶものとインド人のそれとのあいだの違いがあることを論じた。(29)

当時の仏教とその過去との関係は、一八二〇年代に入るまでわからないままだった。また仏教とヒンドゥー教との関係についてもはっきりしていなかった。たとえばジョン・クローファードは一八二〇年に著書『インド諸島史』において、ビルマ人、シャム人、シンハラ人の宗教と、本来の真正で純粋な仏教とのあいだに違いがあることを論じた。そのうえ後者は、ブラフマーの宗教、すなわちヒンドゥー教と密接な関係があるとされた。ジャワ島の主要な寺院におけるヒンドゥー教の遺跡を証拠として捉えて、彼は「ブラフマーの宗教とブッダの宗教は本質的には同一であり、東洋学者たちがある時期に想像していたように、一方は他方の変異にすぎない」と論じた。[30] この意見は、エドワード・アッパム〔一七七六―一八三四、イギリスの東洋学者〕が一八二九年に著わした『仏教の歴史と教義』にも反映されている。同書は、書名に「Budhism」〔dは一つ〕を含む英語で執筆された最初の書物として、どれほど偏奇であろうとも特筆に値する。仏教徒たちの宗教とヒンドゥー教徒たちの宗教との関係について、アッパムは次のように記している。

仏教の儀式と祭壇をヒンドゥーの神々のそれらと相並べてみると、仏教の教義は神々しい花々の芳香をいくらか漂わせている。ブラフマーの崇拝者たちは、水星にブッダの輝きの星を見て、喜んで崇敬していた。この二つの大教団のあいだで生じた死闘の……期間をはっきりと跡づけるには、現在のところ歴史の記録が欠けている。……仏教についての詳細また完全な知識を有するふりをせずに、あの体系についての複雑で混沌とすらしている諸要素に関する延々と続く不安げな研究以上のものは何も得ることもないままに、私の心を強く打った確信がある。すなわち、仏教には微細な知的動機が混ざっており、それは「創造以前の夜の広大な母胎のなかに呑み込まれて消え去ることのなかった種子」で、道徳的な責任を語り、永遠の実在に応答するものであるというもので、これが本質的な論点になっているのだ。(31)

ブッダ――ヒンドゥー教の神なのか？

仏教とインドの宗教との関係を判断し、仏教の姿を明瞭に描こうとする際に生じる混乱は、一つには、初期の研究者の多くがヒンドゥーの賢者によって語られた情報に依拠していたことから生じた。紀元前五八七年から後一二三六年までのセイロンの歴史を記す『マハーワンサ』の最初の二〇章を編集したジョージ・ターナー〔一七九九―一八四三、セイロン出身のイギリスの歴史家〕は、一八世紀の終わり頃のインドにいたヨーロッパ人研究者たちは、インドからの仏教徒の排除のおかげでもっぱらヒンドゥーの賢者たちと接触するようになったと記した。賢者たちは、東洋学者たちの研究をサンスクリット文献に限定することだけに関心を抱いたというわけではなかった。「みずから保持する偏った古代文献を典拠とし、それを個々人が表現することを通じて、ヨーロッパ人の評価のなかで仏教文献を可能なかぎり貶めようと努めたのだった[32]」。一八四五年刊行の『ニューイングランダー』誌は、ジョージ・フェイバー〔一七七三―一八五四、イングランド国教会の神学者〕の著書『異教的偶像崇拝の起源』と、ウィリアム・ウォードの『ヒンドゥー教徒の見解』について、ブラフミンの権威に依拠することによって仏教についての説明は低劣なものになっていると指摘した。フランシス・ウィルフォード〔一七六一―一八二二、ドイツ出身の東洋学者、東インド会社将校として長くインド駐在〕は一八〇五年に、ヒンドゥー教徒たちにとっての聖なる島が「たとえブリテン諸島ではないにせよ……少なくとも旧大陸の北西のどこか離れた国だ[33]」と証明しようとし始め、それまで彼がインド人の助手たちに抱いていた信頼を後悔するようになった[34]。『ニューイングランダー』誌によると、ウィルフォードは「ブラフミンの巧妙さの餌食となって「冗長な荒唐無稽」を書き連ね、西方のホーリー・ホワイト島を崇敬することになった。このことから、ブラフミンたちが文書に削除を加えて彼を欺いたことを知ったときに、重篤な昏倒に陥ったのだった[35]」。

この問題に関連して特に重要だったのは、ブッダをヴィシュヌ神の生まれ変わり、化身と捉えるヒンドゥー教徒の見解である。一八二一年にジョン・デイヴィーはブッダとヴィシュヌの同一視に疑問を呈したが、もともとブラフミンの一つの伝統がブッダを含んでおり、そこからの異端として仏教が発生したのではないかという問題については定見をもたなかった。「ブードゥーはヴィシュヌの生まれ変わりだろうか。ブードゥーの宗教はブラフミンの宗教に接ぎ木された異端なのだろうか。著名な東洋学者のなかにはそれを肯定する人もいる。仏教徒自身は否定する見解の方に与《くみ》している。すべてが作り事であっても、ある主張が別の主張と対立することもあるだろう(36)」。ヴァンズ・ケネディー〔一七八四―一八四六、スコットランド出身の軍人、東インド会社将校〕は一八三一年に、両者のあいだにつながりはないと主張して譲らなかった。彼の主張によると、ヒンドゥー神話研究のどの例においても「研究作業より想像力を好む傾向が、ブッダとその宗教を尊重する刊行物における推測ほど際立って例証されてきたことはない。というのも、たんなる名前の偶然の一致から、ヴィシュヌの第九の化身と、仏教の創始者と目される人物が同一だとただちに結論づけられてきたからである(37)」。

この問題にかかわる仏教徒自身の立場の重要性は、一八二三年にウィリアム・アースキン〔一七七三―一八五二、スコットランド出身の東洋学者〕によって認識された。彼は仏教教義を「仏教徒のライバルたちによる表現ではなく、仏教徒自身による説明(38)」によって判断することが必要不可欠だと主張した。しかしながら、ブッダに関するヒンドゥーの見解の方が一八三〇年代の終わりまで優勢であり続けた。たとえば一八二七年に、マイケル・サイムズはこう結論づけた。「書かれてきたことに基づけば、私の読者たちに次のことを伝える必要はほとんどあるまい。すなわちビルマ人たちはヒンドゥー教徒であるが、ブラフマーの信奉者ではなくブードゥー派で、ブードゥーはヒンドゥー教徒のあらゆる記述において、守護者としての神の第九の化身あるいは子孫と認められている」[39]。『オリエンタル・ヘラルド』誌が掲載したアッパムの『仏教の歴史と教義』への書評によると、ブッダは三人おり、最初のブッダがこの体系を創設し、残りの二人が改革したのだという。そしてこの第一のブッダが「ヴィシュヌの第九の生まれ変わり、化身」と見なされるようになった[40]。一八四二年になってもなお、『ブリタニカ百科事典』では仏教の項目を「ブッダ（Buddha あるいはBuddhu）」の定義から説き始めている。それによると、「ヴィシュヌの二つの姿の一つであって、神々の敵を欺き、異端の見解を主張して、それによってヒンドゥー教を拒絶するように導くことで敵の破壊を実現する目的で、ブッダの姿を採る」[41]とされ、この記述は同事典の一八五四年版でも繰り返されている[42]。しかしながら、ブッダについてのこのヒンドゥー的な定義にもかかわらず、一八四二年版も一八五四年版もともに、仏教と仏教についてのヒンドゥー教の見解とを区別しそこなうことで、「われわれが調べてきた文献の著者たちは皆、錯綜した困惑と矛盾の迷路に入り込んでしまい、苦労して払拭しようとした混迷の度をかえって深めてしまっている」と認めている。その結果、一八四二年版は、「インドの宗教との関連で彼［ブッダ］について書かれてきたことはすべて、その主題とはまったく異質で無関係である」[43]と結論づけた。次いで、一八四七年までにブッダについてのヒンドゥー的な見解と仏教におけるブッダとは、分類上、はっきりと区別されるようになり、王立アジア協会カルカッタ支部の副会長を当時務めていたジェイムズ・バード〔一七九七―一八六四、英国の医師、一時、インドで軍医、または病院に勤務〕は次のような疑問を抱くことになった。すなわちプラーナ文献のなかのブラフミンとしてのブッダと、仏教徒たちにとってのゴータマ、あるいはシャカムニとははたして同一人物なのだろうか[44]――これが、やがては別人だということが判明していくのである。

歴史上のブッダたち

問題の全体が、ゴータマ以前の仏教の存在と、その特徴にかかわる疑問によって、さらに複雑になった。とりわけ最後のブッダ、すなわちゴータマより前の歴史において、他のブッダたちが存在していたのかどうかという疑問が分かれ目となった。問題を解く一つの方法は、二人のブッダを想定することであり、一人はヒンドゥー教徒によって言及される仏教の開祖、もう一人はその改革者と捉える想定だった。これはウィリアム・ジョーンズ卿〔一七四六―九四、イギリスの裁判官、東洋学者、比較言語学者〕が一七九〇年に採用した解決法である。彼はこう記している。

〔ブラフミンたちは〕誰もが、不寛容な精神のあらゆる悪意を込めてブッダたちについて語っているが、他方で最も正統派の者たちはブッダ自身をヴィシュヌの生まれ変わりと捉えている。これは結び目をほどくのではなく切断しないかぎり、解決しがたい矛盾である。その切断とは、二人のブッダがいてそのうちの若い方が新しい宗教を打ち立て、それによってインドでは大きな怒りを買い、西暦一世紀にその宗教が中国に伝えられたのだと想定することだった。[45]

この二人のブッダの理論が、一九世紀前半を通じて繰り返されていく。たとえばフリードリヒ・クロイツァー〔一七七一―一八五八、ドイツの言語学者、東洋学者〕は一八二〇年代初頭の『古代民族の象徴と神話』において、ブッダについて、クリシュナ〔ヴィシュヌの第八の化身〕の死後三六年ほど経った、紀元前一六〇〇年のヴィシュヌ教団の改革者と見なした。[46] フェイバーは次のように結んでいる。

太古のブッダはヴィシュヌ、またはシヴァ、あるいはオシリスと同一である。ブッダはブラフミンたちからは異端者として非難され、偉大な父祖の化身であることを否定された宗教的冒険家だった。彼は神の称号と性質を身に着け、地上における神の一つの顕現であることを説き、そうした存在として旧来のブッダ神学にいくらか不快な変化をもたらした[47]。

二人のブッダというジョーンズの想定は、早くも一八二三年にはアースキンによって拒絶されたが[48]、その説が消えることはなかった――もっともフェイバーとクロイツァーが示唆したような奇想に富んだ形を採ったわけではなかったのだが。たとえばアッパムは、仏教が「実際には、ある信仰復興の時代において、意欲あふれる情熱的な教師が説いた、二つの異なる時代の思想体系が相互に貫入しあったものである――つまり仏教には、古代的体系と近代的体系があって、前者は運命の教義を、後者は自由意志の教義を含んでいる」と結論づけた[49]。一八四五年の『カルカッタ・レヴュー』も、仏教には古代仏教と近代仏教が存在していたというリッターの主張と、ウィリアム・サイクス大佐〔一七九〇―一八七二、イギリスの軍人、博物学者〕のゴータマはすでに存在していた仏教の改革者だとする主張に言及し、そうした説のすべてに照らして、シャカは新たな一つの宗教の説教者ではなく、古い宗教の改革者と見なすべきだと結論づけた。[50] ジョン・クローファードは一八三〇年に、ホーラス・ウィルソンの二人のブッダ理論を支持した。その理論によると元祖のブッダはスキティアかタタールの血統を引いており、他方、真の開祖はゴータマで、クローファードの主張では、紀元前六世紀に、ビハール地方〔インド北東部〕で活動を繰り広げた。

この人物は古いブッダのヴェーダ批判の諸概念と、動物の命に対する情愛を借用したのだろう。……ブッダに関するあらゆる議論には、二人の人物を同一視することによって、きわめて大きな混乱が生じてきた――それはヒンドゥー教徒自身から生じた誤りである。……彼らはヴィシュヌの第九の化身でありクリシュナの直後に登場したブッダと、シュッドーダナ王とマヤ夫人の子息であるマガダ国〔に併合されたコーサラ国の属国〕の王子の二人を混同し、明らかにたいへん粗雑に融合した。[51]

ゴータマ以前に、歴史上に別のブッダが存在したと、なぜ主張されたのかについてははっきりしたことはわからない。一つには、ゴータマよりはるか以前に存在していたプラーナ文献に付された年代の結果だろう。また一つには、いかなる神的存在も本来は人間のなかの英雄だったということを含意するエウヘメリズムに、初めからかどうかはわからないが、ある時点で傾倒するようになった結果ということもあろう。いずれにせよ、一八三〇年代半ばまでに、ゴータマ以前の仏教の存在は歴史的に疑わしいということが、いくつかの場所で議論の俎上に載せられるようになっていた。たとえば一八三一年には、ケネディーが「これら二人のブッダが歴史上に存在したことを満足いくように証明する」証拠はないと結論づけ、それに続けて、「逆に歴史上にゴータマと仏教の宗教組織とが存在したことは、状況が認めるあらゆる証拠によって実証されるように見える」と記している。[52] ジョナサン・フォーブズ〔英国の軍人〕は一八三六年に第七八高地連隊とともにセイロンに駐屯していたが、ゴータマ以前のブッダたちに関する理論を認識していた。しかしながら彼は、ゴータマだけが歴史上で実在したと認めることになる。というのもほかならぬゴータマの説いた道徳的な教義が行動規則になっており、ゴータマの名こそが現存したブッダとして呼びかけられていたのであり、彼の生涯と教示こそが現存するさまざまな文書に確かに記録されていたからである。[53] 同年、ジョージ・ターナーも同様に、ゴータマ以前の歴史情報は、ヒンドゥー起源であれ仏教起源であれ、すべて疑わしいと論じた。

紀元前五八八年の少なくとも一世紀前までに、仏教資料の神秘化は終わっていた。その年、シッダート王子がゴータモ・ブッドとしてブッドの境涯に達したからである。

仏教の信条に従えば、ゴータモの降臨以前のあらゆる歴史資料が、聖なるものも俗なるものも彼の天啓を根拠にしている。それらはヒンドゥーの文献を包み込んでいる神秘と同様に、際限のない荒唐無稽と絡みあっている。[54]

歴史上、ゴータマ以前に仏教が実在したとする主張は、その後の二〇年間にも提起されてくる。たとえばウィリアム・ナイトン〔一八三三／三四―一九〇〇、ダブリン出身の作家、コロンボ、カルカッタで教育に従事した〕は、ゴータマ以前にいたとされるほとんどのブッダたちが歴史上、本当に存在したのかどうか判断できなかった。しかし仏教がゴータマの出現以前に中国に到達していたという想定に基づいて、「最後の二人のブッダ――カッサポ〔カッサパ〕とゴータモ――が人間として実体を有していたことについてはほとんど疑うことはできない」とした。[55]ナイトンは五年ほどのちに、ヘンリー・サー〔一八〇七―七二、英国の法律家。外交官としてセイロンに駐在した〕がセイロンを論じる際に引用されている。サーは仏教の始まりがいつかは突き止めることができないと主張したが、[56]それにもかかわらず、最後の二人のブッダは命の限られた人間であって、このことは「歴史が完全に証明している」とした。[57]

カッサパとゴータマの歴史的実在について肯定するのみならず、彼らより前の二人のブッダの歴史的存在を主張しようとする論者もいた。たとえば一八四九年にジョン・ロウ中佐〔一七八八―一八八〇、スコットランド出身の東インド会社将校〕は、仏教とブラフマニズム〔バラモン教〕の相対的古代性についての問題を論じた。ウジェーヌ・ビュルヌフ〔一八〇一―五二、フランスの東洋学者〕の『インド仏教史序説』へのエドゥアルド・ロエル〔一八〇五―六六、ドイツのインド学者〕の書評に基づき、ロウは仏教があるはっきりしない時代に誕生し、ゴータマ・ブッダの教説によって改めて確立されたのだと論じた[58]。しかしながらさらに加えて、最初のブッダが生きた時代は三千年から四千年前だろうと示唆した。もっとも、「インド最初のブッダの時代から……第四のブッダの時代までインド人の精神がたどった変化を跡づける手段は十分にはないし、その間、どれほど多くの神学的な理論が代わる代わる受容されては拒絶されてきたか、知ることはできないだろう」と認めてもいる[59]。一八五四年には依然として、ゴータマ以前のブッダたちの存在が歴史的にありえたかのように書くことが可能だった。ベンガル・エンジニア・グループ所属のアレクサンダー・カニンガム名誉少佐〔一八一四―九三、インドで考古学に従事〕は、シャカムニの死を紀元前五四三年と推定し、それ以前のインドとアーリア人が住んでいた国々で、より古い仏教が展開していたと論じた。その結果、「シャカムニ以前の三人のブッダになった人々、クラクチャンダ〔漢訳で倶留孫仏〕、カナカ〔倶那含牟尼仏〕、カッサパ〔迦葉仏〕への信仰は、インドでは、ヴェーダにおいて説示される諸要素の崇拝と同時代のものだった」とされた[60]。

仏教――その起源の場所

ゴータマ以前の仏教の存在にかかわる問いは、仏教が生まれた場所についての問いとも関連していた。ゴータマ以前に仏教が存在していた可能性は依然として残っており、他方、インド以外の場所で生まれた可能性もあった。最も頻繁に提示される二か所は一般に、第一がアフリカ、第二がペルシャかモンゴルだった。

英語圏で最初にエジプトと仏教を結びつけた学者は、ウィリアム・ジョーンズだったようである。もっともそれより古く一七二四年には、古代インド諸国がエジプトの植民地だったという見解を、ラ・クロズ〔一六六一―一七三九、フランスの神学者、東洋学者〕が、『インド・キリスト教史』において示していた。ジョーンズは、シャカ、あるいはシサクが、みずから、あるいはエジプトからの移住者を介して、「古代のブッダたちの穏当な異説[61]」をインドに導入したと論じ、こうした見解の一つの根拠を仏像彫刻に見られるエチオピア人的な特徴に見いだした[62]。ロバート・パーシヴァルも一九世紀になる頃に、ブッダの表現に見られるアフリカ的特徴に注目した。彼はこう記している。「ブッドゥーはつねに、アフリカの黒人のような黒くて濃い縮れ毛で表現されている」[63]。もっともそれに続けて、セイロン人たちはこのことがアフリカに由来することを反映しているとは認めず、そうした類似を少しでも指摘すると衝撃を受けると指摘してもいる。一八一〇年にエドワード・ムーア〔一七七一―一八四八、英国の軍人、インド学者〕は著書『ヒンドゥー教万神殿』において、いくつかの仏像が「エチオピア人の厚い唇をもち、すべての仏像の頭髪が羊のようにもじゃもじゃだ」[64]という事実に、まだ説明されていない不思議な点があると述べている。ムーアはウィルフォードを引用して、ブッダのすべての図像と彫像のなかに「どこかエジプト的、あるいはエチオピア的な外見が見られ、容貌にも衣服にも英雄や半神といった古代ヒンドゥー教の登場者とは異なるところがある」と示している[65]。

一八一九年までにジャン・アベル＝レミュザ〔一七八八―一八三二、フランスの中国学者〕は『ジュルナル・デ・サヴァン』誌で、サンスクリットの仏教文献で描写されるブッダの身体的特徴は、アフリカ出身であることとはまったくそぐわないと論じており、仏教の中央インド起源を指摘した[66]。しかしながらそれにもかかわらず、ブッダの特徴がアフリカ的だという認識と、そのため仏教はアフリカ起源であるとする判断は、一八二〇年代を通じ、一八三〇年代にいたるまで頻繁に文献に現われた。それは時には受け入れられた見解であり、また時には反駁すべき意見と見なされた。たとえば一八二一年に、ジョン・デイヴィーは仏教の故郷についての問題が依然としてかなり不明瞭であることを指摘した。彼によると、東洋学者の過半数が仏教はおそらくエチオピアに由来すると主張し、北アジア起源を説く人はごくわずかだった。エチオピア起源を説く主要な議論は、いくつかの仏像の外見が根拠となっていた。「図像表現から、ブードゥーはアフリカ人であり、短い縮れ毛、平らに広がった鼻孔、肉厚の唇を特徴とし、実際にはアフリカ人の容貌のあらゆる特徴を具えていると言われている」(67)。デイヴィー自身はその類似にはそれほど納得せず、偶然の産物か空想の産物かのどちらかだと主張した。経験に基づいて彼が記すところによると、チベット人、ビルマ人、中国人の容貌は多かれ少なかれタタール的であり、セイロン人はセイロン的だという。パーシヴァルに倣ってデイヴィーもまたこの点について、スリランカ人に尋ねている。そしてパーシヴァルと同じく、そうした想定さえもが侮辱だという返答を受け取っていた。ブッダの毛髪という問題については、「彼ら〔セイロン人〕は自分たちの髪と同じであり、芸術家の目的は縮れた巻毛を表わすことではなく、短髪にすることだったと語っている。それがブードゥーが僧侶になったときの状態だったからである」(68)。

アフリカ人的ブッダというイメージはきわめて広範囲に拡大し、ヨーロッパ人によって東洋のいたるところに運ばれた。一八二〇年にジョン・クローファードはインドネシアのボロブドゥール寺院においてブッダの姿について語る際に、ただ否定するためだけに、アフリカ的ということに言及しようとした。「アフリカ人のもじゃもじゃ頭の外見はここに存在していない」[69]。翌年、ハイラム・コックス〔一七六〇—九九、英国の外交官、ベンガルとビルマに駐在〕の『ビルマ帝国滞在日記』が刊行された。同書の一七九七年一〇月二二日の記述で、コックスはビルマである仏塔に訪れたことを記している。その大きな壁龕《へきがん》のなかに、四体の巨大なブッダの立像があった。「これらが皆、縮れ毛なのは注目に値する。僧たちは黒人たちと似ていることを否定して、ゴードマが僧衣を身につけたときに剣で髪を断ち切って、あとは強張ったりうねったり成り行きにまかせたと言っている。真のビルマ人の容貌はかなり黒人の特徴をもっている」[70]。フランクリンはインド〔ムンバイ近郊〕のエレファンタ石窟を訪れて、同様の想像力に富んだ夢想をめぐらせた。

もじゃもじゃと縮れた頭髪、厚い唇、ヘラクレスのような姿は、この神の姿が外国からの輸入だったことを信じさせる十分な理由になっている。もっとも、突き出た鷲鼻は、彼の姿がヨーロッパ人〔?〔ママ〕〕やアフリカの黒人を模倣したとする広く受け入れられた見解に対する反論になっている。……それでもエジプト、ペルシャ、ヒンドゥスタン〔インド亜大陸〕に見られる彫像の細部の一致はどこでも気づくことができ、一つの起源を共有していたように思われる[71]。

アフリカ人的なブッダたちは中国においてさえ認識されていた。一八三四年にフィロシネンシス〔ウォルター・メドハーストの筆名、一七九六―一八五七、イギリス出身、会衆派の中国宣教師〕という偽名の宣教師が、プート島〔詳細不詳〕を訪れた。いくつかの偶像について彼は記している。「われわれはそのなかに多くの青鬚を見つけたのだが、これらの奇妙な表現が何を意味しているのか確かめることはできなかった。すべての巨大な像を黒人の特徴が覆っていた。このことは、ブッダがどこかエチオピアの部族から出てきたという見解を裏づけている。ヒンドゥスタンの現地民なのか、あるいはエジプト起源なのか、ばかげた不可思議を生んだ揺籃《ようらん》の地がどこかは明らかでない」(72)。一八四〇年代に入ってからも、黒いブッダの表現は、ギュツラフによって中国に見いだされた。彼によると、「過去、現在、未来の三仏が巨大な黒人の姿で、少し青く染められた巻き毛、厚い唇、平らで幅広の鼻で表わされることがしばしばある」という(73)。

アフリカとは別に、仏教の発祥地としてそれほど一般的ではないが繰り返し提起されてきたのは、西アジア、中央アジアである。『オリエンタル・ヘラルド』誌は一八二九年に、タタールをその体系の故郷と見なす「漠然とした伝統」に従った。そこで引用されたのはジャン＝シルヴァン・バイイ〔一七三六―九三、フランスの天文学者、フランス革命期の政治家〕の見解で、それによるとアジアは全人種の出生の地であり、そこからさまざまな部族が「泉から湧くかのように流れ出た」[74]。一八四五年に『カルカッタ・レヴュー』は、仏教の前インド起源説の賛同者としてホーラス・ウィルソンに言及した。ウィルソンによると、「サカ族〔イラン系〕あるいはスキティア族の一群の入植者がインドに定着し、ブッダの信仰をもたらし、それをインドに伝えたというのはありえなくもない。そしてそこから、博識な改宗者たちの学問によって改善されて戻ってきたのだ。仏教は中央アジア全域で今日でも広く信奉されている。アジアのその地域が、おそらく仏教の古代の発祥地なのだろう」[75]。一〇年ほどのちにロウは、仏教の起源をペルシャに求めるべきとする提案をした[76]。彼は仏教徒たちが、ブラフミンたちとともにペルシャにおいて崇拝していた神々と精霊を保持していると論じた。ブラフミンは分岐して多神教に変わり、仏教徒は元来の信仰に英雄崇拝を付け加えたのだという。仏教がインドから中央タタールに伝来したとするレミュザの見解を否定してロウは、「はるか昔にペルシャとトルキスタンに向かって広がっていったこの宗教の種——完全に開ききった花ではないにせよ——があったのではなかろうか」と問うた[77]。

一八四〇年代の終わりまでに、一般にインドが仏教の発祥地であると見なされるようになっていた。一八四七年にジェイムズ・バードは、「この信仰の教理はインドで興隆したと広く認められている」と記した[78]。イェール大学のサンスクリットとアラビア語の教授だったエドワード・ソールズベリー〔一八一四―一九〇二〕は、一八四四年五月にアメリカ東方学会で行なった研究発表において、仏教のインド起源はほとんど常識になっていると認めている。それに続けて、

正確な判断を下すうえでは十分な資料が不足していた時代もあり、その欠落を創意工夫で埋めようとして、独創的な語源研究に基づく理論化等々が企てられたこともありました。それによって、この宗教体系の創始者は、ヒンドゥスタン出身者だったのか、スキティア出身者だったのか、あるいは黒人だったのかという疑問に対して、偉大な学者たちの意見は分かれました。しかしもはや、そうした論争の根拠はなくなっています。(79)

その後、一八五〇年になってもジェイムズ・テネント〔一八〇四―六九、アイルランド出身の英国の政治家、セイロンで植民地行政に従事〕の場合や、(80)さらにその後もロウの場合には疑問の余地があることが依然として表明されたが、仏教のインド起源はその頃までには確定された。

もちろん、一九世紀初頭、さらにはそれ以前から、インド起源の支持者が不足していた

わけではない。一七世紀末にオランダ商館付きの医師として日本に滞在したエンゲルベルト・ケンペル〔一六五一―一七一六〕は仏教の起源をインドにさかのぼり、「ブラフミンがブッダと呼びヴィシュヌの不可欠な一部と信じた人物と名前が類似していることとともに、宗教の性質そのものからも、その人物と仏教を創始した開祖は同一人物と信じる強い理由がある」と記した[81]。フランシス・ブキャナンは一七九九年にサンジェルマノ神父が収集したビルマ仏教徒の文書を用いて[82]、そこに含まれる詳細に記された地勢をもとに、ヒンドゥスタンの北部が発祥地として最も妥当だと論じた。山、雪、海、河についての報告から、ブッダはチベットの近隣の人物で、当地を淵源とする河川の岸辺で暮らしていたと結論づけた[83]。ブキャナンの見解は一八二一年にデイヴィーに引用され、後者は「現地の学者」とのの会話のあとで、仏教の発祥地はセイロン北東部だと断言した。デイヴィーは自分のスリランカ人インフォーマントが言及した宗教書に詳述される幾例もの気象現象についても、その説を支持するものとして注目した。デイヴィーにとって特に興味深かったのは、衣と沐浴《もくよく》時間に関するブッダの指示だった。コーサラ国でブッダは弟子たちに一五日に一度だけ沐浴を許したが、熱い国々では毎日一度を認めたことから、「コーサラの気候が少なくとも冷涼であり、熱帯ではなかったに違いないことのきわめて納得のいく証拠」だとした。そのうえ、九月には太陽は正午に最高点に達し、人影は足の長さの六倍となる。したがっ

て、「コーサラはかなり北部にあったことは明らかだ」とデイヴィーは結論づけた。(84)

しかしながらインドを支持する議論の重点を最終的に変えたのは、文献上の証拠だった。一八三六年にブライアン・H・ホジソン〔一八〇〇―九四、イギリスの博物学者、民族学者〕は、仏教の「原典」がサンスクリットで書かれていたという事実は明白だと論じた。サンスクリットの仏典が起源だとする彼の想定はのちに間違いだと判明したが、仏教文献それ自体の代わりとなりうるものは何もインドに残されていないという認識においては正しかった。彼は記している。

仏像に見られるアフリカ人の巻き毛と思われるものを根拠として、仏教の異郷起源に関する精妙につむがれた理論を打ち立てることは、かつては許されていただろう。しかしながら今やあまりに時間が経ち、異郷趣味の理論に反する直接的な証拠が豊富にあるのだから、誰も記憶していない無文字の古代スキティア人に仮説を求めて赴くことはまったくできない。……仏教徒たちが、真剣に古さを主張しているわけではない。彼らはインド以外の起源をほのめかすこともまったくない。(85)

一八四四年にウジェーヌ・ビュルヌフが、『インド仏教史序説』において決定的な記述を残した。情報はまだ限られているが、はっきりと示されているのは、チベット、タタール、中国の仏教徒たちによって聖典とされている書物のほとんどがサンスクリット文書の翻訳であるということだとビュルヌフは主張した。したがって、サンスクリット文書が原典で、他のものはその写しにすぎない。このことは、インドが発祥地である一つの宗教と哲学の研究を、インドとその言語に取り戻すことになる、と彼は結論づけたのである。(86)

文献的対象としての仏教

一八五〇年代初めまでに、仏教に関する一つの言説が繰り広げられていた。この頃までに「仏教」は、東洋の諸文化の多様な側面を記述し分類してきた。そのうえ、それはヒンドゥー教とは区別され、(時代はまだ特定されていなかったが) ゴータマとともに始まったもので、インドで生まれたとほぼ見なされるようになっていた。仏教がまずはそれ自体の文献の集成と編集によって確定可能な対象と見なされるようになって初めて、仏教に関する見解の大半が結果的に確固たる足場を得ることができるようになった。一八五〇年代までに仏教文献の分析が、重要な学問的作業と捉えられるようになった。西洋が仏教の諸文献をますます多く所有するようになり、それを通じて仏教はいわば西洋によって物質として所有されるようになる。そして所有されることで仏教は、西洋によってイデオロギー的に支配されるようになる。

　ヴィクトリア時代の初めには、驚くべきことに、仏教に関してほとんど知られていないという、はっきりとした認識があった。たとえば一八三六年に『ペニー・サイクロペディア』は、仏教について多々記されてきたが、仏教の起源、教義の体系、伝播の歴史についての批判的研究は、依然として切実に待望されたままだと報告している。仏教独自の資料は十分に調査されたことはほとんどなく、仏教に関する知識はほとんど仏教以外の資料だけから得られたものだという事実に照らして、同書は読者に対して警告を発している。「われわれは本稿の限界のなかに仏教を圧縮するつもりである。仏教を尊重する言明を過剰なほどの絶対的な信頼で受け取ってはならない(87)」。しかしながら同書は続いて、仏教資料についての文献分析は手中にあり、それが現在の仏教理解をおそらく変えることになるだろうとも認めている。

　確かにそれがことの成り行きだった。中国とモンゴルの文献についての、ユリウス・クラプロート〔一七八三―一八三五、ドイツ出身、フランスで活動した東洋学者〕、イサーク・シュミット〔一七七九―一八四七、アムステルダム出身、ロシアで活動した東洋学者〕、アベル＝レミュザ、エルネスト・ランドレス〔一八〇〇―六二、フランスの東洋学者〕の業績、サンスクリット、チベット文献についてブライアン・ホジソンの業績、チベットのカギュ派についてのアレクサンダー・チョーマ・ド・ケーレス〔ケーレシ・チョマ・シャーンドル、一七八四―一八四二、ハンガリーの東洋学者〕の業績は、北アジアの仏教を文献的対象物として確立するうえで多大な影響を与えた。仏教は、中国、ネパール、モンゴル等で見いだされる現在の生きた宗教というよりはむしろ、徐々にそれ自体のテキスト性に拘束された過去の一つの宗教になっていく。文献的対象として定義され、分類され、理解されることで、同時代の仏教の現われは、それに照らして、文献の表象、反映、描写として多少とも適切なものと見られはしたが、もはやそのもの自体ではなくなった。

文献として具体化された仏教は、一八四四年のビュルヌフの『インド仏教史序説』において最高の好例を見いだすことになる。この著作は刊行以来、当時までのその研究領域における唯一の最も重要な作品と見なされてきた。三〇年ほどのちの『チェンバーズ百科事典』〔一八五九年が初版、一八七〇年代に第五版刊行〕は、「この本は西洋諸国において、この主題に関する正確な情報といったものの最初のものだったと言えるだろう」と指摘することになる。(88)『序説』の刊行時に、エドゥアルド・ロエルは次のような書評を『ベンガル・アジア協会ジャーナル』に寄せた。

幸運な状況があいまって仏教史にかかわるすべての一次資料、二次資料がパリに集まってきていたので、古代インドの諸言語の深い知識が得られるように、仏教徒たちの現代の諸言語と文献に通暁し、文献学者と歴史家の批判的な着想をもち、哲学者としての包括的な理解力を統合する人物が必要になった。最も幸運なことにこうした特質が融合されているのがE・ビュルヌフなのだ[89]。

ロエルがここで述べているのは、仏教がまさしくビュルヌフにおいて何よりもまず、豊富な文献という基盤に言及することによって特質が規定されるような研究対象になっていたという理解である。

ビュルヌフが集中的に取り組んだのは北伝仏教の文献――チベット語、中国語、モンゴル語の資料とそのサンスクリット原典――だったが、パーリ語の重要性も認識していた。一八三〇年代以降、スリランカ、次いでビルマ、さらにはタイの仏教文献の基盤が、次々と選択され、翻訳され、解釈されるようになった。ジョージ・ターナーに加え、ともにウエスリー派〔メソディスト〕宣教師のダニエル・ゴジャリー〔一七九二―一八六二、イギリス出身、セイロンで活動したメソディスト派宣教師〕とR・スペンス・ハーディ〔一八〇三―六八、イギリス出身、セイロンで活動したメソディスト派宣教師〕の仕事も重要な役割を果たした。一八五〇年代以降、仏教はサンスクリットとパーリ語の両方の資料によって規定された研究対象となった。

一九世紀後半に仏教に関する一次資料が利用可能になったことについては、確かにどれほど評価してもしすぎということにはならない。T・W・リス・デイヴィズ〔一八四三―一九二二、イギリスの東洋学者〕が一八七六年に示したように、出版された資料の数は少なかった。しかしヴィクトリア時代のヨーロッパに持ち込まれた仏教写本が増えてくるにつれ、一九世紀末の四半世紀には意義深い文献研究が可能になった。J・W・デ・ヨング〔一九二一―二〇〇〇、オランダ出身の仏教学者、インド学者〕は論文「欧米における仏教研究小史」において、一八七七年以降、そしてとりわけリス・デイヴィズが一八八一年にパーリ聖典協会を創設したのちに、編集・刊行されるパーリ語文献が膨大な数に上ったことを明らかにしている。また同年以降、サンスクリットの仏教文献の編集・刊行も増大した(90)。こうして一九世紀全体を通じて、仏教のテキスト化過程をはっきりと確認することができる。

パーリ語文献とサンスクリット文献の古さを比較したうえで、初期仏教に関してどちらの情報に依拠したらよいのかという問いへの答えは、一八世紀末以降も不確定なままだった。ルベールは、著書『シャム王国の新たな歴史関係』においてヨーロッパ人として初めてパーリ語に言及し、パーリ語とサンスクリットで曜日の呼び方が類似していることに注意を向けた。しかしながら、両言語のつながりを発見した功績は、ウィリアム・チェンバーズに帰されるべきである。チェンバーズは、〔南インドの〕タミル語のなかに「サンスクリットに由来し、それとバーリ《ママ》語に共通する」言葉を見いだし、「サンスクリットのマハーという語は「偉大な」を意味し、バーリ語でもつねに同じ意味で用いられている」と気づいた。[91] チェンバーズもルベールと同様、パーリ語とサンスクリットにおける曜日の呼び名の類似性にも言及している。

一八二四年になってようやく、コロンボでウェスリー派宣教師ベンジャミン・クロー〔一七九一―一八五三〕によるパーリ語文法書が刊行された。これはセイロン植民地行政府の文官ウィリアム・トルフリー〔一七七八―一八一七、聖書のシンハラ語訳者〕が着手した企画を、クローが完成させたものである。同書はセイロンでは〔たとえばジョージ・ターナーに〕知られており、おそらくは利用もされただろうが、ヨーロッパの東洋学者たちに与えた影響はごくわずかだったようだ。一八三二年一月、A・W・フォン・シュレーゲル〔一七六七―一八四五、ドイツの文学者、文献学者〕はクリスチャン・ラッセン〔一八〇〇―七六、ノルウェー出身、ドイツで活動した東洋学者〕への手紙で、クローの本は二冊しかヨーロッパに届いていないと記している。[92] より重要なのは、ヨーロッパで出版された最初のパーリ語文法書、ビュルヌフとラッセンによる『パーリ語についての試論』である。早くも一八二六年にビュルヌフとラッセンは、サンスクリットとパーリの両言語の仏教文献が存在することに気づいており、前者の古さを主張していた。「インドで仏教は長く存在したので、実のところそのことからパーリ語の形成について説明することができ、付随的にパーリ語の南方仏教徒による採用も説明できる。この宗教――むしろ新たな哲学と言うべきだろうが――が生まれたときには、サンスクリットがその信奉者たちの言語にならなければならなかった[93]」。

パーリ語とサンスクリットのそれぞれの仏教文献のどちらが古いかというこの問題は全体として、それと関連しているがまた別の、パーリ語、サンスクリットのどちらの言語が古いかという問いによっても影響を受けた。この問題自体は、はるかのちの時代になるまで解決されないままだった。しかしそれは脇に置いて、サンスクリットの仏教文献が比較的古いという確信は、ビュルヌフとラッセンによって最初に提起され、一九世紀後半においても長く大きな影響を及ぼしていく。

一八三三年の『ドイツ一般百科事典』は、キリストが生きていた頃に、仏教徒たちのサンスクリットの書物が「パーリ、チベット、中国、モンゴルの各言語に翻訳された」と断言し、これは一八四三年、一八五一年、一八六四年の第九、一〇、一一版でも繰り返された[94]。『ペニー・サイクロペディア』は一八三六年にホジソンを引用して、サンスクリットは仏教の賢者がみずからの文書を最初に書き表わした言語であり、その後になってパーリ語に訳されたと説いている。同書は、したがって、「最も純粋にこの教団の古代の教義を保ってきたのは」ネパールの仏教徒のようだと主張した[95]。他方、ターナーはパーリ語文献の方が古いという見解に傾いていた[96]。この点がターナーとホジソンの相違点で、一八四七年には依然として活発な議論の的だった。たとえばジェイムズ・バードは、仏教経典のなかのタントラ部とネパール、チベットのマントラが、セイロン、ビルマ、中国の仏教徒に対してよりも、シヴァ神信徒に対してよりいっそう仏教を適合させていることから、ホジソンよりはターナーの立場を支持して「セイロンの経典の主要部分はネパールで今日見られる経典よりも、より古い」と論じた[97]。

しかしながら、ホジソンの立場への支持が劣勢になったわけではない。たとえばエドワード・ソールズベリーは一八四九年に、ビュルヌフの『序説』への書評において、サンスクリット文献がセイロンとインド遠方におけるパーリ語文献よりもはるかに古いのかどうかは、まだはっきりとはわからないと指摘した。しかしながらそれがはっきりするまでは、「仏教体系の初期からの知識を得るうえでは、参照しうるすべての資料のなかでサンスクリットが最も根源的だ」と続けている[98]。その五年後、ウィリアム・ナイトンは著書『セイロンの森林生活』においてパーリ語とサンスクリットの関係について、世間の人々はまだはっきりとはわかっていないと断言した[99]。ホーラス・ウィルソンは一八五六年の時点で、それほど控えめではなかった。彼にとって、パーリ語文献はサンスクリットの仏教経典よりはるかのちの時代以降のものであり、よりはっきりと言えば、紀元後五世紀以降のものとされる。彼は内在的な理由づけによって、この著しく遅い年代の想定を行なった。それによるとパーリ語文献は、「より広く拡散するにつれて後代の知的退化の特徴を帯び、しばしば幼稚な伝説上の挿話を過剰に追加している」と断言している[100]。論者の大半はこの種の判断を退け、パーリ語資料に、より単純、純粋で、より知的な仏教を見いだしている。これは一つには、一八七〇年代半ばまでにパーリ語資料の方が古いという見解が受け入れられた結果だったと言える。このことはたとえば、ロバート・チルダース〔一八三八―七六、イギリスの東洋学者〕が一八七四年に出版した『パーリ語辞典』の初版に反映されている。彼はパーリ語版が真正な原典である唯一の仏教経典だと断言した。彼はこう続けている。

〔ブライアン・H・ホジソンによって〕ネパールにおいてサンスクリットの膨大な仏教文献が発見された。その言語はかつて、仏教を最古の形態で提示するものと一般に捉えられていた。この見解には今でもそれなりに評価する信奉者がいるが、南伝仏教についての知見が深まるにつれ別の信念が急速に広まっている。それはすなわち、北伝仏教の書物が原典であることは主張できず、それらはパーリ語聖典の部分的な翻訳か翻案であり、ゴータマの時代から数世紀後に編纂されたとするものである。それによると北伝仏教はいくらか後世の派生物で、その宗教を堕落と歪曲が異常なほど進んだ状態において示しているという[101]。

仏教とブラフマニズム

ヴィクトリア期に仏教についての言説が形成されるうえできわめて重要だったのが、仏教とブラフマニズムとを比較したうえでの古さの問題だった。これと関連する問題についてすでに検討してきたが、一九世紀の半ば以降になってブラフマニズムの方が古いと広く受け入れられるようになった。確かにブラフマニズムのさまざまな側面について、相対的、絶対的に年代を想定するうえで、この時代には多くの混乱が生じていた。しかしながら概して、傾向としては、一八三〇年代には不確かだった見解が一八五〇年代にはブラフマニズムの古さを断定する見解へと変化していた。

早くも一八〇一年にはジョワンヴィルがこれら二つの宗教の類似性に気づき、年代的な前後関係を決定することの重要性を説いていた。彼の記すところでは、一方が他方の子供であることは疑いなかろうが、「どちらが母であるかを知ることは困難である」[102]。彼は、この問題は歴史的な根拠によって判断することはできず、むしろこの二つの宗教の教義的な相違点に基づいて決めることができるだろうと示唆している。それに照らした彼の議論では、仏教の方が古いということになる。ジョワンヴィルはまず、仏教において、魂の概念と世界の起源についての概念が、本質的にあまり発展していないということについて論じている。

ブードゥーの宗教ははるか遠くの過去の時代にインドの隅々にまで展開したものであり、多くの点で奇怪で未熟だった。世界は創造されたものではなく、魂は死ぬ運命にあるとする思想は、社会が幼稚な段階のときにだけ抱かれるものである。そうした思想を発展させる社会は滅びる運命にある――ましてやすでに一つの宗教が国内に普及し、その根本的信条が世界の創造と魂の不死である場合には、その宗教に対抗できるようにそうした思想を打ち立てることはできない。すでにある信仰が確立されている場合、あらゆる宗教に対立する思想が支持されることはありえず、少なくとも成長することはない。そうしたことから、もし仏教がブラフミンのあいだで確立されることがありえず、それでも彼らの国で成立してきたのであれば、二つのうちでより古いものに違いないと推測するのが妥当だということになる。[103]

このような本質的に啓蒙主義的な議論が、他の人々によっても補強されている。個別の天文学体系のなかのさまざまな変種に基づく支持もあれば、また食習慣の相違に基づく擁護もある。そのうちの前者は一八世紀の演繹的な推論の一例として興味深いものだが、詳細な検討には値しない。他方、後者は、二つの古代宗教伝統を比較し古さを決める際に、「仏教徒は肉食だが、ブラフミンはそうではない」という説から、ほとんど詭弁を弄したうえで決定する方法の好例を示している。

あらゆる改革者が、改革したいと願う宗教の信奉者個々人を中傷しようとする。仏教徒たちが改革者だったとしても、米を食べるからと言ってブラフミンを非難することはなかっただろう。というのも仏教徒自身も米を食べるのだから。また米だけを食べることを理由にして、ブラフミンを非難することもなかっただろう。というのも、宗教が肉と米の両方を食べることを認める際には、どちらか一方のみを食べるのは個々人の選択なのだから。しかしながら逆に、ブラフミンが改革者だったのなら、みずからには肉食を禁じることによって〔肉食の〕仏教徒を非難することが可能だっただろう。こうした理由から、ブラフミンの宗教は仏教徒の宗教ほど古くはないと私は信じるようになった。(104)

ジョワンヴィルの主張は、一八〇七年に『エディンバラ・レヴュー』によって退けられたが、[105]一八一六年にはフェイバーの『異教的偶像崇拝の起源』において改めて支持を得た。[106]しかしながら一八三〇年代までに、ジョワンヴィルの自信に満ちた解法はより一般的なはっきりしない見解に取って代わられていった。チャールズ・コールマンは一八三二年に、問題を次のように要約している。

たいへんな曖昧さに覆われているたいていの事例と同じく、推測がそれに応じて活発に働いている。……ブラフミンたちよりブッダたちの方を優位において主張する人々がいた。それによると、原始状態の社会では、人は宇宙を神的な力の創造物であるとする信念よりはむしろ、偶然、あるいはなんらかの自然の働きの結果であるという信念を進んで受け入れる傾向が強い。後者はブッダたちの信条なので、ブラフマニズム信仰を奉じたインドの民族はその信仰を奉じ、集団内で知識が発展した結果、古い信念から離れたに違いないということになるだろう。なおこうしたことは、この国の他の地域では経験されなかった。こうしてブラフミンたちは、最初は至高存在を認識し崇拝していたが、やがて一神の崇拝から離れ、神的な力と属性の象徴としての諸々の偶像を立てていった。それに対して、ブッダたちはつねに変わることなく神的な第一原因については信じないままだったと主張された。……論者はさらに、ブッダの宗教は最も古いものだと論じた。……これとは別の、ブラフミンの古さを主張する人々は、ヴィシュヌの第九の化身説を主張するか、あるいは、ブッダの教団が善良で有徳の人々によって創設されたと主張する。そうした善人はブラフミンの偶像崇拝に不満で、それを嫌悪し、逆の極端に走って、徳と義を愛し崇めることと……感覚のある動物の最小のものを慈悲深く思いやることを信条に取り入れた。しかしながら、博識な理論家たちの大半は、エジプトを源泉として、教団の流れの一つが生まれてきたという見解で一致していた。もっとも、彼らはどの流れに栄誉を付与すべきかという重要な点で意見が一致することはなかった。無神論者ブッダに付与する者もいれば、ブラフマニズムの多神教徒に付与する者もいたからである(107)。

確かに一八三六年の『ペニー・サイクロペディア』は、仏教の古さを支持する議論を記したが、続けて、これは「現在ではほとんど時代遅れと見なされよう。この主題を調査した人は皆、仏教がブラフマニズムから成長したという逆の意見に同意するように見える」とも主張した(108)。しかしこの判断はやや時期尚早だった。というのもこれら二つの宗教の前後にかかわる疑問は、一八四〇年代を通じて、活発に論じられ続けたからである。

たとえば一八四五年に『カルカッタ・レヴュー』は、ブラフマニズムの古さの提唱者としてユリウス・クラプロートとホジソンを引用した。ホジソンは論証の形式こそジョワンヴィルと似ていたが、逆の結論を引き出していた。「仏教は道徳については僧院での禁欲修行を行ない、宗教としては哲学的懐疑論である。世界のいたるところで教会史は、宗教的規制がはなはだしく乱用された結果生じるたいへん多くの事例を提示しているが、その長大な年代記を見れば、どの事例であれ原始的な信仰体系としてそれを示しているものはない」[109]。仏教の古さの提唱者としてはジョワンヴィル、ティトラー、フランクリンが引用された。ロバート・ティトラー〔カルカッタで活動した医師、詳細不詳〕は一八一七年刊行の『ブッダ的サビズムの起源と原理についての探究』〔サビズム（Sabism）は古代中東の星辰信仰に対して用いられた呼称〕において、仏教〔の原理や体系〕が比較的単純であることを理由として仏教の古さを主張していた。「仏教に見いだすことのできる単純さ、公平無私な人間性の原理、その全体系に浸透した敬虔さは、この称賛すべき質素な組織の独自性を明らかに示している。それは、粉飾された虚偽の諸概念で飾られた複雑な構造よりすぐれたものである。その複雑な構造を彩るあらゆる種類の表面的な装飾は、現代のヒンドゥー教徒たちに特有の種々雑多な主義主張のなかに見いだすことができる」[110]。単純性を称揚するこうした啓蒙主義的な基調は、フランクリンの議論においても不可欠なものになっていた。「仏教は多くの点で単純で未熟な信条である。それに対してブラフマニズムは正反対だ。ここから想定されるのは、後者は前者のより完成した現われだということだ。したがって、仏教はブラフマニズムよりもいっそう古代的だということになる」[111]。仏教の古さを主張するこうした合理主義的な議論は、当時もいくらかの妥当性をもっていたに違いない。というのも、『カルカッタ・レヴュー』はそれをただちに拒絶するのではなく、最も安全な判断は、「争議は依然として審理中」とした[112]。一八五〇年になっても、少なくとも幾人かの著述家たちにとっては、この不確かさは残っていた。たとえばテネントは著書『セイロンのキリスト教』において、「〔仏教の〕起源と、ブラフマニズムに対する年代上の関係について」依然として疑問が漂っていると捉えていた[113]。

仏教の古さを主張する論者は一八四〇年代を通じて存在した。ナイトンは一八四五年に、仏教とブラフマニズムの前後関係をそれぞれ主張してきた論者のなかで、「仏教が二つのうちでより古代的だと納得することなく、研究を一区切りつけることができる人はほとんどいないだろう」と信じていた[114]。もっとも、彼が仏教以降のプラーナ文献もブラフマニズムに含めていたことには留意しなければならない。ビュルヌフの『インド仏教史序説』が、こうした主張に大きな影響を及ぼしたことは疑いなく、同書をこの論争において無視することはできない。ロエルは一八四五年の『序説』への書評において、仏教とブラフマニズムの前後関係は広く満足いくようにはまだ解決されていないと指摘した。もっとも彼は続けて、古代インドの文物を研究した人々のなかでは、ブラフマニズムの方が古いことについては疑問の余地はないだろうとも述べている。しかし興味深いことに、彼は仏教の古さに傾倒するいくつもの理由も挙げている——「〔仏教の〕いくつかの見解の見たところの深さは、歴史資料の見たかぎりでの欠如とあいまって、時間の深淵のなかにそれを投げ返している」。その結果、時間の霧のなかに消えてしまったある出来事が、ある人にとっては魅力的に映ることになる。それは、「原因結果という実際のつながりについての最良の歴史的言明では、引き起こすことのできない魅力である。実際のつながりは、日常的現象の概念に包含されてしまうからである」[115]。しかしながら彼自身は、ビュルヌフの業績において、「ブラフマニズムのはるか昔の古代性が確立されていることは疑いない」と確信している[116]。

ビュルヌフへのロエルの支持でさえ、異議が差しはさまれずには済まなかった。一八四九年にロウはやや皮肉を込めてこう言及している。ロエルはブラフマニズムの古さは揺るぐことなく確立していると信じていたかもしれないが、「誰もが自分の例に進んで従ってくる用意があるとは、彼自身ほとんど望むことはできない」[117]。一八五八年になっても、『クリスチャン・リメンブランサー』誌〔イギリスの高教会派の雑誌〕は「仏教がブラフマニズムよりも古いという仮説には権威ある提唱者が欠けているわけではない」と指摘することはできた。[118]しかしながら同誌は、それはほとんど注目に値しない仮説だと続けている。これは、一八五〇年代半ば以降、仏教についての言説でその仮説はほとんどなんの役割も果たさなかったという事実を裏づけとした論評だった。

要するにこの世紀半ばまでに、仏教は「発見」されていた。それはブラフマニズムとは区別され、仏教自体の文献の特質に照らしてまずは分類された。そしてゴータマの時代以来インドに存在し、東洋の多様な文脈において多少の純粋さを特徴として現われるものとして認識された。その概念の範囲が確立されて、ヴィクトリア期の豊富な仏教言説が展開していったのだった。

第二章　仏教と「東洋精神」

ヴィクトリア期仏教を取り巻く文脈

一九世紀半ばまでに、西洋において一つの理想的な仏教が展開するなかでヴィクトリア期仏教の基盤が築かれた。その仏教とは、西洋において所蔵が増大しつつあった文献資料によって構築され、したがって西洋によって規定される仏教である。その結果、一九世紀の終わりまでのあいだに、ヴィクトリア期に特有の仏教認識が現われることになった。仏教は第一に、西洋において語られる「何か」として発展し、西洋の知的、政治的、宗教的な諸制度のなかへのイデオロギー的な拘束によって範囲が定められ、仏教と命名された。東洋において現われるものとしての仏教は、他の場所ではっきりとそれについて語られるものを媒介として初めて、東洋において見えるものとなりえた。

ヴィクトリア時代の中期、後期には、仏教についての学問的研究が発展するのに適した条件が――物理的にも思想的にも――存在していた。少なくとも本書の目的にとってさらに重要なのは、それらの条件がヴィクトリア期イングランドの中流、上流階級において仏教への関心が花開くうえで役立ったことである。そのうえ、確かにはるかに少ない割合だったが、労働者階級のなかの識字層においても関心は高まっていった。

ヴィクトリア期仏教の出現に大きな影響を及ぼしたのは、一つに、特に中流階級において一八五〇年代に読書への関心が増大したことだった。安価な大衆文学がこの一〇年のあいだに現われて、豊かさの増大、教育の改善といった社会の趨勢と結びつき、人口が増大したことも加わって、読み物への膨大な欲求が生まれた。イングランドとウェールズの中流階級の人口について、トマス・ヘイク〔一九三八―二〇一四、米国の歴史家、近代英国史の専門家〕が次のように書いている。

経済的にも社会的にも力を強め、人口としても増大してきたこの階級は、あらゆる種類の文学を貪欲に求めていた。中流階級の人々は娯楽、気晴らし、情報、社会教育、道徳指導、精神的安堵を欲した。比較的新しい社会階層の一員として、中流階級は自己の要求をいくらかでも満たしてくれるような伝統や縁故を欠いていたので、その代わりに、充足と教示を求めて出版物に頼ったのだった。宗教文学、小説、事典、新聞、

政治評論、多種多様な批評が印刷機から乱造されて新たな市場を満たしていった。(1)

仏教についての最も重要な作品が、エリートの学者たちのためにというよりはむしろ、広く本を楽しむ読者層のために出版されてきたことは疑いないだろう。この読者層は、教育は受けているが専門家ではない公衆である。一九世紀の終わり頃になって初めて学問の分化と専門化によって、仏教に関する著作をめぐる環境が変わっていく。確かにイングランドでは、ロバート・スペンス・ハーディ〔一八〇三―六八、イギリス出身、セイロンで活動したメソディスト派の宣教師〕、トマス・リス・デイヴィズ〔一八四三―一九二二、イギリスの東洋学者〕、モニア・モニア＝ウィリアムズ〔一八一九―九九、イギリスの東洋学者、インド学者〕の著作や、レジナルド・コプルストン主教〔一八四五―一九二五、イングランド国教会聖職者、セイロン、インドで主教を務めた〕、ポール・ビガンデ司教〔一八一三―九四、フランス出身のカトリック宣教師、ビルマで司教を務めた〕の作品が醸しだす雰囲気が、ヨーロッパに関する著作より決定的な人気を博した。たとえば、ヴァシリ・ヴァシリエフ〔一八一八―一九〇〇、ロシアの中国学者〕、エミル・シュラギントヴァイト〔一八三五―一九〇四、ドイツの仏教学者〕、カール・ケッペン〔一八〇八―六三、ドイツのジャーナリスト、著述家〕、クリスチャン・ラッセン〔一八〇〇―七六、ノルウェー出身、ドイツで活動した東洋学者〕、ウジェーヌ・ビュルヌフ〔一八〇一―五二、フランスの東洋学者〕の著作は、確かに学問世界の内部において仏教についての参照図書の一部を成している。またヘルマン・オルデンベルク〔一八五四―一九二〇、ドイツのインド学者〕の一八八二年の著作『仏陀――その生涯、教理、教団』[2]の英訳と、ジュール・バルテルミ＝サンティレール〔一八〇五―九五、フランスの哲学者〕の一八九五年の著作『ブッダとその宗教』[3]は、イギリスの言論界においては、学問レベルでも一般レベルでも大きな影響を及ぼした。しかしながら、それらは本質的には学問的言説の一部であって、ヨーロッパの学術界を基盤とするものである。

定期刊行物の数が膨大に増加したことも、一九世紀後半に仏教への関心が急増するうえで重要な役割を果たした。ヘイクが指摘するように、雑誌は一九世紀の高等文化において不可欠の制度になっていく。毎年、多くの雑誌が創刊され、一八三〇年から一八八〇年までに五百誌ほどに上った[4]。もちろん当時は急速な知識拡大の時代だった。雑誌の主題はきわめて多岐にわたり、一般読者は時に当惑することもあった。お決まりのスタイルでもある批評的なエッセイないしはエッセイ風の批評は、読者がそれらを学び、吸収し、まとめ上げて解釈する主要な手段を提供した。一九世紀の経済学者でジャーナリストのウォルター・バジョット〔一八二六―七七〕は少々気難しく、あまりに多くの人々を教える必要から、長い主題を覆い尽くすに足る長い形式が必要だと指摘した。しかしその形式は、入念な分析が不要な程度には都合よく短くなければならないとも付け加えられた。「現代人は何を考えるべきか教わらなければならず、確かに手短にであっても、教えられなければならない。現代のエッセイ風の批評は、だいたい現代人が好む長さである。その方式を開始した『エディンバラ・レヴュー』は、この国において、多くの主題について分別ある人々にふさわしい見解を提供する始まりだったと言える」[5]。ほとんどのヴィクトリア時代人が仏教について学ぶことになったのは、確かに、『アカデミー』『ブリティッシュ・クォータリー・レヴュー』『一九世紀』『二週間レヴュー』『エディンバラ・レヴュー』『ロンドン・クォータリー・レヴュー』等々の誌面を通してだった。ヴィクトリア時代人が仏教に接近するうえで必要な、あらゆる情報を提供する短評もあり、人々はそれで得られる概要で満足することもあれば、雑誌によって意欲を掻き立てられて、誌面の批評のなかの仏教に関する長い説明を全部読もうとすることもあった。

　ヴィクトリア期仏教の登場は、当時のイデオロギー的多元主義によっても支えられていた。ヴィクトリア時代は、ウォルター・ホートン〔一九〇四―八三、米国の歴史家、ヴィクトリア期文学の専門家〕が明らかにしたように、疑念の時代だった。「次々と予言者が出てきて、みずからの再建計画を語るにつれて、侃々諤々《かんかんがくがく》と争いあう諸理論がその世紀の展開とともに増大し、講義、説教、雑誌、書籍を通じて反響しあい、言論の環境を創りだした。

そこにおいて、特定の疑問とはまったく異なる、疑念の習慣が無意識のうちに産みだされた。人はおそらく半ば意識せずに、自分の信念がもはやあまり確実ではないのではないかという不安感を抱いたのだった」[6]。本書の序章で見たように、仏教はこうしたイデオロギー的動揺のなかで意義深い役割を果たすことになった。ヴィクトリア期の社会ではさまざまな「――主義」が出てきて、人はそれについてなんらかの意見をもつ必要があった。そして仏教もそのうちの一つになっていた。

仏教はまた、ヴィクトリア期における宗教文学志向からも得るものがあった。[7]ヴィクトリア時代人はキリスト教とはあまりにかけ離れてはいるが、いくつかの点ではよく似ている宗教を前にして、恐れたり惹きつけられたりし、あるいは少なくとも興味を抱いた。というのも、仏教は一般には、『タイムズ』紙の適切な表現を借りれば、「すべての東洋宗教のなかで最も偉大で最も純粋な宗教であり、キリスト教の次に位置する」ものと捉えられたからである。[8]キリスト教以外の宗教に対して、ほとんど共感をもたない人でさえ、そのような認識は共有していた。キリスト教伝統は見たところ指針においても実践においてもますます衰弱しつつあり、なんらかの宗教的世界観が必要だと考えている人でも、キリスト教への信仰を知的にも情動的にも負担に感じ、それを奉じることがますます困難になっていた。仏教はそうした人々にとっても一定の感化力をもっていた。それはまた、柔軟で寛容なその時代の宗教精神に最良のものを示す展示棚の役割を果たし、結果的に、宗教的保守層の呪詛《じゅそ》に対抗する理想的な天敵を提供した。

こうしたことのすべては、仏教に改宗したヴィクトリア時代人がたくさんいたということは意味していない。逆に改宗が望ましいと勧められるような場合でさえ、あからさまな傾倒は社会的に困難であり、仏教集団が組織化されていない状況では事実上、不可能だった。社会から逸脱している、あるいは社会を破壊すると捉えられるいかなる見解を表明することに対しても、世論の圧力は強力な抑止力の役割を果たした。ウォルター・ホートンはこう記している。「思想家みずからが、社会に対して実際上、あるいは想定上、悪影響を及ぼすことになろうとも、真理への奉仕には価値があると信じていたとしても、その真理がなんらかの点でキリスト教の正統説と対立する場合にはとりわけ、社会から烙印《らくいん》を押されるのを恐れて、また自分の公的な履歴に傷が付きかねないとして、彼はその奉仕を控えることがしばしばである」(9)。仏教への改宗の明確な事例は、一九世紀末になって初めて見ることができるが、それらの場合もたいていは、ブラヴァツキー夫人〔一八三一―九一〕と彼女の神智学運動という、いくらか奇矯な心霊主義的なエソテリック仏教〔秘密仏教〕への改宗だった(10)。一九〇七年になってようやく、グレートブリテン島およびアイルランドにおいて仏教協会を結成するのに十分な人数の仏教徒や仏教の学習者が現われた(11)。

仏教に知的、情動的に最も魅了された人々のあいだにおいてさえ仏教が改宗者を生むことに失敗したのには、はるかに根深い文化的理由もあった。ヴィクトリア期のイングランドと、私見では一九世紀の欧米の全体が、東洋を東洋として評価し利用し、それを東洋的なものとして尊重し査定する能力がなかったというのが、その理由である。それは、平等な観点から取り扱うことができないという先験的な無能力さとも言えよう。確かに西洋は、みずからの本質的で疑いの余地のない優越性という立場からしか、東洋を取り扱うことはできなかった。西洋が東洋より上位である、より明確に言えば、後進、未開、堕落といったように多様に認識されるすべての人々よりも上位である、と見なす、より影響の大きな価値づけは、なんらかの議論に基づいて到達する結論ではない。それはむしろ、東洋の哲学と文化における真理や価値についてのいかなる議論においても、異議を唱えられることがめったにない前提だった。一九世紀のほとんどの期間、インドについての著述のなかで強力なイデオロギーとなってきたこの見解は、とりわけジェイムズ・ミル〔一七七三―一八三六、スコットランドの歴史家、哲学者。ジョン・スチュアート・ミルの父〕が一八一七年に刊行した『英国領インド史』の影響もあって、東洋と西洋、オクシデントとオリエントのあいだの根本的な差異についての峻厳な感覚として、一九世紀のあいだ、仏教研究のみならず、他の東洋宗教――ヒンドゥー教、イスラーム、儒教、道教等々――の研究のほとんどにも浸透していった。

仏教と頽廃

しかしながら仏教に関しては、こうした世界の二分割は、仏教を一掃するような拒絶を含むものではなかった。概してこのことは、すでに見てきたとおり、仏教が一九世紀半ばまでに西洋の諸制度に基盤を置いた文献的対象物になっていたことによる。仏教は古代の文献を編集し翻訳し研究することを通じて理想として語られるようになっており、そのうえで、当時の東洋における仏教の現われと比較されるようになった。東洋で見られる仏教は、西洋の図書館、大学、植民地行政府、伝道協会に収蔵されていた文献として理想的に例示されるものと比較すると劣っていた。その結果、西洋に文献として存在する仏教への肯定的な評価と、東洋の事例についての否定的な評価の並置が起こりうる事態となった。

仏教が、西洋にとっては第一に文献から説明されるようになると——それが一九世紀半ば以降のことである——東洋における同時代の仏教は、概して頽廃状態にあると見られるようになった。これは、一九世紀前半とは際立った対照を成している。仏教についての西洋の初期の言説では、仏教が頽廃した堕落宗教だと見なすような暗示はなかった。理想的な文献仏教という、東洋で遭遇する仏教の比較対象が存在していなかった頃には、そのような暗示はありえなかった。対照的に、一九世紀後半に東洋で仏教を見た人々は、文献が語っているものと対比して評価しないわけにはいかず、東洋の仏教において欠落を見いだし、腐敗、堕落、頽廃といったような言葉でそれを表現しないわけにはいかなかった。

西洋における理想的な文献仏教と東洋の事例とのこのような対比は、多くの場合、表面に現われており、また潜在的には遍在し、欠けていることはめったにない。ロンドン伝道協会の宣教師、ジョゼフ・エドキンズ〔一八二三―一九〇五、中国伝道に従事、中国研究の業績を残した〕は早くも一八五四年に、理想的な仏教という隠れたイメージがヴィクトリア期の旅行家たちによって東洋にもたらされ、東洋で見いだされるものを評価するのに利用されたその経緯をはっきりと書き記している。太平天国の乱の時代の中国における仏教について、彼はこう記した。

現在進行中の革命によって引き起こされた深い関心は、なぜこのインド宗教が、旅行者が目撃するような無力で腐敗した状態に沈み込んでいったのかということについての探究にいたるだろう。なぜ新たな力強い敵であるキリスト教に対処する力がなかったのか、東洋精神を何世紀にもわたってうまく支配してきたあとで、なぜ布教の力を失ったばかりか、敵の破滅的な攻撃からみずからを救う力さえ失ったのか、が問われ

ることになるだろう。(12)

アレクサンダー・カニンガム名誉少佐〔一八一四―九三、ベンガル・エンジニア・グループ所属、インドで考古学に従事〕にとっては、仏教は紀元後七世紀半ばまでにすでに頽廃的になっていたという。彼は、その頃までに僧侶たちは、僧院生活の単調な日常生活を過ごすことに満足し、怠惰で腐敗した組織になっていたと主張した。「身体の禁欲と瞑想への献身に加えて、説教を実践し神聖な模範を示して敬虔な人々の驚嘆の念を掻き立てた(13)」より古い時代の僧侶たちと比べると、後世の仏教徒たちの堕落した習慣は、現世において僧侶たちが無益になればなるほど来世に向かうにはいっそう適しているという考えを支えていた。

一般化の著しいそのような主張が、ヴィクトリア期仏教にはあふれていた。当時、仏教について論評した数少ない女性の一人、ファニー・フュージはこの伝統に魅了されたが、シャム〔現在のタイ〕におけるその腐敗は痛烈に批判した。彼女の結論によると、「一世代、一世代の連なりとともに、新たな腐敗がひそかに入り込み、この驚くべき信条にかつて存在していたあらゆる善のほとんどが、聖職者のはなはだしい堕落傾向のなかで今日では一掃されてしまった。残っているのは破滅にふさわしい腐った死骸だけだ――それは外面は正しく美しいが内面は死者の骨とあらゆる不浄に満ちた偽善者だ」[14]。かつて中国伝道に従事していたサミュエル・ビール師〔一八二五―八九、イギリスの東洋学者、英国海軍チャプレン〕は、ブッダの実践的な教説について、「中国では、のちに多神教と神秘的幻想が拡大したことで、ほとんど消え去った」と説いた[15]。一八九〇年にアーチボルド・スコット師〔一八三七―一九〇九、スコットランド国教会の聖職者〕は、仏教史は長期にわたる堕落の過程を示し、「その本来の必須の諸原理に従って、みずからを回復、改革する力は、依然として発揮されていない」と論じた[16]。

多くの例において、仏教の腐敗は偶像崇拝の拡大の直接的な帰結だった。一八五八年の『クリスチャン・リメンブランサー』誌〔イギリスの高教会派の雑誌〕は、仏教が偶像崇拝に堕落していくことを、その教説の必然的な展開として記述した。必然的というのは、至高神を奉じず、信奉者たちの消滅を目指すいかなる思想体系も存続することは不可能だからである[17]。同様に、一八七七年から一八八二年のラングーン主教、ジョナサン・ティトコーム〔一八一九―八七、イングランド国教会牧師〕は、「仏教の真の栄光は過去のものとなった。今では、半ば偶像崇拝と愚かな迷信の粗野な塊になり、死んだような形式主義に覆われ、無気力な無知に陥っている」と捉えた[18]。セイロンの仏教にも批判者がいた。『ロンドン・クォータリー・レヴュー』は、毎年一〇万人の仏教徒が巡礼でアダムズピークのブッダの足跡を訪れる事実を嘆いている。しかしチベット仏教はさらに嘆かわしいという。「仏教徒の堕落はチベットのマニ車〔転経器〕において最低の水準に達している。……世界のなかで中央アジアの仏教に見られるほどの頽落を経験してきた宗教を、私たちは知らない」と記される。[19]

一九世紀のリベラルなプロテスタント神学者の多くにとって、キリスト教の腐敗はイエスの死後に始まった。それと同様に、早くも一八六〇年代には、仏教の堕落は、ブッダの死の直後に始まったと捉えられるようになった。一八六五年の『神聖文学ジャーナル』に「仏教」という記事を執筆した著者J・M・Mは、ブッダの簡素な信条がのちの信者たちによってまがい物になったと見る。「開祖が夢にも思わなかった多くのものがその体系に導入された。それらは、もし開祖が聞いていたら愚行、あるいは厚顔無恥として扱っただろうと思われるものだ。開祖の教説は単純なものだったが、弟子たちはそれをもとに延々と冗長なものを作り出し、その複雑な絡まりをほどくには長年にわたる努力と忍耐が必要になっている」とされる。[20]〔ビルマの〕アヴァとペグーのローマ教皇代理、ビガンデ司教によって同じ点が指摘された。彼はいくらか気が進まない様子で、ブッダが直接の弟子たちに伝えた「高貴な宗教感覚が、すべての仏教国でほぼ消失している」と認めた。[21]

同じ主題が、ヴィクトリア時代後半を通じて繰り返されていく。ジャージー伯爵夫人マーガレット・チャイルド・ヴィリアーズ〔一八四九―一九四五、イギリスの貴族、社会活動家、作家〕は、ブッダと彼女が思い描いた仏教に対して徐々に熱中するようになったが、それにもかかわらず「彼が教えたものとしての仏教は、その聖堂を崇敬すると言われている五億人の人々の宗教ではない」と認めた(22)。リチャード・コリンズは、「自分が神として崇拝されていたり、自分が説いた簡素な教えが最も迷信的な性格の宗教儀礼に改変されていたりするのを見ること以上に、開祖を驚かせ、不快にさせるものはなかっただろう」と主張した(23)。文献によって表わされるブッダの宗教は、現実に存在する仏教とほとんどどこであれ対比され、後者より好意的に捉えられていた。同時代の仏教が頽廃している理由がブッダ自身の宗教に帰されることは、ごくまれにしかなかった。もっとも、たとえばジョージ・グラント〔一八三五―一九〇二、カナダの長老派聖職者〕は、全体としては共感的だが、いくらか見下したような筆致で仏教の解説を記し、こう推測している。「何世紀にもわたってあまりに貧弱な果実しか実らないのであれば、その根自体になにか根本的な間違いがあるに違いない(24)」。

仏教が堕落してきたというこうしたイメージは、啓蒙的、進歩的な国家とともに協力しつつ前進する純粋なキリスト教というイメージとも対比できよう。一八三九年の『ダブリン大学マガジン』は、「地上で最も開明的な文明国であるイングランドは、キリスト教が啓示する崇高な真理についての知識をその最も純粋な形で享受し、人間の計らいがもたらした過誤と腐敗を免れ、国富を用いて、かつてどの国土が得たのよりも強大な力で真理を普及させることができる」と説いている。続けて、イングランドの義務は明らかに、「各国に福音を宣教し、まだ地球の多くの地域を覆っている暗闇を取り除き、キリスト教の真理の光を国外に広め、何百万という謝意を表わす臣民たちに、彼らを救済するために死んだ神についての知識を教えること」だという[25]。五〇年ほどのち、一八八八―八九年版の『ロンドン・クォータリー・レヴュー』はさほど声高にではなく、東洋の諸宗教はどれもこれも皆、衰弱していると示した。その発展は止み、もはや生産的でも積極的でもない。したがって、終焉を迎えるのは避けられず、その後、後継者は一人しか現われないだろう。「ブッダより偉大な者はみずからの宣教のためにすでに到来している」[26]。アーチボルド・スコットはさらに進んでこう認めた。キリスト教会はしばしばキリスト教を戯画化してきたが、仏教がブッダの元来の教説から離れたように、信仰からひどく離れたことはけっしてなかった。ブッダはみずからの体系が、旧来の宗教と信仰に取って代わることを意図したが、「今や彼の名は、あらゆる迷信のなかで最も粗野なもの、諸民族のなかで最も偶像崇拝的なものよりもさらに多くの偶像を奉じる宗教、口で唱える呪文と機械で演奏された祈願の効力に基礎を置いた信仰の裏付けとして利用されている」という[27]。

要するに、腐敗、堕落、頽廃といったイメージは、過去の理想的な文献仏教と、同時代の東洋の事例を対比することが可能となった結果、生じてきたのだった。それと同時に、このことは、今や衰微した仏教に対抗して、前進し繁栄しているキリスト教を宣教する事業を正当化するイデオロギーを提供した。理想的な文献仏教をヴィクトリア期が創造したことが重要な要素となって、東洋の仏教を拒絶することが可能になった。しかし同時に、この同じ創造物が、ヴィクトリア期の文化のなかに、なんらかの種類の仏教を取り入れて同化することを可能にした。それは、過去に基盤を置き、理想として想像され、文献として構築された仏教だった。

東洋精神――知力と想像力

しかしながら、理想的に解釈された仏教であっても、西洋に完全に受け入れられると示唆するのは間違いだろう。理想的な文献仏教にも、積極的に評価できない多くの側面が残っていたからである。それは本質的に東洋的、必然的に他なる側面だった。他方、仏教には肯定的に捉えられるいくつもの側面もあり、多様多彩なヴィクトリア期の理想とぴったりと調和していた。仏教についてのヴィクトリア期の言説に浸透し頻出するものとして、受容と拒絶、同一性と異他性という両極が見られる。西洋において本来的に同化しえないもので、ヴィクトリア期の価値観とほとんど齟齬《そご》を来たしているものは、たいてい東洋精神の一つの特徴と描写されたり、あるいは東洋精神に由来すると説かれたりする。西洋精神（それを表わすのが、まれにしか用いられることはなかったが、一人称複数の代名詞〔われわれ〕である）と対照的に、東洋精神は知的には劣り、より空想的で幼稚で単純であり、誇張に走りやすく、全体的に怠惰で、独創性を欠いていた。

あらゆる点で東洋精神は劣っていた。その事実に責任があるとされたのが、多くの場合、仏教だった。一八三〇年にジョン・クローファード〔一七八三―一八六八、スコットランドの医師、東南アジアで植民地行政に従事〕は、アジア諸国全体であらゆる仏教国は二流にすぎず、「芸術でも軍備でも一流になった国は一つもなく、国会議員、作家、軍人、新たな形態の信仰の創始者といった世界的に有名な個人を輩出した国もまったくない」と断言した(28)。東洋精神は、植民地を支配する西洋列強の最善の努力にもかかわらず、劣位にあり続ける運命であるとも示唆された。フランスの哲学者で政治家のバルテルミ＝サンティレールは、仏教はいくつかの点ですぐれているが、それを受容した国々の政治制度を改革することはできないままであるという事実を嘆いている。彼は続けてこう記す。

われわれの最も慈悲深く惜しみない努力は、あの嘆かわしい諸制度に対しては無力なままであるに違いない。それは、時間によってのみならず、住民たちの常習的な慣習、無関心、そして度し難い迷信によっても受け入れられてきた諸制度のことである。……諸宗教の価値はある程度、その宗教が刺激したり許容したりしてきた社会制度によって計ることができ、自由な社会と政府を形成してきたことはキリスト教の一つの偉業である。……それら社会と政府は、日々、新たな進歩、新たな完成に向かって前進している。この種のものは、仏教の社会ではまったく見ることができないのである。(29)

セイロンにおけるウェスリー派宣教師、ロバート・スペンス・ハーディは仏教をひどく嫌悪したにもかかわらず、ヴィクトリア期仏教の出現に決定的な役割を果たした人物である。彼は、セイロンにおける英国支配が慈善事業の性格をもつことを確信していたばかりか、セイロン人がそれをありがたく思っているということも疑わなかった。ハーディによると、「東方の太陽によってかつて照らされたいかなる土地であれ、セイロン住民が英国支配の慈善的側面を歓迎するよりも、さらに大きな理由で政府を歓迎したところはなかった。……先住民たちは概してみずからが得ている特典を見ては、その恩恵をありがたく思っている(30)」。

ハーディが最も熱烈な帝国主義者だったことは疑いない。それでも彼にとってのみならず、多くのヴィクトリア時代人たちにとっても、偶然というのではなくむしろ必然的に従属することを定められた諸民族に対するイングランドの恩情あふれる支配は、神に命じられた責任と見なされた。ハーディはどちらかというと欺瞞的に、こう読者に問うている。「インド、ビルマ、セイロン、南欧の山間地域、アフリカの多くの部族、ニューホランド〔オーストラリアの旧称〕の広大な土地、アッパーとロウワーの両カナダ、西インド諸島の最も美しい島々、その他、そこそこ重要な多くの場所が、英国王の支配下に入っているのはなぜなのか(31)」。答えは必然的に明白だ――世界をキリスト教に改宗させるためだ。一八五四―五五年版の『ロンドン・クォータリー・レヴュー』も同意見であり、英国政府とセイロンの仏教との関係に関する記事においてこう断言している。「われわれは、野蛮人を文明化し、地球上の無人だが居住可能な土地に入植し、福音の祝福を人類に広めるために育てられてきたのだと信じている(32)」。頑強な個人主義者で、のちにアフリカ探検での偉業で知られることになるサミュエル・ベイカー〔一八二一―九三〕も確信していた。偶然ではなく「全能の神の強大な意志こそが、卑小の者のなかから神のしもべを選び出し、イングランドを卑しい地位から拾い出して高みに昇らせ、全世界におけるキリスト教の使徒にしたのである」と(33)。確かにベイカーは――彼自身は謙虚な人間ではけっしてなかった――みずからに使徒の役割が託されていると考えていた。

ヴィクトリア時代人によると、東洋精神が西洋精神ほど知的ではないことは確実だった。頭脳にかかわることでは、東洋は他の非西洋民族と同様、後退し堕落し遅滞した民族と見なされていた。たとえばドゥ・ラ・ルベール〔一六四二―一七二九、フランスのシャムへの派遣使節〕は一七世紀末、シャム人が数学を学ぶのに最も適したすばやくはっきりとした想像力をもっていると捉えた。しかしそれに続けて、「彼らは推論の長い筋道をたどることはできない。論理の目的も効用も、想像することはないからである」とした(34)。ただしルベールが、シャム人がその能力を欠いているのはその地の暑い気候の結果だとして赦免していることも記しておかなければならない。実際、「ヨーロッパ人自身、そこではどれほど学ぶ意欲があろうとも学ぶことはほとんどできないのだ(35)」。その気候はシャム人を戦争にも不向きにしている。しかしルベールは、ヨーロッパ人もこの不適応を免れていないとも強調した。というのも、「インド諸地域生まれの誰もが勇気を欠いている。ヨーロッパ人の両親から生まれた人でさえそうだ」からである(36)。当時、ルベールにおいては、〈西洋〉対〈東洋〉という二項対立は、一九世紀のより特徴的な類型論に固まってはいなかった。それがすなわち、〈先進的な文化―社会―人種〉対〈後進的な文化―社会―人種〉という類型である。アジアに関する議論においては、一七世紀後半においては依然として気候と人間の多様な能力との相関関係が大いに流行しており、一八世紀においてもまだ流行《はや》っていた[37]。一九世紀にもあちらこちらでその議論が繰り返されたが、その頃には、先進・後進という二類型を支えるものとして言及されるようになっていた。

シャム人の知性についてのルベールの判断は、セイロン人についてのジョン・デイヴィー〔一七九〇―一八六八、イギリス人医師、化学者。軍医として植民地に駐在〕の見解において、明確に、より頑迷な形で再現された。デイヴィーは、シンハラ人の文明の程度と道徳性について明言することにはためらいがあると認めたうえで、自分は同僚たちよりもシンハラ人には好意的だという前置きから議論を始めているが、それにもかかわらずシンハラ人をいかなるヨーロッパ民族とも比較することはできないと考えた。「知的才能と、芸術と科学における熟達という点で、彼らは最も暗愚だった中世を超えるほどにも進歩していない。彼らの性格は概して低劣、単調、優柔不断であり、そこには際立った明暗はほとんどなく、著しい美徳や悪徳もほとんど見られない[38]」。バルテルミ＝サンティレールにとって東洋精神は、一見したところ動物の領域とあまり離れていない。東洋人の精神界は知覚の領域に限られており、その人生は自己と世界についての限られた不正確な見解のもとで営まれている。その見解の限界は、「自分自身が生み出され、世界も生み出されたその根源に到達するのに十分なほどには発達していない」知性によって負わされたものである[39]。

同様に、一時、カルカッタ主教を務めたレジナルド・コプルストンは読者に対して、仏教の宇宙論はインド人の精神にとっては荘厳な魅力を有するが、限りなく無意味な理論だと説いた。そうした宇宙論のシンハラ人にとっての魅力を理解する手がかりを、コプルストン主教は次のように示唆している。すなわち、「いくらか教養のあるイギリス人が宇宙についての講演を聞いて、講師から、「まだ光が地球に到達していない星」がおそらくあるはずだと言われたときに、どのような満足感を得るかを想像しさえすればよいのだ(40)」。

東洋人は、知性を欠いているのとは逆に、想像力は過剰に働いていた。ある人にとって、仏教宇宙論はそれを信じている人々の劣った知性を示しているが、別の人にとっては、空想的、幻想的、奇想的なものを好む東洋人の傾向を示すものだった。一八八八年からハイデラバードで英国総督代理を務めたレペル・グリフィン卿〔一八三八―一九〇八〕は、仏教における地獄の表象がダンテ〔一二六五―一三二一、『神曲』の作者〕の影を薄くしていると信じていた。「専制君主の残忍さに育まれた独創的な東洋精神が発明することのできたあらゆる種類の苦痛が、永遠にではなくとも想像しえないほど長きにわたり犯罪者に与えられている(41)」。ウィリアム・ブライアントは、インド人が最初期から過剰な想像力によって特徴づけられてきたことはよく知られていると断言した。東洋的専制主義の伝統的なイメージを退けて、「奇想的、怪物的、想像的なものの創出への耽溺《たんでき》をけっしてやめなかった抑えられない幻想」の原因として、彼は圧倒的な自然の諸力を挙げている(42)。そのうえ、インド人の精神に熟慮、慎重な検証、批評の余地はなかったので、「怪奇な存在が出現すると抑えきれない恐怖」に押しつぶされることになった。そうした怪物は、彼らの精神が無意識のうちに幻影として存在するように招来したものだった。[43]

これは暗黙のうちに半ばまで作り上げられた宗教の投影理論であり、それによるとインドの伝統における宗教的存在者は、東洋精神の想像による構築物であり、したがって架空の存在である。仏教の多様な説明にも、そうした存在者が出現する。たとえば仏教に関して影響力のある著作を著わしたヘルマン・オルデンベルクの作品は、同時代の著者たちのほとんどの著作ほど文化決定論的ではなかったが、それにもかかわらず、インド人の空想的な宗教世界を評価するために、あの投影理論的な説明の諸要素を、気候の効果理論と結びつけていた。彼はこう記している。

存在するものはなんであれ、インド人の空想の働きによって、そのものの周囲を囲んで照らす明かりと比べると、インド人にとっては無価値に見える。空想が生みだすイメージは、熱帯的な豪華さのなか、形をゆがめたり失ったりして、最終的に恐るべき力をもって創造者と対立するようになる。インド人にとって真の世界は、みずからの夢のなかのイメージに隠され、未知のままにとどまる。それを信頼することは不可能

であり、彼には統御することもできないのだ。(44)

想像力の役割と熱帯気候の比喩的描写との結合は、ファニー・フュージの「世界の巨大宗教」〔一八七三年〕においても現われている。フュージにとって想像力とは、偶像崇拝の増大に刺激を与えるものだった。彼女によるとあらゆる種類の偶像崇拝はどれも皆、「日照時間の長いこうした国々の原住民たちがもつまばゆい想像力と熱い空想によって、抱かれて育まれてきた」(45)。フレデリカ・マクドナルド〔一八四五―一九二三、イギリスの作家、一時、インド在住〕は、仏教についての好意的な説明で仏教の合理性と道徳性を強調したが、冒険好きな勉強家として得たかもしれない仏教の第一印象については、謝罪せざるをえないと感じていた。その印象とは、「奇怪な伝説、あらゆる種類の神話的登場者が現われる、途方もなく、また幼稚なこともある物語、幻想的伝説といったもので、そこでは東洋人の奔放な想像力が洗練された詩的夢想とたんなる野蛮な不条理のあいだで暴走している」というものだった。(46)

次章で見るように、ブッダはヴィクトリア時代を通じて、ほぼ万人からの称賛を得ていた。だが多くのヴィクトリア時代人にとってそれほど称賛できなかったのは、ブッダの生涯についての説明に充満している神話である。これについても、過剰な東洋的想像力が責任を負うべきと捉えられていた。たとえばウィリアム・ナイトン〔一八三三／三四―一九〇〇、ダブリン出身の作家、コロンボ、カルカッタで教育に従事した〕は、ジェイムズ・ミルの『英国領インド史』のいくつもの版によって多くの人々の心に抱かれるようになった、あらゆる東洋的事物を軽蔑する伝統に対して、きわめて意識的に反論を記している。しかしながらそのようなナイトンでさえ、ブッダの生涯にかかわる伝説的な側面については、不穏当な東洋精神によるものと考えないわけにはいかなかった。「彼の信奉者たちの想像力が含む東洋的な熱意は、この偉大な歴史的人物像が前面に出るのを進んで認めることはできなかった。……彼らはその肖像がよりいっそう派手になるように大胆に色づけし、もっときらびやかになって矮小な精神を魅了するように、装飾を上塗りしなければならなかったのである」[47]。オルデンベルクの『仏陀』への書評において、フィレモン・コリネ〔一八五三―一九一七、ベルギー出身のカトリック司祭、東洋学者〕は、ブッダが予兆や不思議を伴わずに母胎に宿ることがありえたと想像したインド人はいなかっただろうと記している[48]。アグネス・メイチャー〔一八三七―一九二七、カナダの作家〕はブッダの悟りについての説明を、「東洋的な比喩表現のすべてをふんだんに利用して」、その出来事を祝うものだったと捉えた[49]。仏教に関する全著述家のうちで最も辛辣なサミュエル・ケロッグ〔一八三九―一八九九、米国長老派のインド宣教師〕は、ブッダと魔王マーラとの闘いについて仏教徒の著述家たちは、「みずからの描写力を使い果たし、東洋の想像力の全資源を惜しみなく費やした」と記している。[50]

ヴィクトリア期の著述家たちがしばしば言及するこうした資源の一つは、東洋人の誇張癖だった。伝説的な付着物を取り除いてブッダの生涯を描写したのちに、一八五六年の『ウェストミンスター・レヴュー』は、伝説自体が「増幅して、東洋的誇張の最も過剰で退屈な産物に変化している」と断言した。[51] バルテルミ＝サンティレールは、ブッダの生涯にかかわる伝説が、架空で過剰な、細部に及ぶ膨大な挿話のなかに実話を沈殿させてしまったと捉えた。しかしながらそのようにして初めて、「インドの諸人種の迷信深く度を越した想像力」が満足させられるのだと、彼は考えている。[52] トマス・リス・デイヴィズはバルテルミ＝サンティレールの研究を、「初期仏教についての完全に誤った信頼できない見解」と捉えているが、[53] 温厚な彼でさえブッダの生涯における数々の奇跡的な出来事は、「完全に、粗野な諸民族のあいだで一般的な、誇張と神秘への愛着」によるものだろうということでは、無意識のうちに後者と意見が一致していた。[54] 東洋人の誇張癖に照らして、ブッダの信奉者の人数についても疑問が呈された。というのも東洋人の空想は、物語を誇大な数値で粉飾することを喜ぶからである。[55] 仏教徒による仏教の古さの主張は、「無限から無限へと年代を積み重ね、あらゆることに日付けを付そうとする東洋人の愛着」の結果だった[56]。モニア＝ウィリアムズにとって、東洋ではあらゆる感情が誇張されていた[57]。そうした性癖は、彼によるとインドの環境によるものとされた。ヨーロッパでもインドでも周期的に不信仰、不可知論が噴出してきたが、「極端に走る傾向は、つねにインドの土壌において、東洋の空の輝きと魅惑のもとで、より大きかったのである[58]」。

東洋精神——幼稚と怠惰

ここまで論じてきた東洋精神の諸側面——その低劣な知性、過剰な想像力、誇張癖——は、西洋以外の他の諸民族の精神と同様に東洋人の精神もその本質、また根本において未開的だと捉える、より一般的な確信の一部を成していた。この見解は一九世紀に特有のものではない。未開独特の心性が存在するという見解は、一七世紀以来、ヨーロッパの思想において普及してきていた。そして東洋精神は、より一般的な未開精神というカテゴリーに包含することができた。より特定して言うと、子供や赤ん坊という比喩が西洋人の見方をはっきりと表現していた。それによると、未開精神と東洋精神はともに遅れた状態にあるが、遅れてはいても、西洋の親たちが善意の保護と配慮を向けることで成長できるだろうと考えられていた。

一八五八年の『クリスチャン・リメンブランサー』誌は、近代科学と齟齬を来たす仏教宇宙論に絶望して、それを解釈するための手がかりすらないと認めた。しかしながら同誌は、子供との類比に頼れば、読者はおそらくなんらかの理解が得られるかもしれないと示唆している。「互いを楽しませるために、あるいは自分の空想の卓抜さを示すために、大げさな話を作り出して張り合っている子供たちの努力」がここで引き合いに出されている。(59)ほぼ二五年後、エルンスト・アイテル〔一八三八―一九〇八、ドイツ出身、プロテスタントの中国宣教師〕は、仏教の多くの教義が文字通りに受け取られて誤解されていると主張することになる。それによって不適切にも「時代遅れの考えと赤ん坊の片言」に分類されてしまうという。(60)そのうえ、彼の主張によると、仏教が始まったとき、人類はその幼児期を過ごしていたという。したがって、「みずからの思想を表現するのに粗野で不完全な、幼稚な方法を採り、アジアのあの野卑な諸部族を子供たちとして扱って、子供の言葉で話しかけたのは、自然であるのみならず、教育として賢明でもあった」(61)。洗練された大人の仏教と、より子供じみたその信奉者たちの求めに応じた大衆向けのメッセージとのあいだの微妙な区別は、ヴィクトリア期の仏教においてはまれだった。ウォルター・メドハースト〔フィロシネンシスの本名、一七九六―一八五七、イギリス出身、会衆派の中国宣教師〕の立場はきわめて典型的である。インドの宗教を汚している残酷さや穢濁《わいだく》さは中国の宗教には皆無だが、きわめて鋭利で知的な民族には予想できないような幼稚さと呼ぶべきものを、彼は見いだした。メドハーストにとって中国は、一八世紀の理神論的概念である、理性のみによる神の認識を捏造《ねつぞう》した。「超自然的な力を発見し、そこからの助けを得るということはほとんどまったくないのが中国である。そこに行ってみれば、最高の賢人が神や永遠についてたわごとを唱え、子供のキリスト教徒にもはるかに及ばないことがわかるだろう(62)」。バルテルミ＝サンティレールもまた一八世紀の議論を呼び返そうとしている。特に、ピエール・ベール〔一六四七―一七〇六〕とヴォルテール〔一六九四―一七七八〕のあいだにおける、神なき民族の存在についての意見の相違が想起されている。彼は、仏教徒の諸国民が存在することから、〔無神論の民の存在を認めた〕ベールに同意して問題は解決されたと捉えた。しかしながらなお、仏教的無神論者は、神の存在を信じないと明言するヨーロッパ人たちと同じ立場とは見なされない。それどころか、無神論の諸民族はいまだに神の観念に到達しておらず、彼らの組織も尊厳も幸福も大いに損ねることになっているという。バルテルミ＝サンティレールは、ベールは正しかったと断言はする。しかしそれでもこう続ける。「おそらく……ヴォルテールが言うように「これらの民族は神を肯定も否定もしない、神のことを聞いたことがないのだ。……実のところ彼らは子供であって、子供は無神論者でも理神論者でもない。彼は何者でもないのだ(63)」」。

子供の本性として従順であること、真似したがることが想定され、そうした性格が仏教の成功を説明するためにも持ちだされた。英国で教育を受けたシンハラ人、ジェイムズ・ドゥ・アルウィス〔一八二三―七八、セイロンの法律家、作家〕は、のちに母語とパーリ語に改めて出会うことになり、仏教のなかに東洋文明の一つの必須の源泉を見るにいたった。彼はこう断言する。東洋人は「仏教の最初の夜明けに際して、子供たちと多くを共有していたし、今でもそれは変わらない。彼らは子供たちと同じく、親の助言に耳を傾けていた。なによりも、親を手本として模倣し、仏教を信奉したのだった」(64)。こうした特徴は肯定的に見られるかもしれない。英国人であれシンハラ人であれ、エリート支配層であれば確かにそうだろう。しかしながら、東洋人は実直さを欠いているという評言は、否定的にしか受け取ることはできない。たとえば、J・ダイヤー・ボール〔一八四七―一九一九、米国人宣教師の子として広東省に生まれた中国学者、中国名・波乃耶〕は、仏教をキリスト教への障害というよりはむしろ、その準備段階と捉えようとした。それでも彼は、仏教を子供じみた特徴をもつものとして厳しく批判もしている。

実直さの欠如は、すべての東洋人に多かれ少なかれ具わった生来の状態である。というのも周知のとおり、子供の頃には事実と空想のあいだの境界線がきわめて曖昧だからである――仏教においては、無数の寓話が真実と信じられ、幻想の戯れにより人生の過酷な現実が気にならなくなるような無頓着さがあることで、あのような良心の欠如が助長され奨励されてきたのだと言えないだろうか[65]。

これとは対照的に、東洋民族の、いわば子供らしい特質のなかにも称賛されたものがあった。ハロルド・フィールディング＝ホール〔一八五八―一九一七〉のかなり独特な『ある民族の魂 *The Soul of a People*』〔一八九八年〕に対する書評において、当時、『スコティッシュ・レヴュー』の編集者だったウィリアム・メトカーフは、ビルマ人を「自然児のように単純で、人、獣、地表の虫たちに親切で、上機嫌になりやすく、極端に礼儀正しく……自足して穏和で、ブッダの信仰を信奉している」と捉えたフィールディングの見解を受け入れた[66]。しかしメトカーフは、ビルマ人の性格は仏教への傾倒の結果だとするフィールディングの断言は斥けた。逆にメトカーフは、仏教が与えた影響は深くもなければ大きくもなかったと主張している。彼は高貴な野蛮人を想起させるような言葉で、いくらかの文化的な違いはあるが、ビルマ人は自然の子供で、その生活は「みずからが生まれ育った物理的条件によって影響される、自然人の生活である」と推測している[67]。

子供たちと同じく、東洋人もまた単純で信じやすく、独創性を欠いている。たとえばサミュエル・サンドバーグ〔一八五一―一九〇五、イギリスのチベット学者〕は、仏教徒は転生の教養をブラフミンから借用し、後者はそれをギリシア人から受け取ったと主張した。インドのいかなる哲学者も、盗作者にしかなりえないと彼は断定する。「数えきれないほど、無駄にやり直しができるように、ある目覚ましい着想を与えられて、自分の才能を発揮する機会を得れば、彼は巧妙な職人技の恐ろしく長い連鎖を続け、無限に達することになるだろう。しかしながら彼は一から生み出すことはできない。とどまることなく続けるのだが、始めることはできないのだ[68]」。そのうえ、ジョージ・ベタニー〔一八五〇—九一、イギリスの植物学者、人類学者〕にとって、ブッダの生涯についての説明は、ブッダを個人として目立たせるような筆の運びにはなっていなかった。いくらか奇妙なことだが、これに続けて彼は、インド人と中国人がヘブライ人やヨーロッパ人とは異なり、個性を発達させることはなかったと主張している。「彼らの文明は、個人ではなく類型を創り出し、同じことを行ない続け、似たような感じ方をし、同じように考えるのを習慣としていたのである[69]」。

東洋精神についてのこうした特徴づけと密接に関連しているもう一つの特徴として、怠惰ということがある。怠け者の東洋人という描写が、一七、一八世紀にはありふれていた。もっとも、その頻度が頂点に達するのはヴィクトリア時代であり、労働、活動という当時のうるわしい理想とは対照的な位置づけだった。一六九三年にルベールはシャム人が芸術と科学において最高の成果を生み出すことができると捉えたが、「彼らの克服できない怠惰さが突如としてこうした希望を打ち砕くのだ」という。[70] 百年のちにヴィンチェンツォ・サンジェルマノ神父〔一七五八―一八一九、イタリア人司祭、ビルマ宣教に従事〕はビルマ人をどうしようもない怠け者として同じように描写し、「もっているものをよくすることに時間を費やすのではなく、放恣《ほうし》な休息にみずからをゆだね、一日、おしゃべりしたり、煙草を吹かしたり、檳榔子《びんろうじ》を嚙んだりして過ごすか、誰か有力な役人のおべっかつかいになることを好んでいる」と記す。[71] シンハラ人も似たり寄ったりである。一八五〇年にジェイムズ・テネント〔一八〇四―六九、アイルランド出身の英国の政治家、セイロンで植民地行政に従事〕はシンハラ人について、仏教の影響によって気力も生気もないと描写している。[72]

ヨーロッパ人の活発さと対照的な東洋人の怠惰さは、後者が女々しく、男らしくない〔原文ノママ〕ということを示唆していた。積極的、精力的、挑戦的、進歩的なヨーロッパ人は、消極的、停滞的、静止的なアジア人を凌駕して、屹立していた。一八五〇年の『プロスペクティヴ・レヴュー』によると、「ヨーロッパ人の態度は剣を手に――興奮していくらか乱暴に敵と会い、「人を泣かせる」〔?〕悲劇を物語るというものである。インド人の緩慢で一様な振る舞いは、そうした性格のヨーロッパ人には男らしくないと思われた」。[73] モニア＝ウィリアムズにとっては、インドの原住民はあまりに無気力なので、みずからの宗教以外のいかなる宗教のことでも思いわずらうことはなく、あまりにも無知で愚鈍なので宗教の正しさを疑うこともできない。そのうえ、彼らの環境の特徴は、なんであれ正しい宗教を信仰することを不可能にしている。怠惰は、生存していくための努力そのものの結果である。「早婚がもたらす影響によって彼らの才能は弱められ、日常的な骨折り仕事の苦労と、心身を一体に保つ必要によって精神力も弱まって、インド人はいかなる明快な神学的信条も奉持することがほとんどできないと言われている」という(74)。

　怠惰な東洋精神はまた、仏教において涅槃《ねはん》の教義を生んだ原因とも考えられた。これは、情熱も情動もない休息と捉えられ、その状態において疲弊した魂は夢を見ることなくまどろむとされる。ファニー・フュージによると、「涅槃は仏教徒の最高善《スンムム・ボヌム》であり、怠惰な東インド人の現世、あるいは来世の幸福観の最高点《ネ・プリュス・ウルトラ》である」(75)。サンドバーグによると、東洋人に休息願望があるために、仏教徒は涅槃という理想を選んだのだという。明らかに、矛盾を恐れることなく、彼は次のように断言できると感じていた。

> 〔東洋民族としての経験がある人は誰でも〕最高の幸福についてみずからが抱く一つの考えは、休息――微動だにしない絶対的な休息――という考えだと告白するだろう。一人のインド人を丸太のように横たわって眠らせれば、彼は強く心地よく幸福を感じる。

……インドの哲学者は、極端にまで無理強いされないかぎり、帰謬法を含め、論理的に想像することができないという生来の傾向をもち、サンスクリットを用いる仏教徒は涅槃を苦痛の消失した絶対的な休息の極致と捉えた(76)。

したがって怠惰、放恣、休息には、霊的に対応するものがある――涅槃、神秘主義、観想である。『クリスチャン・リメンブランサー』誌は、読者がすべきことを次のように強調した。すなわち、「西洋の鋭敏、繊細で論理的な、鑑識眼のある知性と、東洋民族のあいだで広まっている茫漠としているが親切な、包括的で神秘的な感じ方との区別を記憶しておくこと」が必要だという(77)。アグネス・メイチャーはブッダの不安《アンクスト》を、「活気ある西洋ではなく、夢想や観想にふける東洋で」生まれた結果だと捉えた(78)。

東洋の怠惰が西洋の活力と対照的であるのと同じく、東洋の悲観主義は西洋の楽観主義と対比された。たとえばジョージ・グラントは、東洋人、特にインド人は「楽観主義よりはむしろ悲観主義的な人生観を抱きがちである」と読者に想起させた(79)。オルデンベルクは無邪気な明るさで、勤勉と楽観主義、怠惰と悲観主義を図式的に結びつけ、こう記す。「勤勉に努力を重ねる人々の快活な頑健さに何千もの贈り物、何千ものよき報いを約束する現世において、インド人はたんにその表面をかすってはうんざりして背を向けてしまう」[80]。『チェンバーズ百科事典』は、普遍的な苦に関する仏教の概念は、インド人の精神の悲観主義的傾向に基づいていると示した。その悲観主義は主に、東洋人全般の、比較的虚弱な身体構造によるものとされた。同事典の仏教の項目の執筆者にとって、インド人は、「動物的な力強い生命力をほとんどもたず、それゆえ身体の存続はそれ自体、当人にとってほとんど喜びを与えない。……そしてまた活動を楽しみの源と見なすのではまったくなく、努力は苦痛であり、彼の見るところ、完全な静止が考えうる楽しみのなかの最高の状態なのである」[81]。ユニテリアン〔基本信条である三位一体を否定し、神の唯一性を主張するキリスト教の教派〕のリチャード・アームストロング〔一八四三―一九〇五、英国のユニテリアン派牧師、著述家〕によると、インドの気候が悲観主義の直接の原因だとされる。「それまで育んだ輝く新緑に、太陽は容赦なく照りつけ、焼け焦がし続けた。椰子と沙羅双樹を空に向かって伸ばしたのが太陽なら、人々の気力を削いで地面にしゃがみこませ、人生を罵らせたのも太陽だった」[82]。エルンスト・アイテルも同様に、東洋人の悲観主義をその気候のせいだと捉えた。それによると、西洋人にとって生まれ変わりは恐怖をもたらすものではない。人生は恵みだからである。しかし、「インドの怠惰な原住民や座りっぱなしの中国人といった、熱い気候の住民たちにとって、事態はまったく異なっている。彼にとっては人生自体が特に魅力的なものではない。死こそが――その後に休息があるのであれば

——恵みなのである」[83]。

怠惰は東洋人個人の特徴であるというばかりではなく、諸々の東洋文化全体の特徴でもあった。静止し不変不動で保守的なそれら諸文化は、過去の遺物であり続けた。一七六二年の時点でアダム・ファーガソン〔一七二三―一八一六、スコットランドの歴史家、道徳哲学者〕にとって、「現代におけるインドの記述は古代の反復であり、現在の中国の状況は、人類史において匹敵するものがないほどはるか遠い古代に由来する」[84]。『東洋諸民族の言語、文学、習俗についての論文 *Dissertation on the Languages, Literature and Manners of Eastern Nations*』の著者、ジョン・リチャードソン〔一七四〇／四一―九五、英国の東洋学者、言語学者〕は、「東洋の習俗にごくわずかでも注意を向けてみれば、東洋人の特徴的な慣習は今日においてもあらゆる点で、はるか昔の描写と類似していることが明らかである」[85]。一九世紀半ばにはジェイムズ・テネントが、セイロンの仏教は二千年以上のあいだ変わることはなかったと断言した。したがってシンハラ人は、「過去の時代の生きたミイラ」なのだ。テネントは続けて、「東洋の都市の住民は、永遠に大理石のなかに閉じ込められたという寓話」を体現しているのだという[86]。

それはそうであっても、一九世紀後半には、仏教が東洋社会の停滞という広く受け入れられた信念に対する反証として引用されることがしばしばあった。一八四五年の『カルカッタ・レビュー』が記すところによると、「インド人を変わることのない存在と捉えようとする人がいるが、実際にはそうではない」ことを仏教の歴史が表わしているという。[87]したがってそうした見方によって、目下のところ失意の念を抱いている慈善家にとっても、最終的にその事業は成功に導かれるだろうと希望を抱くことができるのである。ジェイムズ・バード〔一七九七―一八六四、英国の医師、一時、インドで軍医、また病院に勤務。王立アジア協会カルカッタ支部の副会長も務めた〕によれば、みずからの優位を説くブラフミンたちの主張と深く根ざした宗教的偏見を、仏教が克服することができたというまさにその事実から、「ブラフミンの偏見とインド人の慣習は、長きにわたり、誤ってそう信じられてきたような、不変の特徴ではない」ことが明らかだという。しかしながらこの事実は、「真の宗教の普及と過ちの克服」とバードが呼ぶものに関与している人々には、理解されないかもしれない。[88]不変、不動、不易といった言語は、宗教によって励まされた人であれ、その他の動機に駆られた人であれ、もはや植民地の慈善家にとってふさわしい概念ではなかった。それらの言語を克服するのに有益な装置を仏教は提供した。善意ある植民政策は、少なくとも、東洋人自身のあいだに革新と変化の可能性が生まれることを求めた。一八六七年の『インテレクチュアル・オブザーバー』誌は以下のように記している。

鉄道、灌漑《かんがい》工事、労働賃金の上昇、知的で勤勉な人々の昇進の可能性の増大――これらを実現して東洋精神に影響を及ぼすことができる場合には、そうした状況はおそらく東洋精神を高めることだろう。仏教とブラフマニズムの迷信は、社会の特定の条件に帰属している。思弁的思考のなかで広範囲に及ぶ変化を実現できるのは、それまでの他の変化が道を用意してくれていたときに限られる。……ヨーロッパ人の善意がどれほど大きくても、それは自己の行動の代わりにはなりえない。東洋諸民族の保守主義は、新たな関心を育み、新たな欲求を生みだす諸々の運動によって初めて打倒されるのだ。(89)

そのうえ、変化、発展、成長、前進の可能性といった言語は、不変不易といった言語よりは、腐敗、堕落といった言説と適合していた。頽廃した東洋と変化しうる東洋という概念は、ともに、静止した東洋のイメージがけっしてなしえない方法でヨーロッパの覇権を伴っていた。頽廃しているが変化しうるという考えは、ジョゼフ・エドキンズの一八五四年の著書に現われていた。彼は仏教の存在そのものが、インド人種がはるか昔と同じく今日も有している活力の十分な証拠だと指摘した。モンゴル人、チベット人、セイロン人、中国人、インドシナ人、日本人は現に仏教への信仰があることによって、それぞれの土地において最初期の宣教師たちを熱狂させ、キリスト教の影響力を証明することとなった。インド人は現在は怠惰に見えるがつねにそうであったわけではなく、それに加えて、堕落しているというイメージを掻き立てることから、「仏教は、現在は迷信のように見えるが、つねに古びた迷信だったわけではない(90)」。

質的に区別される東洋的存在様式が実在するということについては、疑問視されることもごくまれにはあった。逆に、これまで見てきたとおり、そうした存在様式が東洋を成り立たせる根本的で支配的な編成機軸を提供した。より特定して言えば、東洋的存在様式が、あるフィルターを提供し、ヴィクトリア期の文脈に受け入れられた仏教の諸側面がそのフィルターをとおって吸収され、本質的に同化できない諸側面はそれによって拒絶されることになった。仏教に対するこの吸収と拒絶の両極は、東洋精神のイメージを通じて潜在的にも顕在的にも表現され、ヴィクトリア時代に発展した仏教に関する言説の多くの基礎となっていったのである。

第三章　ブッダ——神話から歴史へ

ブッダと神々

彼を軽蔑できるか、彼の教えを罵ることができるか
彼の偉大さを呪うことができるのか？
彼が得るものはなんであれ、確かに軽蔑には値せず
われわれの非難にも、怒りの小瓶を彼の頭上に注いでも動ぜず
真理から出立し、東洋をさまよわす
その罪は甚だしい
だが彼は憎悪にではなく愛にこそふさわしい……

彼を憎むことはない

あの男を崇め愛すればわれわれが責めを受けるのか？
言葉と行動の愛とやさしさで
より高貴な信条の厳格な使徒たちを圧倒したあの男を
彼を神の子のように見なすことで
性急な偏屈の鞭を受けることになろうか？
いずれにせよ、彼の名は
過去の最大の偉人の一人として刻まれよう(1)

「憎悪にではなく愛にこそふさわしい」「過去の最大の偉人の一人」、これらに見られる感情が、ヴィクトリア期のブッダへの見方を要約している。とりわけ一九世紀後半を通じてブッダは、ほとんど世界的な称賛を得ることになった——それは彼の教説のためというよりはむしろ人柄のためである。仏教の開祖としての歴史的な評価が、右に引用したリチャード・フィリップスの叙事詩、『ゴータマ・ブッダ物語』〔一八七一年〕に明らかに見て取れる。しかしながら、そうしたブッダへの崇敬の態度は、フィリップスのような共鳴者のみならず、エドウィン・アーノルド〔一八三二—一九〇四、イギリスのジャーナリスト、作家〕はもちろんのこと、仏教教説にほとんど共感していない人々によっても共有されており、おそらくそのことこそ興味を惹くところである。バルテルミ＝サンティレール〔一八〇五―九五、フランスの哲学者〕は、仏教の支持者と批判者の双方から認められる仏教批判の代表的な論者である。そのような彼でも、「キリストを唯一の例外として、宗教の開祖全員のなかで、ブッダほど純粋で、彼ほど感動を引き起こす人物は存在しない。純粋で穢れのないその生涯において、彼は信念に従って行動した。説示した教説が誤りだとしても、彼が示した人格としての模範には非の打ちどころがない」と認めざるをえなかった(2)。

西洋では一八七〇年代の半ばまでに、ブッダの生涯にかかわる全体像が現われていた。それにより、ブッダについての評価を下すことも可能になった。しかし一八七五年においてさえ、ブッダの生涯を叙述する資料は限られた数のものしか入手できなかったので、その事実に照らすと当時のきわめて肯定的な評価には大いに驚かされる。このことは、一八七六年刊行の『ブリタニカ百科事典』における仏教の項目を見れば明らかである。著者はその時期までに最も有名な英国人仏教学者になっていたT・W・リス・デイヴィズ〔一八四三―一九二二〕で、その記事は主な資料としてわずか五篇しか挙げていない。それらすべては一八四八年から一八七五年のあいだという比較的近年に出版されていた。すなわち、スペンス・ハーディ〔一八〇三―六八、イギリス出身、セイロンで活動したメソディスト派宣教師〕の『仏教への手引』、ポール・ビガンデ〔一八一三―九四、フランス出身のカトリック宣教師、ビルマで司教を務めた）の『ビルマのブッダ伝説』、ヴィゴ・ファウスベル（一八二一―一九〇八、デンマークの東洋学者、インド学者）のパーリ語ジャータカ注釈書、アーノルドの『アジアの光』、そのもとになったフィリップ・フーコー（一八一一―九四、フランスのチベット学者）の『ラリタヴィスタラ〔遊戯の展開、漢訳は「方広大荘厳経」〕』のフランス語訳（同書の邦訳は、溝口史郎訳『ブッダの境涯』東方出版、一九九六年）である。(3)

ブッダの個人としての人となり、その生涯や生きた時代が、少なくとも私たちから見ると、一八四〇年代になってからもほとんど見通すことのできない靄《もや》のようなものに包まれていたことを考慮すると、一九世紀後半のヴィクトリア期イングランドにブッダが与えた衝撃はなおのこと際立ってくる。その靄の源はと言えば、一九世紀初頭から三〇年代頃までのあいだ、ブッダは現代的な意味でいうところの歴史上の人物ではなかったということがある。むしろ彼は、複雑な比較神話学と年代学の一側面を表わしており、あらゆる種類の体系的分類を好む啓蒙思想の一部分を成していた。一九世紀を通じて、ブッダが登場する諸々の文献が著わされていた。それにより一九世紀初頭の「神話的」ブッダは、のちのヴィクトリア時代における歴史的ブッダと、文献の連なりによって確かに結びつけられていた。このため、ある面で言説の一体性が生まれており、ウィリアム・ジョーンズ（一七四六―九四、イギリスの裁判官、東洋学者、比較言語学者）のブッダと、たとえばヘルマン・

オルデンベルク〔一八五四―一九二〇、ドイツのインド学者〕のブッダを同一視することが可能になっている。ただしまた別の、より深い面では、それらのブッダたちは、切れ目のない対象というわけではなかった。

ヴィクトリア時代の中期から後期にかけて、ブッダはその当時の文献のなかに存在することを通じて、歴史的に位置づけられるようになっている。彼は概念上、発展しつつあった自然主義的宇宙論や、生まれつつあった聖書に対する批判的見解や、英国の覇権のもとにあるインドと結びつけられる対象である。そしてまた聖書の年代学、聖書の宇宙論からは徐々に離れ、地学と生物学に基礎を置く年代学によって、ますます決定されつつあった世界観にも結びついている。ブッダはたいてい人間として見られ、神々とではなく、他の歴史上の人物たち――イエス、ムハンマド、あるいはルター――と比較されるようになる。

こうしたごく人間的なイメージとは対照的に、ヴィクトリア時代より前のブッダは、歴史にではなく、なによりも超越的な領域――インド、ギリシア、エジプトの神々が住まう領域――に位置づけられた。その位置づけはより現世的だった場合もあるが、その場合にも、限界が聖書宇宙論と聖書年代学の解釈によって決まる範囲内の場所と時代に位置づけられた。

一八世紀終わりに向かう頃の英国の学者たちは、フランスのアカデミーのメンバーたちからいくらかの影響を受け、ブッダを多様な神話上の神や、歴史上の人物と同一視し始めていた。この試みにおいて最も有益だと考えられた手法は語源学だった。一七世紀にも一八世紀にも、語源学は神と人とを同一視するうえで主要な道具としての役割を果たした。その結果、宗教横断的な複雑な分類学が発展した。私たちの目的にとって最も重要なのは、早くも一六九三年に、ソンモナ・コドムの語源と、パーリ語の特徴についてのドゥ・ラ・ルベール〔一六四二―一七二九、フランスのシャムへの派遣使節〕の推論という文脈において、こうした複雑な探究における一つの役割をブッダが果たし始めていたことである。ルベールの記述を引用する。

私はエルブロ氏〔バルテルミ・デルブロ、一六二五―九五、フランスの東洋学者か〕から借用したものを省くことはできない。シャム語に関するみずからの知識について、彼に相談することが必要だと考えた。私が知っているシャム語とアラビア語、トルコ語、ペルシャ語との共通点について、彼に語ってもらうためである。それによると、スマンは、ペルシャ語では「天国」を意味しソマンと発音され、コドゥム、あるいはコドムはペルシャ語で「古代」を意味する。したがって、ソンモナ・コドムは「永遠の天国」あるいは「創造されざる天国」を意味するようである。なぜならペルシャ語、へブライ語で、「古代」を意味する語はともに「創造されざる」あるいは「永遠の」を意味するからである。……それに加えて、プーという語はペルシャ語では「偶像」「偽りの神」を意味し、すでに論じたとおり、おそらくシャム語では「水星《メルクリウス》」を意味する。(4)

こうした難解な技法は、一世紀のちにも依然として流行していた。ルベールのソンモナ・コドムの解釈やプーを水星とする見方は、一七八八年にウィリアム・チェンバーズ〔一七四八―九三、英国のインド駐在官、インド学の先駆者〕にそのまま引用されている。それに加えてチェンバーズは、ブッダとスカンディナヴィアの神、ウォーデンとの同一視にまで及んだ。いくつか語源の比較検討をしたあとで、彼はこう結論づけている。

すべてから想定できるのは、シャム人にとってのプーはソンモナカドムの別称で、プー自体、ブッドゥが変形したものである。後者はギリシア人にとってのメルクリウスである。ドゥ・ラ・ルベール氏によると、ソンモナカドムの母がバーリ語〔パーリ語〕でマハー・マニア、すなわち「偉大なマニア」と呼ばれ、このことは目を引く。マイアという名とよく似ているが、マイアはメルクリウスの母の名である。タミール語の語末の*en*を付すとプーは、プーデンになり、ゴート諸民族のウォーデンと類似することになる。そこから週のなかのウォーデンの日〔水曜日〕が命名され、その他の説明もあって、ウォーデンはギリシア人のメルクリウスとも同じものと見なされている。[5]

チェンバーズはほどなくしてこの問題について見解を変えることになるが、一七八六年にウィリアム・ジョーンズは確信をもってこう記した。「ウォーデン、あるいはオーディンの宗教は、北欧の歴史家たちが認めるように、外国人によってスカンディナヴィアにもたらされたものである。ウォーデン、あるいはオーディンはブッダと等しく、ブッダの儀礼はおそらく、ほぼ同じころ、インドにもたらされたのだろう」[6]。ブッダとウォーデン、ブッダとメルクリウスの同一視は周期的に起こっていく。もっとも、その後六〇年ほどのあいだには、その頻度はますます少なくなっていった。たとえば一八一六年に、『異教的偶像崇拝の起源』の著者、ジョージ・フェイバー〔一七七三―一八五四、イングランド国教会の神学者〕にとっては、ウォーデンとブッダの同一視という結論は避けられないものに思われた。そのうえ、彼の議論によると、ゴート族とサクソン族はインド方面のコーカサスから移住してきたのだから、「ゴート部族、サクソン部族の神学は仏教を改変したものだった」[7]。一八五四年になっても、アレクサンダー・カニンガム名誉少佐〔一八一四―九三、ベンガル・エンジニア・グループ所属、インドで考古学に従事〕の読者にとっては（カニンガムが望んだのとは異なって）そうではなかったとしても、彼本人にとっては、「ヘルメス、ウォーデン、ブッダのつながりは明らかだ」とされた[8]。

多種多様な同一視の議論が提起されていた。一七九九年に、フランシス・ブキャナン〔一七六二―一八二九、スコットランドの医師でインドを対象とする博物学者〕は、さまざまな学者によって、ブッダがノア、モーセ、シフォアと同一視され、ウィリアム・ジョーンズによってエジプトのファラオ、シシャク〔シェシェンク一世、紀元前一〇世紀〕、あるいはセソストリス〔ヘロドトス『歴史』に記されるファラオ〕と同一視されたと記している。シシャクとシャカという語は類似しており、ジョーンズの示唆を生み出すことになったとブキャナンは見ているが、それにもかかわらず彼は、「エジプトの多神教とビルマの単一主義者の宗教以上に異なっている二つの宗教はありえない」と結論づけた[9]。こうした同一視、すなわち一方でブッダとヘブライ人との、他方でブッダとエジプトのファラオとの同一視はフェイバーにも見られた。「トート〔エジプトの月の神、知恵の神〕は確かに東方のブッダであり、ブッダやメヌ〔インド太古の賢者〕はさまざまな転生による顕現において、同時にアダム、エノク、ノアである」[10]。フェイバーには支持者もいた。たとえばウィリアム・フランクリン〔一七六三―一八三九、イギリス出身でインドに駐在した軍人、東洋学者〕は一八二七年に、フェイバーのいくつもの同一視を「古代神話の複雑な神秘を解き明かすうえで必ず役に立つ鍵」の一つと捉えた。[11] フランクリン自身にとっては、ブッダは「転生する偉大な父」、ノアであるのみならず、[12] インド、ギリシア、ローマ、エジプトの神々についで彼が記した一覧表に従えば、ネプトゥーヌス〔ローマ神話の海の神〕、オシリス〔エジプト神話の冥界の神〕でもあり、後者がまたユピテル、ブラフマー、パン、アポローン、クリシュナ、シヴァとも同一視されていく。[13] ジェイムズ・ミル〔一七七三―一八三六、スコットランドの歴史家、哲学者。ジョン・スチュアート・ミルの父〕もまた、一八一七年に初版刊行の『英国領インド史』においてブッダをアジアの外に連れ出した。ミルの主張するところでは、「エジプトにブトゥスあるいはブトゥが、キュレネ〔現リビアにあった古代ギリシア人の植民都市〕にブットゥスが、ギリシアにボエオトゥスがいた。……マニ教教団の原始時代の著者たちの一人もブダスという名を名乗った[14]」。ミルの記述が、同書ののちの版でホーラス・ウィルソン〔一七八六―一八六〇、イギリスの東洋学者〕の編集の手が加わるようになった際にどのように変わったかを見ることは興味深い。ミルの著書の一八四〇年版における編集注記において、事態を過小評価しながら、ウィルソンは快活に、「絡まりあった神話学的論点がここでは手短に解決されている」と記している。それに続けて、

「インド人のブッダをエジプトのブトゥスあるいはブトゥと関連づけるのには、どのような理由があるのだろうか」と問うた[15]。一八五八年の第五版刊行時までにウィルソンがそれまでに表明した疑念に取って代わっていたのは、ミルの主張についての暗黙ではあるが、とはいえ明白な拒絶だった。ミルは「多くの追加情報が収集され、……仏教史が明らかに描き出されている」と記しているのだから、読者への「ビュルヌフの『インド仏教史序説』とハーディの『東方の隠遁主義』と『仏教への手引』を参照せよという指示」は、ミルの憶測が根拠を欠いていることを明らかに示すことになった[16]。しかしながら私たちの目的にとってより重要なのは、ミルの主張を退けることは、たんに多くの追加情報の結果であるのみならず、ブッダを位置づけるための概念構成における根本的に新しい方向づけの結果でもあることを、ウィルソンの文言が示していることである。すなわち、一人の人間としてのブッダ、ビュルヌフとハーディが論ずるブッダが、神としてのブッダに取って代わったのだった。

ブッダと神々との同一視について、以前から疑問が投げかけられていたのは確かである。批判は多種多様な根拠からなされていた。たとえば古くは一七九五年に、マイケル・サイムズ〔一七六一―一八〇九、アイルランド出身の英国の外交官〕はアヴァ王国〔現在のミャンマー北部〕の大使館における報告書で、実質的に性格が異なる二つの宗教の同一視に疑問を投げかけ、こう主張する。「私の見るところ語源学的推論は、ブッダとウォーデンが同一であることを十分に証明しているとは思えない。……スカンディナヴィアに教義が伝わっているあの神は恐怖の神であり、その崇拝者たちはどの地域においても暴力と破壊をもたらした。しかし〔ヴィシュヌの〕第九の化身は平和のオリーブをもたらし、血なまぐさい出来事を防ぐことを唯一の目的としてこの世にやってきたのである」(17)。

このような議論は十分に広まっており、同一視理論を好む人々からの反論を招くものだった。フェイバーは、凶暴で戦闘的なウォーデンと温厚で哲学的なブッダのあいだにはまり類似点がないとして、「反論されるのは当然」だろうと認めざるをえなかった。そうではあっても仏教徒たちの古代神学がつねに今日と同じだったとは想定しなくともよいと、彼は論じた。そのうえ、たとえ仏教徒たちの神学が変わらなかったとしても、「〔ス〕キティア系の好戦的部族が温厚なインドの神を戦闘の神に変えたということは、彼ら特有の状況から、ほかでもなく明らかに予想されたことだ」という(18)。これは無理のない議論だった。しかしすでに賽《さい》は投げられ、学者たちは次々にブッダとウォーデンの同一性を疑問視するようになっていく。たとえば一八二一年にジョン・デイヴィー〔一七九〇―一八六八、イギリス人医師、化学者。軍医として植民地に駐在〕はこう尋ねた。

アジアに加えて、ヨーロッパ全域に〔仏教が〕展開したと想像し、ブードゥーとスカンディナヴィア人の神々、フレイ、トール、オーディンとを同一視してきた、あの偉人たちの見解について、どのように考えればよいのだろうか。ブッダに関する体系とスカンディナヴィアの体系とのあいだにどんな類比が成り立つのだろうか。類似点がもしあるとしてもごくわずかなのは確かだが、相違点は数え切れないほどだ[19]。

想定上の語源学的類似についてはどうだろうか。デイヴィーは、「主に曜日の呼び名に基づく議論から、ブードゥーとオーディンあるいはウォーデンの類似が基礎づけられたのだったが、それはほとんど注目に値しない議論だ」と厳しく断言している[20]。

一八六八年になっても依然として、語源学的観点からブッダとウォーデンの同一性を論じる議論を見ることができる。もっとも、すでにこの頃までにそうした議論には、風変わり、さらには時代遅れの雰囲気も漂っていた[21]。実際、一八四〇年代までには、歴史上のブッダが登場してきた結果というよりはむしろ、比較神話学とそれに付随する語源学の衰退の結果として、そうした同一視はすっかりと過去《パセ》のものになっていた。一八四五年に〔ロンドンで〕刊行の『メトロポリターナ百科事典』は、フランスの古物商への憤りを表明している。というのも彼らは、「その同胞たちのあいだであまりに一般的な軽率さと傲慢さを露呈した表現で」、ブッダとオーディンとを同一視する人々を非難したからである。これは同一視理論への傾倒としてというよりは、国民としての自尊心の表現と捉えなければならない。というのもその事典項目は、両者の同一視については疑いがあることを実際には認めていたからである。(22) しかしながら同年の『カルカッタ・レヴュー』は、同一視理論の時代が終わったことを、誤解の余地のないほどはっきりと示した。以下の一節に見られるおだやかな皮肉は、賛成であろうと反対であろうと、同一視理論はすでに不適切なものになっていることを示している。その理論は同時代のエピステーメー〔知の総体的な枠組み〕においては、もはや果たすべき役割をもたないのである。

トッド、フランクリン、フェイバーは他の多くの論者とともに、サクソン民族の神、ウォーデンとブッダとが同一人物だと考えた。この類比を跡づけるために、かつての神話学者たちによって、学問上、多大な努力が注がれてきた。その一群の人々は、あらゆる語の語源をバベルの塔の時代にまで追いかけ、ウェールズの系譜学者が行なうような正確さ、すなわちあるウェールズの家系がアダムから現代まで連なってきた確かな系譜的関係を指摘しようとする際の正確さで、語源を確定しようとする。はっきりしない語源を突き止めようとするこうしたドン・キホーテ的遍歴の時代は、幸いにもほぼ過ぎ去っている。wをbに変えることによって、ウォーデンからブッダをひねり出すことはできるかもしれないが、歴史は声高に……それら二つの体系の特質は大いに異なると断じている[23]。

歴史上のブッダ

一九世紀の半ばにかけて、ブッダと神々にかかわる問題は消えつつあったが、やがて覚者《ブッダ》になるゴータマの存在についての問いは、いくらか疑問視され続けることになる。一八五六年にホーラス・ウィルソンは、ブッダの生涯についての説明にはさまざまな理由から疑問が投げかけられ、「シャカ・シンハ、シャカ・ムニ、あるいはスラマナ・ゴータマといった人物がかつて実際に存在したのかどうかはたいへん疑わしい」と認めた[24]。一八五七年四月の『タイムズ』紙において、マックス・ミュラー〔一八二三―一九〇〇〕は仏教の起源と展開についてほとんどわからないと述べたうえで、おそらくはウィルソンを念頭に置きながら、「カピラヴァストゥの王、シュッドーダナの息子であるブッダのような存在が実際にいたのかどうかは疑われてきた」と記した[25]。

こうした疑問は新しいものではなかった。シャム人たちがブッダの伝説以外、何も知らず、すでに存在していた宗教のたんなる改革者として捉えていたことを理由として、ルベールは「そもそもそうした男が実在したこと」を疑った。[26] カルメル会のパウリヌス神父〔一七四八―一八〇六、オーストリア出身、インド宣教に従事した修道士、東洋学者〕は、ブッダが歴史上に存在したことを否定し、人類はある人物をそれほど長く崇拝することはできなかっただろうと主張した。一七九九年にはブキャナンが、ブッダの存在を問題にした。彼は一八世紀のエウヘメリズムを利用して、ブッダが人でも神でもありえたという事実を説明しようとした。というのも、エウヘメリズムの説明によると、すべての神々が、起源においてはたんなる人間であり、のちになって初めて天界に昇ったとされたからである。[27] したがって、ブキャナンは以下のように捉える。

パウリヌスの難点はすべて、ゴーダマの教義によって取り除かれている。彼の信奉者たちは、厳密に言って無神論者である。なぜなら彼らはすべてが運命から生じると考えているからだ。そして彼らの神々はただの人間にすぎず、その人間たちがみずからの長所によって至高の幸福を得て、みずからの知恵によってあらゆる生類に法を課す資格を得るのである。……私見によると、エジプトの宗教はおそらく寓意的なものだったと、多くの著述家とともにあの博識な神父は明らかにした。それと同様に、ブラフミンたちの教義もかなりの程度、寓意的な説明を含んでいたと考えられる。だが私はそこから、ブッダ、ラーマ、クリシュナやインドの他の神々が人間としては存在してこなかったという理由は見いだせないと思う。というのも、すでに述べたとおり、ブラフミンがインドに到来したときに、おそらく彼らはみずからの宗教教義をその国の英雄と伝説上の歴史に当てはめたからである。[28]

ブッダが歴史上、存在したことに関するこのようなエウヘメリズムによる正当化は、一八世紀末までしか成り立たなかった。一九世紀には、ブッダと神々との同一視はブッダが歴史上の人物でないことを強く示唆するようになる。ヨハン・ザムエル・エルシュ〔一七六六―一八二八〕とヨハン・ゴットフリート・グルーバー〔一七七四―一八五一〕の『総合学芸百科事典』が一八二四年に示したのは、ブッダとさまざまな神、あるいは歴史上の人物との同一視から、ブッダ研究がどのように発展してきたかが明らかになるということである。しかしながらその同一視はまた、そもそもブッダは本当に人間として存在したのかという問いにもつながっていた。[29] 一八四九年になっても、エドワード・ソールズベリー〔一八一四―一九〇一、イェール大学のサンスクリットとアラビア語の教授〕は、「ブッダは哲学的神話の創造物というわけではまったくないのか」「仏教というシステムを生み出した歴史上の人物ではまったくないのか」といった諸々の疑問を葬り去りたいという気になっていた。[30]
しかしながら、ホーラス・ウィルソンは例外として、一般的に言って一八五〇年代末までにブッダの歴史上の存在は明白になっていた。ウィリアム・ナイトン〔一八三三／三四―一九〇〇、ダブリン出身の作家、コロンボ、カルカッタで教育に従事した〕は一八五四年に、「彼が生きたのが、われらが救い主よりも千年前だったのであれ、わずか五百年前だったのであれ、ゴータマ・ブッダという人物が実際に存在したことに疑問の余地はない」と主張した。[31] シャーロット・スピアー〔のちシャーロット・マニング、一八〇三―七一、イギリスの作家、女性運動家〕はウィルソンに依拠していたが、この点では意見は異なり、よく読まれた『古代インドの生活』においてこう記す。「火のないところに煙が立たないのと同じく、渦巻く気体のような仏教物語は、ある事実から生じたと信じてもよいだろう。その事実とは、はっきりと個性的な一人の男が存在し、西暦紀元前六四〇年から五六〇年のあいだに生きていたということだ」。[32] カール・ケッペン〔一八〇八―六三、ドイツのジャーナリスト、著述家〕は一八五七年に、仏教が創始者を欠いたまま生じたとはまったく考えられないと記した。[33] 翌年、ヘンリー・ユール〔一八二〇―八九、スコットランド出身でベンガル・エンジニア・グループに参加した東洋学者、地理学者〕は、「ゴータマがまぎれもない歴史上の人物であることは、もはや疑いえない」と断言したが、[34] 一八六四年にウィリアム・シンプソン〔一八三一―八一、イギリス出身のメソディスト派宣教師〕は、エドワード・ムーア〔一七七一―一八四八、英国の軍人、インド学者〕の『ヒンドゥー教万神殿』の補訂版において次のように断定した。ウィルソンによるとブラフマニズムに対抗する学派を設立したのかもしれないとされるこの人物は、思弁的な精神の傾向をもっていた。シャカ、ゴータマ、あるいはブッダとは、この人物のことであった。[35]

ブッダが生きたであろう時代について、特に実際の年代が不確かであることから、ブッダが歴史において立脚点を刻むことは困難だった。そうした不確かさが西洋において記される仏教史に広まっていた。たとえば一八一〇年にエドワード・ムーアは、次のような混乱した筋書きを描いた〔特にアブル・ファズルについての言及は詳細不詳〕。

> キリスト以前一三六六年、『アーイーニ・アクバリー〔アクバルの治世〕』におけるアブル・ファズル〔一五五一―一六〇二、ムガル帝国宰相〕――中国人は紀元後一世紀にインドから新たな宗教を受け取ったとき、特にブッダの年代に関して質問を発した。中国人の文字にはBに当たるものがなかったので、彼らはフォー、フォーヒと呼び、その誕生をキリスト以前一〇三六年に位置づけた。ドゥ・ギーニュ氏〔一七二一―一八〇〇、フランスの東洋学者〕によると他の中国の歴史家たちは、ブッダがキリスト以

前一〇二七年頃にカシミール王国で生まれたと言っている。――ジョルジ〔一七一一―九七、イタリア出身のアウグスティノ会修道士、東洋学者〕によると、チベット人は前九五九年、シャム人、日本人は前五四四年、セイロン人は前五四二年という年を挙げているという。バイイ氏〔一七三六―九三、フランスの天文学者、フランス革命期の政治家〕は前一〇三一年、W・ジョーンズ卿は前一〇〇〇年頃とする。[36]

最後に名前が挙がっているウィリアム・ジョーンズ卿は、聖書におけるモーセの記述によって定められる年代の範囲内にインドを位置づけたいというはっきりとした願いを抱いていた。フィリップ・クプレ〔一六二三―九三、フランドル地方出身のイエズス会修道士、清朝で宣教を行なった。中国名・柏応理〕、ジョゼフ・ドゥ・ギーニュ、アゴスティーノ・アントニオ・ジョルジ、ジャン＝シルヴァン・バイイが提唱したブッダの中国式年代推定に従って、ジョーンズはブッダを紀元前一〇〇〇年頃に位置づけた。彼はこの年代にプラーナ文献に出てくる王たちを位置づけ、全体を聖書の年代と融合させた。一八世紀の年代学者の多くと同様に、ここでは天地創造が紀元前四〇〇六年と設定された。[37] 当時はこのような年代学は人気を失いつつあった。しかし一八一六年になっても、フェイバーは、ジョーンズによるブッダの年代推定に反論する際に、聖書年代学をみずからの枠組みとして用いた。彼の議論によると、仏教もブラフマニズムも「自分にとっては〔旧約聖書でノアの孫の〕ニムロドの時代から存在していたように思われる。なぜなら、これらのうちのどちらかあるいは両方のはっきりとした痕跡を見いだせない国は、地球上に存在しないからである」[38]。別の箇所でフェイバーは、バベルの塔の年代を紀元前二二三〇八年とし、それに従ってニムロドは紀元前二二二五年頃と位置づけられている[39]。

ジョーンズが設定した聖書年代学の人気は薄れていったが、中国式の年代推定は一九世紀半ばまで人気を保っていく。たとえば一八三六年に、『英国文学・歴史・地理・法・政治サイクロペディア』は、アベル＝レミュザ〔一七八八―一八三二、フランスの中国学者〕に従って、ブッダは紀元前一〇二九年に生まれ、前九五〇年に死去したと記した[40]。同年、『ペニー・サイクロペディア』はチベットの年代推定で紀元前二四二〇年、セイロンでは前五四三年と、一八七七年のずれがあることを報告している。しかしながら同書は、ブッダを前一一世紀に位置づけることで多くの言説が一致していることから、「チベットとモンゴルの記述では、ブッダの誕生を紀元前一〇二二年か一〇二七年、その死去を前九四二年か九四七年に定めている。……この推定がおそらくは真実に近いのだろう」と結論づけた[41]。『ペニー・サイクロペディア』の記述は、一八四七年刊行の『役立つ知識の国民百科』で一語もたがわず繰り返された[42]。実際、ブッダの中国式年代推定は、中国に関する著述家たちの作品において一八五〇年代に入っても続けられていた。その著述家たちは、その他の見解はまったく考慮していないようである。その他の見解とは、たとえば、一八五四年のジョン・ケッソン〔一八一一―七六、大英博物館員、著述家・翻訳家〕の著書『十字架と龍』、一八五七年のマイケル・カルバートソン〔一八一九―六二、米国長老派の中国宣教師〕の『花咲く国の闇』、同年のジョン・デイヴィス卿〔一七九五―一八九〇、英国の外交官、中国学者、第二代香港総督〕の『中国』といったものである。最後の本は当時、英語で書き著された最良の著作と呼ばれていた(43)。

一九世紀前半はまた、ブッダをはるか後世に位置づける説にも多くの支持が見られた。その説は多かれ少なかれ、セイロン、ビルマ、シャムの仏教徒たちが唱える年代と一致していた。一七九九年にブキャナンは、最も遅い年代が最も真実に近いのだと論じ、自分には紀元前五三八年がブッダ死去の年だと思われると説いた(44)。一八〇一年、マホーニー船長はセイロン人の年代推定に従い、ブッダが亡くなったのは前五四二年であるとした(45)。一方、ジョワンヴィル〔セイロン島で測量技師を務めたフランスの博物学者〕は同年に前五四三年をその年とした(46)。その二五年後、ウジェーヌ・ビュルヌフとクリスチャン・ラッセンは共著『パーリ語についての試論』において、中国式年代推定が提示する別の年代を無視し、ブッダの年代に関してジョワンヴィル、マホーニー、サミュエル・デイヴィス〔一七六〇―

一八一九、英国の外交官、東洋学者）が同意見であることは「完全な確信を抱かせる」と論じた。[47]彼らは一八四四年、一八四九年にもそれぞれの著書において、さらに強い根拠によってその見解を保持した。[48]ブライアン・ホジソン（一八〇〇―九四、イギリスの博物学者、民族学者）もまた、最も遅い年代に位置づける推定に同意した。一八二八年に彼は、通俗的な年代学は、仏教徒たちがおそらくけっして取り組んだことのない学問だろうが、「最良の見解によると、シャカは西暦紀元前五世紀半ばに死去したようである」と論じた。[49]

ヴィクトリア時代の初頭から、中国式の年代推定を離れ、セイロン人の年代推定のうちの古い方に近づいていく意見の変化が始まっていた。そのことは、『ドイツ一般百科事典』のいくつかの版において継続していた収録項目を見れば明らかである。一八三三年刊行の第八版に収録されたブッダに関する項目によると、「シャカ・ムニは紀元前一〇〇〇年頃に北インド、マガダ地方で生まれた」。[50]しかし一八四三年の次の版ではブッダに関する項目は改訂されて、シャカ・ムニは「紀元前六世紀に生まれた」とされ、[51]その見解が続く二度の改訂版である一八五一年版、一八六四年版においても踏襲された。[52]したがってこの時期に、遅い年代を妥当とする見解の変化があったことは明らかだと言えよう。そしてその見解が定着していったのである。一八五八年までに『クリスチャン・リメンブランサー』誌はこう報告することができるようになっていた。「学者たちの研究は、今や合理的な疑いの余地はまったくなく、それ［仏教］が紀元前六世紀にインドで生まれたことを確定した」[53]。世紀という幅のある期間のなかで、正確にはどの年代だったかは、一九世紀末になっても依然として争いの種であり続けた。というのも、パーリ語による年代記と、アショーカ王碑文が次々と発見され解釈されたことが、どちらも有力な根拠を提供したからである[54]。しかしここでの関心から言ってきわめて重要なのは、ブッダを紀元前六世紀から五世紀にかけて、あるいはより後世に位置づけることによって、厳密な意味におけるインド史の端緒からごく近い範囲に彼を引き寄せたことである。すなわち、インド史の始まりとしての紀元前四世紀後半のマウリヤ朝の初代の王、チャンドラグプタの治世に近づけることになった。事実、このことにより、ブッダを神話時代に位置づけ、本質的に神的な存在と捉えようとする旧来の傾向はまったく成り立たなくなり、ブッダの生涯について歴史的に成り立ちうる描写への探究が始まったのである。

ブッダの生涯

ブッダよ、後世に生まれた者にとり
あなたを詠《うた》い、あなたの生涯を正しく語るのは難しい
その人生の豊かさは

インド人の伝える古い伝説と深みのある物語を明るい霞《かすみ》に包み
その行ないをかつてなく偉大なものに飾り立てる
ブロッケンの影のように現われて
詩人の業《わざ》でたどられてきた
優美に書き記された頁《ページ》のなかで
天上の思考から注がれる虹の色をまとう
かくも高く飛び立つ翼をもたず
霞を突き進むのがわれらの人生
そこに身を寄せてあなたは見いだす
不安に満ちたはかない人生が
勝利し敗北し、苦闘を重ね、やがては幸いを得ることを(55)

一八六〇年代初めまでに、ブッダが歴史上実在したことは確実視されるようになっていた。しかしシドニー・アレクサンダー〔一八六六―一九四八、イギリスの詩人〕の前掲の詩の一節が示すように、ブッダの実際の生涯にかかわる細部は、神話、奇跡、伝説の網に絡まっているように思われた。このことから、その生涯の詳細を確定するのは不可能だと考える人もいた。あるいはまた、本来の要素をのちの付着物と区別するための方法を開発する必要を感じる人もいた。たとえばスペンス・ハーディにとっては、奇跡の要素は歴史上のブッダについて知る可能性をすべて排除してしまうものだった。彼の主張によると、ブッダの行動と教説は「うんざりするほど事細かなばかげたこと、ありえないこととごちゃまぜになっているので、信頼できる事実と空想を区別する試みは、さまざまな場所で彼の弟子たちの遺物のうえに建てられた記念碑と同じほど高く積み上げられた貝塚のなかから、一握りの真珠を探し出すようなものだ」という(56)。

ハーディほど悲観的な人はそれほど多くはなかった。たいていの人々は、奇跡的なこと、超自然的なことは取り除くことができ、残りが歴史的なことと考えられるという原則に従っていた。この合理主義的方法は、早くも一八五六年には用いられるようになっていた。ブッダの生涯についての「事実」を短く描写したあとで、『ウェストミンスター・レヴュー』は結論づける。「これが、膨大な仏教経典の集積のなかでシャカ・ムニ自身の生涯にかかわる歴史的な核であるように思われる。しかし、この改革者について信頼できる描写が抽出されるもとの伝承それ自体はますます増大し、東洋的な誇張の最も過剰で冗長な産物に変じている(57)」。オルデンベルクにとっても、のちの世紀になるとブッダの歴史は「不思議に不思議を重ねて」築き上げられ、「際限のない想像力による度を越した創造物によって清らかな子供の姿を」包み込んでしまったように見えた[58]。

しかしながら、大量の伝承に包み込まれながらも、ブッダという人格の強度が依然として輝きを放っていることに多くの論者は気づいていた。たとえばジョナサン・ティトコーム〔一八一九―八七、イングランド国教会牧師、初代ラングーン主教を務めた〕は、「われわれの思考習慣にはグロテスクで愚かに思われるだろう」無益な伝承の外被と彼が呼ぶものの下に、多くの称賛、尊敬すべきものを見いだした[59]。『ダブリン大学マガジン』への一八七三年の寄稿「仏教とその開祖」の著者にとっては、ブッダの人物像を汚してきた想像的描写をブッダ自身は超越していた。

ブッダの生涯を荘厳に描写するために創作されてきた超自然的な仕掛けは、時には豪華で東洋の詩の精神を漂わせてもいるが、ただ幼稚でばかげていることもしばしばである。そうした仕掛けは、純粋に大衆向きで、ブッダの生涯の物語との緊密な関係はまったくない。それにふさわしいゴミの山に捨ててしまえば、東方の半神よりもいっそう重要なものが得られる。すなわち、人が大切にするあらゆるものを――権力も財産も快楽も情愛も――放棄して、真理を真摯に愛する者の光景が浮かんでくる。真の叡智を獲得し、それを同胞たちに伝える男の姿である[60]。

このように、伝記的資料に基づく伝説的な人物像によってブッダに関する懐疑論が生みだされていたにもかかわらず、ブッダを肯定的に捉える見方が一般的になっていた。たとえばリチャード・アームストロング〔一八四三―一九〇五、英国のユニテリアン派牧師、著述家〕はブッダの人格について、「自己犠牲的で情熱的、勇敢で誠実、穏やかで慎ましく普遍的な愛に満ちている」として、東洋の神話の創造物とは異なると論じた。「金ぴかの飾りを付けることはできる。しかし本来の美は、雑然とした虚飾よりも輝くものだ」[61]。

たいていの論者とは対照的に、リス・デイヴィズは伝説や神話には内在的な価値があると捉えた。彼によるとそれらはたんに愚劣や欺瞞の産物であるのみならず、「これまで世の中を動かしてきた最も高貴な感情のいくつかを、それら一定の条件下で具現する唯一可能な方法なのである」[62]。しかしながら、彼の同時代人のなかに、その意見への共感を見ることはごくまれである。彼は同僚たちに対して、ブッダの生涯の叙述が奇跡的要素を含んでいるからといって投げだすことのないようにと訴えたが、その訴えは概して無視された[63]。典型的なのはアンバリー卿〔ジョン・ラッセル、一八四二―七六、英国の政治家。バートランド・ラッセルの父〕の反応である。サミュエル・ビール〔一八二五―八九、イギリスの東洋学者、英国海軍チャプレン〕の『仏教経典の連鎖』に対する書評において、アンバリー卿は伝説的なものを引き離すことでブッダの生涯を明らかにする方法は必ず失敗すると論じた。

彼の主張によると、ほぼ全体が架空なのだ。仏教の起源はブッダにおそらく帰せられるだろうが、「その生涯のどの出来事であれ、信頼できる権威によって保証されているものは……一つとしてない。……われわれが扱っているのは、明らかに神話であって歴史ではない」[64]。リス・デイヴィズ自身、こうした批判を免れていなかった。『隔週レヴュー』においてウェアー・エドガー〔一八三九—一九〇二、イギリス出身の英領インド行政官〕は、彼の合理主義的方法を以下のように批判した。

なんであれ超自然的なものを退け、その残りを歴史的なものとして受け入れる近代的方法は、たいへん魅力的な、ありうる物語を提起してくれる。それは、リス・デイヴィズ氏が現行版『ブリタニカ百科事典』のために流麗な筆致で執筆した項目が示しているとおりである。しかしこの説明は、ニーブール〔一七七六—一八三一、コペンハーゲン出身の歴史家〕の原理で打ち立てられた初期ローマ史や、ドイツやフランスで書かれたナザレのイエスの生涯ほどにも信頼できるものではまったくない[65]。

今、引用した一節におけるイエスの生涯についての研究への言及は興味を惹く。というのも特に方法論に関連して、英国におけるブッダの生涯についての研究は、ヨーロッパにおけるイエス研究と対応していたという点で、まさしく実際に比較する意義があるからである。イエス研究がブッダ研究に及ぼした直接的な影響が存在するかどうかは確定しがたい。確かにJ・エルネスト・ルナン〔一八二三―九二、フランスの宗教史家、一八六三年『イエスの生涯』を刊行〕やダーフィト・フリードリヒ・シュトラウス〔一八〇八―七四、ドイツの神学者・哲学者、一八三五―三六年『イエスの生涯』を刊行〕には、書評論文で時折言及されることがある。しかしながら、英国で刊行された文献はどれも、大陸におけるイエスの生涯研究《レーベンス・イエズ・フォルシュング》の方法に意識的に範を取ったようには見えない。それでもなお、少なくとも間接的になんらかの影響があったかもしれないと推測することは不合理とは言えないだろう。というのも、イングランドで一八五〇年代後半から一八六〇年代に、ルナンとシュトラウスのそれぞれの『イエスの生涯』がかなりの衝撃を与えたことは明らかだからである。キリスト教正統説への衝撃はまさしく否定的なものであり、奇跡と超自然的な現象を除外するという方法論的原理は、英国キリスト教の分裂した諸流派を、シュトラウスとルナンの合理主義、実証主義に対抗して、団結させる方向へと向かわせた。たとえばジョン・タロック〔一八二三―八六、スコットランド出身の神学者〕にとっては、シュトラウスの『イエスの生涯』と同じく、

〔ルナンの『イエスの生涯』も〕キリスト教に対立する思想潮流の、大潮の満ち潮として迫ってきていた。前者〔シュトラウス〕はヘーゲル的思弁の結果であり、また合理主義的批判によって到達した危機の結果でもあり、ドイツ知識人層の長年にわたる反キリスト教活動の自然の到達点である。それと同様にルナン氏の仕事は、唯物論的思想がたどる道筋の結果であり、到達点として望まれる業績である。その思想――実証主義として知られる――はそれ以来、フランスのみならず、イングランド、ドイツ等においても活発になっている。それはあらゆる信仰、真の崇敬から切り離された歴史的批評の帰結でもある。[66]

もちろん英国の合理主義者が記したイエスの生涯もある。たとえばトマス・スコットの『英語版イエスの生涯 *The English Life of Jesus*』〔一八七二年〕におけるイエスと、批判的に構築されたブッダ像とのあいだには類似点を見いだすことができる。[67] しかしながら、概してイエスは英語の文脈においては伝統に従って理解され続け、福音書の物語は文字通りに解釈され続けた。その結果、批判的に構築されたブッダの生涯と無批判に検討されたイエスの生涯とは対照的だった。サミュエル・ケロッグ〔一八三九―九九、米国長老派のインド宣教師〕がイエスの生涯における奇跡の要素を受容する一方、ブッダにおけるそうした要素を拒絶するのに次のような根拠を示したときに、この対照性の実例が示されている。

もしほかの理由がないのなら、やはりブッダに関して記録される奇跡譚は拒まざるをえないだろう。というのも、そうした話のどれ一つとして、目撃者の証言によるものと示すことはまったくできないからである。しかしそれとは異なって、ルナンが確実に示すように私たちには記録がある。それは——たとえば「マタイによる福音書」の場合のように——イエスに個人的に付き従った親友から、ほとんど現在の形態のまま伝えられたことが証明されている記録であり、この場合には通常の精神の持ち主にとって、事態はブッダの場合とはまったく異なることが火を見るよりも明らかだろう。したがって、ブッダの奇跡譚を拒むのなら、それと首尾一貫するようにイエスの奇跡についての使徒たちの証言も拒むべきだと論じることは、たんに無知と暗愚を露わに示すだけなのである。(68)

デヴェロ・Z・シェフィールド〔一八四一—一九一三、アメリカン・ボードの中国宣教師、中国名・謝衛楼〕の場合には、問題は歴史的評価というよりはむしろ価値判断だった。ブッダの誕生、出家、覚りを取り巻く物語においては、途方もない幼稚さがあり、「神聖な贖《あがな》い主《ぬし》の誕生物語、荒野の誘惑、教説と事績が適切、穏当に尊厳をもって語られるのと対照的である」という。(69) トマス・スターリング・ベリー師〔一八五四―一九三一、アイルランド国教会の主教〕もまた、伝説、途方もない神話、ばかげた奇跡が現実の事実を覆い隠してきたので、仏教正典には福音書に相当するものはないと主張した。(70)

これらの主張は、少なくとも一部には、仏教の正当性が開祖の描写の歴史性に依拠するよりもさらに決定的に、キリスト教の正当性はその開祖の生涯についての記録の真実性に依拠しているという認識に基づいていた。(71) それに加えてキリスト教著述家の多くは、仏教の護教論者たちがイエスとブッダの緊密な類似点を強調しがちなのは、仏教を解明するためにキリスト教から呼称を借用したり章句を吸収したりする不正の結果だとする、的外れとは言えない感情を抱いていた。(72) そのほか、イエスとブッダの生涯の類似性を説明するのに、イエスの生涯の細部がブッダの信奉者たちによって借用、翻案されたと想定する者もいた。(73) これは一九世紀後半に、いくらか家内工業的に紡ぎだされるようになった理論である。

しかしイエスとブッダがともにきわめて特別な個性際立つ人物であり、そのように評価されるべき人物だった可能性に配慮を向けた論者もいた。教会史家ジョゼフ・エストリン・カーペンター〔一八四四―一九二七、イギリスのユニテリアン派牧師、サンスクリットの専門家〕は、仏教とキリスト教に歴史的な関係があったかもしれないとする重要な記述のなかで、イエスとブッダの類似点は人間本性一般に内在する可能性から帰結したのだと捉えた。ブッダに関して彼はこう記している。

このように生まれ、まっとうされた献身的な生涯は、ほぼあらゆる段階において、われわれがこれまでで最高の自己犠牲と見なしてきた人生を想起させる。ひょっとするとそのことは結局、それほど注目に値するものではないかもしれない。人間の欲求、不安、欲望、恐怖といったものは、土地ごと、時代ごとに異なるものではない。……したがって、人間の同一の行動原理が主張され、その原理を実行するために、パレスティナの牧草地やブドウに覆われた丘でもインドの平原とヤシの林でも、同一の説明方法が利用されるのを見たとしても、一見して感じられるほどには驚くべきではないのだ。(74)

同様の点が、一八八〇年代後半にリバプール文学哲学協会においてロバート・グリーンによって主張された。彼によるとイエスとブッダはともに、「両者を取り巻いている伝説と熱狂の光背を取り除くと、一つの悪行の疑念によっても汚されず、忍耐と勇気、不動の目標と過酷な献身、最も勇敢な自己否定と最も完璧な慈愛によって照らされながら、それぞれの人生が今日にまで伝えられてきた、そのような人物なのだ」[75]。要するに、ブッダは英雄としての偉大さを身にまといつつあったのである。

英雄としてのブッダ

ブッダの歴史が形を成し始めた時期以来、一つの宗教としての仏教の成功は、宗教としての仏教に内在する何かによるのではなく、その開祖の人格、人間性によるものと考えられることが多くなってきた。ブッダは、歴史の流れにその人生が影響を及ぼした、トマス・カーライル〔一七九五―一八八一、スコットランド出身の歴史家、批評家〕の言う英雄の覆いをまとうようになった。たとえば一八七〇年に、リチャード・アームストロングにとって、ブッダの教説はゆがんでおり、奇妙な、あるいはグロテスクな不条理になってしまっていた。しかしながら永久に残るのが人格である。彼はこう続ける。「その人格はこの二千年の歳月に耐え、今日、ヨーロッパ人の眼の前に示されたときにも、シッダールタ自身がクシナガラの日陰で最期の息をしたときと同じく、生気にあふれ麗しい。キリスト教においてと同じく仏教においても、開祖の人格は時代の激変と苦闘のなかで唯一不変のものであり続けてきた」[76]。カルカッタの主教、レジナルド・コプルストン〔一八四五―一九二五、イングランド国教会聖職者、セイロン、インドで主教を務めた〕は、一八九〇年に『クォータリー・レヴュー』に匿名の記事を載せ、「ゴータマが絶大で永続的な影響力をもつようになったのは、彼が発見した何か、彼が制度化した何かのためではなく、彼のなかのなんらかの天賦の人格による。すなわちゴータマの魅力、機転、やさしさ――賢者と友人とが融合した人柄――といったものによるのである」[77]。アウギュスト・バルト〔一八三四―一九一六、フランスの東洋学者〕は著書『インドの諸宗教』において、「実のところ仏教による制覇のあまりにも多くを、開祖個人の人格と彼に関する伝説によるものと捉えることはできない」と主張した[78]。続けて彼はその人格について、平静、穏和で威厳があり、恩愛と慈悲に限りがなく、完璧な道徳的自由に満たされていると叙述した。同様の見解はそれほど学のない著述家においても見られる。たとえば並外れて多作なW・H・ダヴェンポート・アダムズ〔一八二八―九一、イギリスの作家、ジャーナリスト〕は、『サタデー・レヴュー』において読書量は多いとわずかに称賛されるが、ほとんどまったくと言ってよいほど理解していない並みの作家の例として貶《けな》されもする人物である[79]。それはそうとして、アダムズは仏教の成功を、「ブッダが呼び起こした情愛、温情、親切、慈悲、寛容の精神」に加え、ブッダが説いた単純な儀礼と、純粋な道徳によるものと捉える点で、たいへんな広がりを見せていた見解を反映していた[80]。

ブッダの立場は、ヒンドゥー教への敵対者だったと認識されることで大いに高められた。

というのもこの点において、ブッダ自身はヴィクトリア時代人の大多数と連帯していたからである。もちろんヴィクトリア時代のヒンドゥー教嫌悪は、新奇なものではなかった。ヴィクトリア時代初頭までにヨーロッパ人によるヒンドゥー教解釈は三百年ほどの歴史があり、それは概して好意的なものではなかった。ピーター・マーシャル（一九三三年、カルカッタ出身の英国の歴史家）が記すように、「ヒンドゥー教について、たとえなんらかの知的な好奇心が掻き立てられても、それと接したことのあるヨーロッパの大多数の人々の態度はつねに嘲笑か嫌悪だった。書物は多数の神々、おぞましいイメージ、野蛮な慣習についての叙述であふれていた[81]」。

そうした態度があったとすれば、それは一九世紀において強化されていったものである。たとえばフランシス・ブキャナンは、マヌ（人類の始祖）に帰される法はブラフミンたちの下で、「かつて人間の意図的な技巧によって発明された最も不快で屈辱的な抑圧体系になった」と説いた[82]。一八一七年にウィリアム・ウォード（一七六九―一八二三、イギリス出身のバプティスト派宣教師、インド伝道に従事）はヒンドゥーの体系を、「地上でかつて樹立された偶像崇拝体系のなかで最も幼稚、不純、残虐なもの」と描写した[83]。しかしながら、ヒンドゥー教へのヴィクトリア期の態度に対して一つの規範を確立したのは、著書『英国領インド史』におけるジェイムズ・ミルの、インドの宗教と文化についてのきわめて批判的な説明だった。一八一八年には彼はインド人に関するウォードの著述への論評において、インド社会についてのヨーロッパ人の説明には相反する感情が伴っていると記している。ある階級は「それを過剰に称賛し」、別の階級においてそれは「他のいかなる人種の社会に対する時よりも、いっそう深い嫌悪、いっそう激しい軽蔑と憎悪を掻き立てるものとして表象されている」とされる。[84] しかしながら前年に刊行された『英国領インド史』は、ミル自身が後者のグループを支持していることを、きわめて明瞭に示していた。そのうえ、合理的に採ることのできる立場は唯一これだけだと示唆してもいる。彼は次のように主張する。

ヒンドゥー教の実践面を表わしている永遠に続く子供じみて下劣で有害な儀式が、卑しくばかげた愚行であることについては全般的な合意がある。……インド人の儀礼全般を描写するには万巻の書物でも十分ではないだろう。それはいかなる儀礼よりも冗長で事細かく面倒なものであり、他のいかなる人種を束縛、抑圧してきたと見られる儀礼よりも、なおいっそう多くの割合の人間生活を奪っている。[85]

一八四三年という早い時期にすでに、仏教はヒンドゥー教と比較して好感をもたれていた。第一九歩兵隊のアンダーソン隊長〔詩人でもあったトマス・エイジャックス・アンダーソンか〕が記している。

自由に寺院を配置するところでは
視界に入らない聖殿はない
神秘と夜陰に包まれた
光を避ける陰鬱な儀式もない
周囲の森林や天空と等しく
すべては眼前にさらされている
おお、ヒンドゥーの穢れた偶像崇拝の
なんと異なることよ
その重苦しいピラミッドの山で
奇妙で不快な儀礼が犯すのはなんという冒瀆か
悪辣なブラフミンらが神殿を守るところでは
活気ある日光は射すことはない
彼らのおぞましい密儀には

部外者の視線はけっして届かず
闇の奥では
言葉で言い表わせぬ形態の
不潔で不快な邪神がにやりと歯を見せ
恐るべき怪物の姿をした神々がひしめいている
これらのおぞましい信条が
ブッダの簡潔な信仰を継ぐことのけっしてなきことを[86]
一八五四年のウィリアム・ナイトンにとっては、ブッダがあらゆることを放棄して出家する動機となったのは、ヒンドゥー教のこうした堕落のためだったと見られている。

彼はみずからの周りでブラフマニズムがさかんに行なわれるのを見た。あらゆる信条のなかでブラフマニズムは最も邪悪で魂を汚すものである。夫の亡骸《なきがら》を焦がす炎の下で取り乱して叫び声を上げる寡婦……ジャガンナートの山車の車輪に轢《ひ》かれる信者たちの死に際のうめき声は、ブラフミンの醜悪な音楽に掻き消されていく。……ゴータマは、これらすべてを見た。ヨーロッパの大衆に告げられるのよりも千倍も多く、ま

た彼らが信じることのできるのよりも千倍も多く見たのである。(87)

一九世紀が進むにつれて、こうした厳しい批判はやわらげられるようになった。それにより仏教とヒンドゥー教の対比は見たところさほど極端なものではなくなり、連続性が示されることが多くなった。一八七七年にリス・デイヴィズは、仏教はヒンドゥー教の堕落と抑圧性を明らかにするものではまったくなく、それとは真逆のことを示唆していると論じた。というのも仏教は、のちにヒンドゥー教が生まれ出たのと同じインド人の信仰が生んだ産物だからである。(88) 一八九〇年代初頭にアメリカの言論界で執筆活動を行なっていたモーリス・ブルームフィールド〔一八五五―一九二八、オーストリア領シレジア出身のサンスクリット学者、ジョンズ・ホプキンズ大学教授を務めた〕も同様に、ブッダの教説はヴェーダ讃歌、ブラーフマナ書、ウパニシャッド等々が立証するブラフマニズムの発展の産物であると主張した。(89)

それでもほとんどの場合、ブッダはヒンドゥー体系の害悪の改革者として評価された。特にブラフミンの位階制の主張とカースト制の不公正への攻撃者として、またすべての人の平等の提唱者として認識されていた。早くも一八三五年までには、ブッダは「カーストという巨大な構築物の全面的な転覆と、それによるインド人の社会体系の改良」を目指したと説かれていた。[90] この主題はこの世紀を通じてたえず繰り返されていく。影響力のあるパーリ語学者ダニエル・ゴジャリー〔一七九二―一八六二、イギリス出身、セイロンで活動したメソディスト派宣教師〕は一八四七年に、ブッダをカーストの影響にたえず反対した、一人の地域改良家と見なした。[91] アレクサンダー・カニンガムは一八五四年に、ブッダは「偉大な社会改革者であり、世界で最も強力で尊大な祭司層の脅威にもかかわらず、全人類の完全な平等、その結果としてのカーストの廃止をあえて説いた」と見なした。[92] 一八五八年に刊行された『クリスチャン・リメンブランサー』誌によると、異なる階級の人間のあいだに絶対に越えられない障壁があると主張する宗教とは対照的に、仏教は全人類の完全な平等を提唱したとされた。[93] マックス・ミュラーは『タイムズ』紙で、ブッダはカーストや信条とはかかわりなく、「富む者と貧しい者、愚者と賢者、「二度生まれの者」とアウトカーストの平等」を告げたと見なした。[94] 一八六一年にライナス・ブロケット〔一八二〇―九三、米国の作家〕が、一八六四年にウィリアム・L・サーガント〔一八〇九―八九、イギリスの教育改革家、著述家〕が、一八六七年に『インテレクチュアル・オブザーバー』誌が、一八六九年にオットー・キストナー〔一八四一―一九〇三〕が、一八七〇年にリチャード・アームストロングが、等しく仏教を異議申し立てと捉えた。すなわち、専制的、独裁的、抑圧的で腐敗したブラフマニズムの祭司層と、それが支えるカースト制度への異議申し立てである。[95] のちに一八九九年になってもウィリアム・ラッティガン卿〔一八四二―一九〇四、インド・デリー出身の英国の裁判官、政治家〕は依然として、ムハンマドやナーナク〔シーク教開祖〕と同様にその役割から、ブッダを偉大な改革者と見なすことが可能だと捉えていた。これらの偉人に課せられた時代の限界はあったが、「改革の大義を擁護し、みずからが生きた時代と社会の腐敗を非難する際に示した勇気のために、また彼らが説いた教義の全般的な純粋さと崇高さのために、これらの人々は「偉大」と呼ばれるのに依然としてふさわしいのである[96]」。

宗教改革者としてのブッダをマルティン・ルターと比較し、仏教をプロテスタント宗教改革と比較することは、おそらく必然的なことだった。たんにルターを形式主義と異教的な教皇主義の偶像たちを打倒した者と見なしたカーライルの見解のためというのみならず、一八五〇年代というイングランドにおいて特に激烈な反カトリシズムが勃発していた時期に、歴史上のブッダが西洋史に参入してきたことからしても、その比較は必然的だった。

一八三一年の『アジアティック・ジャーナル・アンド・マンスリー・レジスター』に掲載されたカール・フリードリヒ・ノイマン著『シャーマンたちによるカテキズム』〔一八三一年〕への書評において、「仏教はヒンドゥー教会のルター派である」とする主張が退けられたのを見るのは興味深い。そこでは、ブッダはヒンドゥー教の哲学的基盤を完全に破壊したのに対し、ルターは外的な祭式のみを拒絶し根本は維持したのだと論じられた[97]。しかし一八五〇年にこうした比較が再び現われたときには、そうした留保はまったく見られなかった。この年の『プロスペクティヴ・レヴュー』は、「ゴータマは自国の宗教に対峙する一人のプロテスタントだった」と断言した[98]。一八五八年に『クリスチャン・リメンブランサー』誌は〈プロテスタント〉対〈カトリック〉と、〈仏教〉対〈ブラフマニズム〉の比較は詳細な類似点にまで及んだことを示している[99]。一八六〇年代半ばには、『神聖文学ジャーナル』が次のように断言した。

ルターと宗教改革者たちがキリスト教圏に対して行なったことを、ゴータマはインドに対して行なった。ルターと同じくゴータマは、ある階級の人々が宗教を保持し、その独占を主張し、みずからが選んだ方法と手段でそれを施しているのを見た。ルターと同じくゴータマは、宗教は祭司のみのものではないと主張した。むしろ宗教は、理性ある魂をもつあらゆる人が配慮し関心をもつものなのだ。両者はともに、特権階級のみに専有されてきたあらゆる知識を伝えようと努めた。……ヨーロッパがルターの声を聴いて刺激を受けたのと同じく、インドはゴータマの呼びかけに心から応えたのだった[100]。

ブッダとルターとの類比、仏教とプロテスタンティズムとの類比が、仏教を解明するためだけでなく、反カトリックの論争のためにも役立ったことは明らかである。このことは、とりわけ、ユニテリアンのジェイムズ・フリーマン・クラーク（一八一〇―八八、米国の神学者）の「仏教――東洋のプロテスタンティズム」（一八六九年）においてはっきりと例示されている。このエッセイはのちに彼の著書『十大宗教』（一八七一、八三年）に再録され、広く読まれた。一八六九年刊行の先の論考で彼はこう問うた。「仏教の外的な特徴はすべてローマ・カトリック教会とよく似ているのに、なぜ仏教を東洋のプロテスタンティズムと呼ぶのだろうか」。彼の答えは、「より深くより本質的な関係がブラフマニズムをローマ教会と、仏教体系をプロテスタンティズムと結びつけるからである」というものである。彼は続ける。「アジアにおける仏教は、ヨーロッパにおけるプロテスタンティズムと同様、精神に対する自然の反抗であり、カーストに対する人間性の、教団の専制に対する個人の自由の、秘跡による救済に対する信仰による救済の反抗である」[101]。こうした対置は、一八七八年刊行の『ウェストミンスター・レヴュー』にも見られる。そこでは、ブッダの改革は、プロテスタンティズムがローマ・カトリシズムに対して有するのと同じ関係を、ブラフマニズムに対して有すると捉えられていた。さらに続けて、仏教はブラフミンたちの供《く》儀《ぎ》実践と祭司制に対する抗議であり、「彼らと緊密に結びついた祭司制と社会的カーストとともに、すべての流血供犠を拒絶した」と説かれた。[102]
ブッダとルターとの類比は偶像破壊という目的にかなうものであり、仏教とヒンドゥー教との対比をとりわけ説得的に際立たせた。しかしルターのイメージが柔軟性に富むこともあって、ブッダの独創性の影が薄れることにもつながった。特に一九世紀の終わりにかけて、ブッダはいわば無から新たなものを創った創造者というよりはむしろ、ルターと同様、既存の伝統の改革者と捉えられた。たとえば、エルンスト・アイテル〔一八三八―一九〇八、ドイツ出身、プロテスタントの中国宣教師〕はブッダの独創性を認めたが、それは偉大な改革者としてだった。すなわち、「マルティン・ルターのおそらく何世紀も前に存在したある教団にとってのルター」としてである。[103] 中国への宣教師、ハンプデン・ドゥボーズ〔一八四五―一九一〇、米国の長老派宣教師、中国名・杜歩西〕も同様に、新たな教団の創始者というよりはむしろ、「ブラフミンたちのなかのマルティン・ルター」と見なした。[104]
ジョージ・グラント〔一八三五―一九〇二、カナダの長老派聖職者〕はブッダを、「ヒンドゥーのルターであり、その声のなかに先行するすべての声は混ざりあい、その人格は長い時間をかけて集まってきた諸力を生きた一者へと融合した」と描写した。[105]
仏教とヒンドゥー教との関係は、ごくまれにかもしれないが、キリスト教とユダヤ教との関係になぞらえられることもあった。一八七四年に刊行された『チェンバーズ百科事典』は仏教とブラフマニズムとの関係を、キリスト教とユダヤ教の関係と同じものと捉えた。というのも仏教は、「耐えられない儀式の重みを振り払って」、ブラフマニズムをより普遍的にする一つの試みだからである。(106)しかしながら、反ユダヤというよりはむしろ反カトリックだった時代を支配したのは、ルターとプロテスタンティズムのイメージだった。そしてそのイメージが、一八八〇年代、九〇年代にはさまざまな陣営から攻撃されることになる。

ここまでの議論で何度か私が示唆してきたのは、仏教とブラフマニズムとの対比には一つの弱点があるという事実である。そのため、仏教の形成にとってのブッダの重要性は、それほど強調されていないことがわかる。ブッダの位置についてこのような修正を施すことになる学問的な基礎は、ヘルマン・オルデンベルクによって築かれたものである。彼はこう記している。

人々は仏教がブラフマニズムと対立すると語ることに慣れている。それはルター派を教皇制の対立物と語るのが許されるのと同様である。しかしブラフミンの教会がブッダによって攻撃されたと捉え、支配している側が成り上がり者に抵抗するように、その教会の活動へのブッダの反撃に抵抗したのだと想像することを、その対置が意味しているとすれば、それは誤りである。[107]

オルデンベルクの『仏陀』が一八八二年に英訳されてから、ブッダは社会改革者でも政治改革者でもなく、それまでのイメージとは異なって、不正なカースト制を打倒し全人類の自由と平等を促進することに関心があったわけでもないということを、彼が立証したことに言及する文献であふれている。こうしたきわめて注目に値する見解の変化を、どのように説明することができるだろうか。

この修正意見を社会により即した形で説明できることを示している文献が、オルデンベルクの論証の強みを消さずにさまざまな手がかりを与えてくれている。実のところ、それはヴィクトリア期のブッダを社会主義者と見なされることから守ろうとする試みの結果だった。すなわち、特に一八八〇年代初頭より、イギリスの社会構造を脅かすものとして多くの人々が感じていたような社会主義があり、ブッダをそうした形の社会主義の古代の提唱者と捉える見方もありえたのである。オルデンベルクの著書について一八八二年に『サタデー・レヴュー』が掲載した長めの記事を見れば、こうした試みについてははっきりわかる。

私たちはブッダについて、ブラフミンたちを攻撃した人物として、カースト制を破壊した民主主義的改革者として、「出自と知能による傲慢な貴族階級に対して下層階級を擁護した勝者」として見なしがちである。仏教体系には階級の区別の果たす役割は何もないことがその理由である。……他の多くの点とともにこの点においても、オルデンベルク博士は初期の記録を調査することによって、問題を正しい視点に位置づけることができるようになった(108)。

この記事はさらに続けて、「私たちはブッダを偉大な共産主義者と見ることに慣れている」が、「実際には、政治改革、社会改革ほどブッダの目的と程遠いものはなかったように思われる」と記す(109)。結論はこうだ。

ブッダの教説において社会主義的傾向がまったく欠けていることを長々と述べてきたのは、その主題が仏教についてのかつての著述家たちによって適切に提起されることはなかったと私たちは信じているからである。オルデンベルク博士の学識豊かな取り扱いからは、権威ある学者たちが引用していることが裏づけているように、この点についてさらに疑問を呈する余地はほとんどないように思えることだろう(110)。

こうした見解は、異議申し立てとしては行き過ぎているかもしれないが、このような物言いは多くの点で意義がある。第一に私たちは、『サタデー・レヴュー』が示すほど強い口調ではなかったが、オルデンベルクが、カトリックの偶像を破壊したルターのような、偶像破壊的なブッダというイメージを否定したことを想起できよう。しかしオルデンベルクの否定は、『サタデー・レヴュー』においてまったく異なった言葉で――政治理論の領域から引用された言葉で――表明されていた。宗教的言説――プロテスタンティズム、秘跡、犠牲、聖職者主義――は、政治的な言説――民主主義、下層階級、貴族、社会主義――に置き換えられている。第二に、反カトリシズムの文脈において、支配的な司祭階級の権益を拒絶する急進的な社会改革者は受け入れられたかもしれない。しかし反社会主義の文脈においては、世俗的な支配階級の権益を拒絶する急進的な社会改革者は受け入れられなかった。ブッダは、文化的に強い意味をもちまったく無視しえない存在であり、政治的な立場のスペクトルのなかで右側に移動させられたのだった。

確かに、オルデンベルクの立場とは異なる声が上がることも時にはあった。会衆派の牧師、アンドリュー・フェアバーン〔一八三八―一九一二、スコットランド出身の神学者〕は一八八五年に、オルデンベルクはブラフマニズムと仏教のあいだの類似を重視しすぎて、相違を軽視しすぎたと主張した。[11] 一九〇〇年にドーソン・ストロング〔一八四一―一九〇三、英国の軍人でインド駐在」もまた、はっきりと政治的な口調で、仏教は「教養階級のみにふさわしく、普通の労働者向きではない」と論じて、オルデンベルクを批判した。逆に、王侯、富豪、悪名高い高級娼婦たちのみならず、「大いに抑圧されたインドのプロレタリアートもまた……万人の平等を支持し、哀しみの存在、その原因、そしてその停止にかかわる厳粛な真理を、つねに美しくささやき続ける福音を受け取る準備はできていた」とも論じられている。(112) おそらくより典型的なのは、ジョージ・ベタニー〔一八五〇―九一、イギリスの植物学者、人類学者〕によるオルデンベルクへの賛意であり、編集部による付記「ブッダは社会主義者ではない」とともに掲載されている。ベタニーによるとオルデンベルクは、カーストの連鎖を破り、貧しく慎ましい人々を奮い立たせた社会改革者としてのブッダ観と激しく戦ったとされる。

彼の教説には、既定の秩序を動揺させ、それを新しい秩序と置き換えるような概念は何一つない。……ブッダがあらゆる階級の人々に実際に等しい態度を取ったということは、ほとんど真実ですらない。初期の選ばれた信奉者たちに含まれていたのは、もっぱら上流階級、貴族、ブラフミン、商人、教養層の出身者だったのである。(113)

ブッダに対する評価

ブッダの人格、性格についてヴィクトリア時代に存在した著しい見解の一致を示すために、この章ではすでに十分に語ってきたことになろう。当然、いくらかの例外はあった。一八九三年にチャールズ・ゴルトンは、ブッダは狂った偽医者か邪悪なペテン師かだと示唆した(114)。しかしこうした評価は、ブッダが得たほぼ一様な評判と比べるとまれだった。たとえばシャーロット・スピアーは、「深い関心を抱いて、その人物の崇高さとその宗教の貧弱さが示す矛盾を解決したいと強く願うことなく」ブッダの経歴を考えることはほとんど不可能だと捉えた(115)。同じく一八五六年の『ウェストミンスター・レヴュー』は、人生の問題とその解決に関する説明は間違っていたが、ブッダの誠実さ、目標、自己否定は疑うことはできないと主張した(116)。二〇年後、フェリックス・アドラー〔一八五一―一九三三、ドイツ出身、ユダヤ系の米国の倫理学者〕は、もしブッダが最も叡智に富む人類の恩人の一人でないのなら、「最も慈愛あふれる人として人々が心に抱く偉人の一人に数えられることはないだろう」と記した(117)。

ブッダが歴史上きわめて重要な人物として考えられたことには疑いがない。その事績は「人類の歴史において一時代を画した(118)」と一八五八年の『ロンドン・クォータリー・レヴュー』は記し、一八八六年の同誌でもブッダは世界の宗教史における最も注目すべき人物の一人と説かれた[119]。アグネス・メイチャー〔一八三七―一九二七、カナダの作家〕はブッダの生涯を人類史における最も重要な道標の一つと見なし、「その人格と成果において、キリスト教の開祖その人の示す道標に続くものである」と捉えた[120]。リス・デイヴィズは、ブッダは「世界がこれまでに取り組んだ道徳や宗教の諸問題にかかわる、最も偉大で最も独創的な思想家の一人」であると論じた[121]。

ブッダに対するこうした態度から見て、彼が有していたとされる人格上の特質について調べてみることは有益である。それによってヴィクトリア期のブッダ観についての洞察が得られるばかりか、理想的人間像についてのヴィクトリア期の考え方を与えてくれることからもそう言える。たとえばリチャード・アームストロングは、ブッダの厳格な誠実さ、まれに見る謙虚さ、極端な禁欲、一貫した忍耐、親への献身、限りない自己犠牲、真に心の底からの揺るがない「人間性への熱意」を激賞した[122]。一八七三年にファニー・フュージは、ブッダの高貴な体格、すぐれた精神的資質、清純な生活、清廉な人格、高潔な意志、不屈の忍耐力を指摘した[123]。グラスゴー大学の神学の教授ジョン・ケアード〔一八二〇―九八、スコットランドの哲学者・神学者〕は、ブッダの熱意、温かさとやさしさ、叡智と説法が、彼の説く教説に力を与えたのだと記した。ケアードによると全体としての印象は、知的独創性とさらに同様に必須の偉大さの要素、たとえば寛大さ、自然に涵養される道徳心、低劣な情動の克服、個人的な野望をまったく感じさせなくするようなより大きな対象と精神との統一といった要素とが結びあわさった人間の印象である。さらにまた独立独行で強い意志をもち――その自信は力量と才覚を意識することに由来する――、静かで忍耐強く決然とした態度は、より卑小な人を当惑させ消耗させる危険や困難に直面しても、みずからの目的から逸れることはない。これらすべてに加え、いくらなりとも必然的にそれらと結びついているわけではない他の特質を、彼に認めることも必要である。たとえばやさしく親切で、広範囲にわたりただちに心を通わせる共感力も彼の特質なのである。[124]

称賛される特質すべてのなかで最も頻繁に言及されたのは、ブッダの慈悲と共感である。ジョゼフ・エドキンズ〔一八二三―一九〇五、イギリスの宣教師で中国伝道に従事、中国研究の業績を残した〕は、苦しみに対するブッダの共感の強さに何百万もの人々が心を奪われたと記している。[125] 一八七八年の『ウェストミンスター・レヴュー』によると、ブッダの生涯は「最も高尚な道徳が、同胞たちのためになるように無限の慈愛と献身によってやわらげられ、優美なものになった、そのような生き方の模範」だった。[126] 一八八二年の『チャーチ・クォータリー・レヴュー』はブッダを、「王子として生まれ、最も卑小な者たちの悲しみと道徳的な努力に共感を寄せ、……善良さ、真理、無私を理想として追求した者は誰であれ、友として受け入れようと両腕を広げた」と捉えた[127]。ジョージ・グラントは一八九五年に、すべての付着物を考慮に入れたうえでなお、比類のない人物像が残り続けていると言及した。「その人の無私の生活、真理への渇望、人類愛についての記憶は、直近の世代においても尊敬されるべきものである」と捉えられた[128]。一九世紀末にウィリアム・ラッティガンが、ブッダについてのヴィクトリア期の評価を適切にまとめた。

この時代の知的、宗教的な暗さに注目すると、ゴータマに大きな称賛を与えずにおくことはできない。彼が宣言した高貴な訓戒、彼の言葉に満ちている親切さと穏和さ、彼の教義の根底にある深く心を通わせる共感力と人道的精神、支援を得るために他者に依存しがちな人々のなかに真に独立独行の精神を覚醒させるために彼が成した雄々しい努力、こうしたことのために称賛はとどまることはない[129]。

要するに、ブッダはヴィクトリア期の理想的な紳士であり、「真の完全な高貴な騎士」だったのである。

第四章　ヴィクトリア時代人と仏教の教義

悲観主義

ところで托鉢僧達よ、これが苦しみという立派な人にとっての真実である。生も苦しい。老いも苦しい。病も苦しい。死も苦しい。焼かれるような悲しみ、悲嘆、もろもろの苦しみ、憂鬱、苛立ちも苦しい。好まざるものとの出会いは苦しい。好ましいものとの離別は苦しい。望んでも手に入らないことも苦しい。要するに、執着の対象たる五つのかたまりも苦しい。

ところで托鉢僧達よ、これが苦しみの出現という立派な人にとっての真実である。再生へと導き、喜びと熱望を伴い、あれこれへの欣喜を有するこの渇望である。それはすなわち、欲望への渇望・生存への渇望・非存在化への渇望なのである。

ところで托鉢僧達よ、これが苦しみの抑止という立派な人にとっての真実である。熱望を離れることによって、まさにその渇望を余すところなく抑止すること、捨てること、放棄すること、解き放たれること、依存しないことである。

ところで托鉢僧達よ、これが苦しみの抑止へと導く修行道という立派な人にとっての真実である。八つの支分からなるほかならぬこの立派な道である。それはすなわち、正しい見解、正しい意図、正しい言葉、正しい行為、正しい生活、正しい努力、正しい思念、正しい精神集中なのである[1]。

仏教思想が展開していくうえで動機づけを与えたのは、苦の経験だった。苦の分析、苦から解放される方法が思想の内実を構成している。ヴァーラーナシー近郊のリシパタナ、鹿野《ろくや》苑《おん》においてブッダが説いた四つの聖なる真理〔四《し》聖《しょう》諦《たい》〕のなかで、苦の性質と苦からの解放の方法が中心的なテーマになっている。しかしながらヴィクトリア期のほとんどの仏教解釈者たちにとって最も印象的だったのは、苦からの解放の方法よりはむしろ苦の主題そのものだった。大多数にとって仏教は、本質的に悲観主義の体系と見られ、鹿野苑におけるブッダの説教〔初転法輪〕もその観点から捉えられた。ヘルマン・オルデンベルク〔一八五四―一九二〇、ドイツのインド学者〕が記すように、「四諦は仏教の悲観主義に特徴的な独自性を際立たせる表現となっている」(2)。

ブッダの教説の否定的な側面に跳びついた一九世紀の著述家の数は、目を見張るものがある。たとえばバルテルミ＝サンティレール〔一八〇五―九五、フランスの哲学者〕は、「深く嘆かわしいほどの憂慮」が仏教の最も特徴的な点だと捉えた(3)。モニア＝ウィリアムズ〔一八一九―九九、イギリスの東洋学者、インド学者〕は仏教を、病的形態の悲観主義と特徴づけた(4)。ジョン・ケアード〔一八二〇―九八、スコットランドの哲学者・神学者〕はすべての信条のなかで仏教は、最も陰鬱で魅力に欠け、「成功のための真の条件であれ、偽りの条件であれ」最も乏しいと捉えた(5)。他方、一八九一年の『チャーチ・クォータリー・レヴュー』は、仏教は「最も甚だしい悲観主義であり、……人間のあらゆる関心や歓喜を逆説的に否定し、すべての社会的な絆を断ち切り、究極的に個々の存在をすべて消滅させることを目指している」と断言した(6)。

ブッダの教説における悲観主義的特質を説明するために、いくつかの見解が示された。消化不良だとか、病的気質だとか、飽満への嫌悪だとかである。オルデンベルクによるとそれは、インド人の性質の自然の発露、すなわち彼らの現世への倦《う》み疲れの結果として説明できた。彼によると、勤勉に努力を重ねる人々の快活な頑健さに何千もの贈り物、何千ものよき報いを約束する現世において、インド人はたんにその表面をかすってはうんざりして背を向けてしまう。……あらゆる無常なものの悲哀に関する仏教徒の主張は痛烈で辛辣な表現であり、インド人の気質がみずからを言い表わしたものである。その表現への注釈はヴァーラーナシーでの説教と『ダンマパダ』〔法句経〕の警句のみならず、この不幸な民族の悲しい歴史全体の消すことのできない性格にも書き込まれている。(7)

仏教の悲観主義についての説明に関連して、第二章で見たように、環境が人間性に及ぼす効果という主題が浮上する。(8)しかし仏教の悲観主義は、それ自体の独特な教義に根源があると見られてもいた。あるいはおそらく、宗教を規定する以下のような特徴の不在によるのではないかとも考えられた。すなわち、人格神、天国、祈り、摂理と復活、恵み深い聖霊、贖い主への信仰の不在である。J・ウェスリー・ジョンストンはこう記す。

高貴な生に対する動機がなく、潑溂《はつらつ》とした屈強な性格に向かおうとする衝動もない。……日光がまったく射さず、星明かりも見えず、雲が割れることも流れ去ることもまったくない空の下で暮らしているあの何億もの人々のことを考えると、彼らの身に降

りかかってきた悲哀と絶望をいくらかでも感じないではいられない。(9)

ジョンストンによる気候の比喩は、インドではなくイングランドについての記述であったならより適切だっただろう。それはそれとして、要点は、彼にとって、そしてその他多くの人々にとって仏教の悲観主義に帰結した教義上の欠陥は、まさにキリスト教に付随したものだった。楽観主義の宗教――すなわちキリスト教――は、悲観主義の哲学――仏教――と効果的に対比することができた。アメリカのユニテリアン派の牧師、ジェイムズ・ビクスビー〔一八四三―一九二二〕は、キリスト教の快活な人生観（キリストは人が生を得るために到来したと宣言する）と、生それ自体が悪であると悲観主義的に宣言する仏教とを対比した。(10)ウィリアム・ブライアントは、彼の言葉でいうところの悲観主義の宗教と、永遠の活動を約束し、「最も深く豊かで積極的な喜びをもたらす」ものとを対比した。(11)フランク・エリンウッド〔一八二六―一九〇八、米国長老派の海外宣教事務を担当〕は、「陰鬱ですべてを覆う悲観主義の濃い影」と「正義の太陽が世界を満たす希望と歓喜の輝き」とを対置した。(12)

全般的な傾向に反して、仏教理論のより積極的な側面を強調する少数派の著述家たちも存在した。たとえばフェリックス・アドラー〔一八五一―一九三三、ドイツ出身、ユダヤ系の米国の倫理学者〕は、ブッダの教理の比較的陰鬱な側面にも言及したが、それでも将来のブッダの来迎の約束に「より壮大な運命への希望」と「まだ実現していないより高く、よりよいものへの永遠の信頼」を見た[13]。ドーソン・ストロング〔一八四一—一九〇三、英国の軍人でインド駐在〕は同時代人たちをあれほど怯《ひる》ませた仏教の側面のまさにそのなかに、楽観主義の根拠を見いだした。「媒介者に依存する代わりに、個々人が個別の責任ある地位に引き上げられた。これ以降、人《ひと》は独り自立することになった。いかなる神も祭司も、仲介者も彼を救うことはできない。ここに仏教徒の輝かしい楽観主義がある。というのも彼らは、人がみずからの救済者になりうると信じているからである」[14]。リス・デイヴィズ〔一八四三—一九二二、イギリスの東洋学者〕は、いくらか偏りがあるように私は思うが、広く信じられているのとは逆に、キリスト教の方が仏教よりも悲観主義的だと指摘した。彼は次のように記している。

平均的な多数派キリスト教徒にとってみると、この世は涙の谷間にある猶予の場所である。もっともその涙は拭い去られ、よりよいあちらの世界では悲しみが得《え》も言われぬ喜びに変わるはずだ。仏教徒にとってはそうした希望は根拠がないように見える。……仏教徒によると今ここで私たちは救いを求め、「正しい見方、高い目標、親切な言葉、高潔な振る舞い、害を及ぼさない暮らし、忍耐のなかで、善行、知的活動、真剣な思考において」、それを求めるべきなのである。(15)

さてそれでは、たいていの解釈者たちにとって、かつて創り上げられたなかで最も強固で最も容赦ない悲観主義体系の一つとして目に映る一つの伝統への熱烈な関心は、どのように説明できるだろうか。(16)少なくとも一見したところ、ユートピアが待望され、実現しそうでもあった時代と著しい対照を示すこの一つの宗教に対する熱中は、どのように説明できるだろうか。すでに見てきたように、一つには、そうした関心はブッダ自身の生涯と性格によって刺激されたものだった。また一つには、次章で見るように、彼が説いた道徳の結果だった。しかしとりわけ、悲観主義それ自体が、一九世紀が創り出した楽観主義の全般的な表面に貼り付いた暗い裏面だったことによるのである。急激な社会変動の時代には、未来に対する希望のみならず、それについての根源的な不確実性も生みだされた。ジェイムズ・フルード〔一八一八―九四、イギリスの歴史家、小説家〕は、一九世紀後半を振り返ってこう記した。

私たちは変化の時代を生きてきた――霊的、道徳的、社会的、政治的な変化の時代である。私たちの最も重要な確信の基盤が崩壊してしまった。意見の分裂はあまりに急速なので、この衰亡の世紀の終焉がいかなるものになるかは、賢者も愚者もともに知ることはない。みずからの意志とは別に私たちを運んでいく流れのなかに、私たちは乗り出しているのだ。(17)

仏教理論の悲観主義的な側面に脚光を浴びせたのは、この時代に生まれ始めていたこうした悲観主義的見解だった。たとえばサミュエル・ケロッグ〔一八三九—九九、米国長老派のインド宣教師〕にとって一九世紀後半の悲観主義は、「痛みをもたらす私たちの時代の病」であり、それに影響を受けた人々が「強い共感をもってブッダの言葉に耳を傾けている」のだという。(18)同じ考えをフランク・エリンウッドも繰り返している。彼の断言は尊大で、無神経でさえあるが、社会が不安定な時代の、いわば犠牲になった人々についてこう記している。

信仰の船が難破してしまった何千もの人々、摂理の割り当ての不平等を見て苛立《いらだ》たしく思った人々、自分より上位にいてより繁栄しているすべての人々に気づいてしまった人々は、カピラヴァストゥにおけるブッダの説教に喜んで耳を傾ける精神状態にある。それがエドウィン・アーノルド卿〔一八三二—一九〇四、イギリスのジャーナリスト、作家〕が繰り返し語ったことだった。[19]

一八八六年の『ロンドン・クォータリー・レヴュー』もまた仏教への称賛が、その悲観主義への称賛に等しいことを認めていた。しかしそれにもかかわらず同誌は、悪を認識したのにその解決策を考えなかったということによって、西洋における仏教信奉者たち、とりわけショーペンハウアーへの酷評にまで及んでいた。「悲観主義は、完全に一面的で偏った世界観の結果としてのみ受け入れることができる。……だがそれを受け入れれば、仏教は少なくとも妥当な脱出策を示してくれるのだ[20]」。

業と転生

行為が生き物たちの区別を生んで、この優劣の差を引き起こしているのです[21]

比丘たちよ、輪廻は無始であり、無明（無知）におおわれ、渇愛（欲望）にしばられ、流転し、輪廻しつつある生ける者たちの過去の限界は知られない[22]

仏教による苦の分析に対するヴィクトリア期の反応は、急激な社会変動と知的な不確実性の時代における楽観主義と悲観主義の両方を反映していた。しかし仏教的な実存分析が業《カルマ》と転生の教義と密接に結びついているように、仏教における苦の概念についてのヴィクトリア期の解釈にもまた、業と再生についてのそれ自体の理解が浸透していた。ほとんどの場合、ヴィクトリア時代人が恐怖を抱かずに輪廻転生を見ることはなかった。ふざけて取り扱われたり[23]、とんでもない無意味として退けられたり[24]、宿命論として捉えられたりすることもあったが[25]、バルテルミ＝サンティレールによる「化け物のような教義」という特徴づけが典型的な捉え方だった[26]。一八五六年の『ウェストミンスター・レヴュー』は、転生の教義があることで、仏教を恐怖に基づいて設立されたものと捉えた[27]。同様にハンプデン・ドゥボーズ〔一八四五―一九一〇、米国長老派の中国宣教師、中国名・杜步西〕は、転生を仏教体系の要と見て、こう記す。「これがあのインドの予言者がかまえ、驚くべき恐怖をもたらした剣である。なんと恐ろしい教義だろうか。……これが最大の砲台を揃えてキリスト教が立ち向かわなければならない砦なのだ[28]」。全般的に共感を示したリス・デイヴィズでさえ、転生を「私たちに嫌悪を抱かせる」教義として叙述している[29]。

転生の教義は、さまざまな理由で、ヴィクトリア時代人が同化できなかった仏教教義の一側面だった。その結果、それは完全に他なるものであり続けた。当然、それはまた東洋精神の一側面としても見られた。エマヌエル・ゲーハート〔一八一七—一九〇四、米国ドイツ改革派教会の牧師〕にとって、これほど固く深く「東洋精神に根ざした」信仰はない[30]。アーチボルド・スコット〔一八三七—一九〇九、スコットランド国教会の聖職者〕は、「その真の生息地、繁殖地は、コレラの発生地と同じく、東洋の堕落し衰弱した住民たちのなかにある」と論じた[31]。エルンスト・アイテル〔一八三八—一九〇八、ドイツ出身、プロテスタントの中国宣教師〕は、同時代の大半の人々とは対照的な見解を示している。すなわち、生が大切で、死は恐ろしいものと捉える多くの西洋人にとって、転生にはある種の魅力があったのではないかというのである。しかし彼によると、生を苦と捉える人々にとっては事情は異なる。暑い気候が産んだインドの怠惰な原住民や座りっぱなしの中国人は、もしそのあとに休息があるのなら、死を恵みと見なすと論じられる。何百万年ものあいだ苦しむことは、

彼にとって行動、労働を強いられ、長く働きづめになって、死を余儀なくされるが実際には死後に喜ばしい休息があるわけでもない場合と比べると、半分ほどにも恐ろしい考えではない。すなわち、死後に休息があるのではなく、ただちに転生し、おそらく使役される動物か不潔な野良犬になるために死ぬしかない場合と比べると、そう恐

ろしいものではないのだ。東洋の諸民族の心を恐怖で震えあがらせるのはこうした考えで、これが仏教の雄弁な聖職者たちが、東アジアの頑固な人々の心を従わせるのに用いた武器なのである(32)。

アイテルによると東洋人が転生に抱いていた恐怖の一つの側面は、動物の姿を取るように生まれ変わる可能性があることだった。確かにこれは仏教における苦としての転生という考えの一部である。しかしまた、私たちの目的にとってより重要なのは、人間の姿を取らない転生の可能性が、西洋人の仏教教義に対するたいへん否定的な態度を引き起こす重要な要素だったということである。たとえばバルテルミ＝サンティレールは、木、葉、花、果実、綱、箒、花瓶、臼の形を取る可能性を詳述する仏教文献を引用した。この文献は特定できず、そのうえ非生物への転生は仏教の伝統の一部ではない。しかしその伝統に基づいて、彼はこう述べるにいたった。「こうして仏教徒たちは、人としての人格が見失われ、地上の最も低劣な事物と混同される輪廻の思想を異常なほど強調してきたのである(33)」。同様にウィリアム・L・サーガント〔一八〇九―一八八九、イギリスの教育改革家、著述家〕は、おそらくバルテルミ＝サンティレールの著作中の同じ文献を読んで、「天上にも水中にも地上にも地下にも、かつて人間でなかったものはなく、再び人間にならないだろうものもない。——これは私たちにはほとんど信じがたい信条だが、信じられるのであれば、不快でおぞましい信条だ」と断言した(34)。一八五七年という早い時期に、マイケル・カルバートソン〔一八一九—六二、米国長老派の中国宣教師〕は、この教義が低劣だとしてこう記した。「あわれな仏教徒は、人間性の尊厳というきわめて高貴な概念を確かにもっていない。事実、今日は人であっても……明日になるとかわいそうに、クンクン鳴いている犬やニャアニャア鳴いている猫になるかもしれないのだ(35)」。

転生の教義に対するこうした美的見地からの嫌悪は、人類という種の質的独自性の感覚に根ざしていた。その神学的な深い根拠は、ユダヤ゠キリスト教的伝統にあった。スペンス・ハーディ〔一八〇三—六八、イギリス出身、セイロンで活動したメソディスト派宣教師〕によると、「人間は最初に、生命の息吹をみずからの内に受け取ったこと、そして、創造の際に人間はただ独り本質的な差異をもち、彼自身の世界の他の被造物のなかの最高のものとのあいだにもかけ離れた距離があったこと」をブッダは知らなかったという(36)。ハーディの記述がなされたのは、人間の質的な独自性という考えが揺るがされるようになって七年ほど経ったころだった。その動揺は、東洋からもたらされたのではなく、まったく別の方面からの批判によるものである。というのも、一八五九年にチャールズ・ダーウィンの『種の起源』が著され、人類は独自の種ではまったくなく、たんにもう一つの野の獣にすぎないということが示されていたからである。人類に関する進化論的説明に対して最も激しい攻撃が起こったのが、仏教の転生説に対して最も痛烈な批判が起こった時期と一致していたのは興味深い。特に一八六〇年代に、仏教と進化論はともに、人類という種の神学的、生物学的な独自性を破壊するものと見なされていた。もっとも、バルテルミ＝サンティレールによると仏教の方が過ちは大きかった。

人間を獣のレベルまで堕落させ、動物種としてのすぐれた点をなんであれ人間の内に認めることを拒む教義を私たちが有しているというのは確かであるが、仏教自体が耽《たん》溺《でき》してきた過ちを別にすると、この過ちは――確かに深刻なものなのだが――どのようなものなのだろうか。その教義によると、通常の事物と区別されるものを人間はまったく有していないのである。(37)

一八八〇年代までに、ほとんどの聖職者のあいだで反進化論の熱狂は収まっていた。しかしながら一八八一年にリス・デイヴィズは、転生は仏教の際立った特徴の一つではまったくなく、わりと小さな重要性しかないのだと、申し訳なさそうな調子で強調することが依然として必要だった。(38)そのうえ、より保守的なキリスト教著述家たちにとっては、進化論においても仏教においても人間と動物との区別が消滅していることに対して懸念を表明することが依然として可能だった。たとえば一八八五年にサミュエル・ケロッグはこう記している。「仏教は対照的なタイプの進化論と完全に一致して、非理性的な動物と人間とのあいだの越えがたい溝を否定する。ブタやネズミは人間になるかもしれない。それは実は西洋の進化論者が言う意味においてではまったくないが、それでもなお正しいのである[39]」。

しかしながら、転生の教義について完全に否定的な評価のみに集中して論じると、それについてのヴィクトリア期のイメージを大きくゆがめてしまうことになろう。否定的評価が多数を占めていたのは確かだが、一九世紀後半にはより肯定的な評価も現われていた。たとえばウィリアム・ナイトン〔一八三三／三四―一九〇〇、ダブリン出身の作家、コロンボ、カルカッタで教育に従事した〕は疑いなく、仏教についての初期の評者のなかであまり偏見に捕らわれていない人物の一人だったが、転生の教義を開明的な人々の真剣な信仰より劣った愚説と見なしたのはあまりに性急だったと、対話の相手の仏教徒によって思い知らされることになった。「ピュタゴラス、プラトン、ソクラテス、そしてそれ以外の世界の過半数の人々が長年にわたり真理と見なしてきたものは、まちがった観点、偏った観点から見た場合を除くと、ばかげたものではありえない[40]」。同様に、一八六五年の『神聖文学ジャーナル』に仏教についての記事を寄稿したJ・M・Mという著者は、きわめて広く伝わり、たいへん多くの人々に信奉されてきた教義は、たとえ真理ではないにしても、少なくとも妥当なものではあるはずだと主張した。[41] 教義の妥当性が信奉者の数に比例すると捉える議論は、特に説得力の強いものではない。それでもナイトンもJ・M・Mもともに転生の教義を信じる人々に対して気配りを見せ、すべてのヴィクトリア時代人がそれを東洋精神の異常さと見ていたわけではないことを示している。事実、J・M・Mにとってその教義は、死の問題と合理的に折り合いをつける試みの結果と捉えられた。「彼らのなかの魂が憤慨して抗議し、身体が塵に戻ったとき、それは無に帰したのだと信じることを妨げたのである。季節の変化、物質の変化、身の回りの目に映るすべてのものの変化は、霊が体から体へと渡りゆくという考えを支持するもののように思われた」。[42] ある評者たちにとって、転生の教義は、人間の苦の問題を説明する知的な試みの一部を成していた。トマス・ハクスリー〔一八二五―九五、イギリスの生物学者〕は転生を宇宙の成り行きが人間に対して示す妥当な証明と捉え、最も性急な思想家以外は誰でもそれを、内在的な不合理を理由に拒絶することはできないだろうと捉えた。彼は、「進化論の教義自体と同じく、輪廻の教義も実在の世界に根拠がある」と示した。[43] 同様に、ジョージ・コボールド〔一八五七―一九一六、日本宗教についての著作もあるイングランド国教会牧師〕もまた、現世において幸福が平等に配分されていないという問題、正義や、報いと罰が満足いくように行使されていないという問題に対して、便利な解決をもたらすものとして、ブッダが転生を見ていたと主張した(44)。

ハクスリーとコボールドはどちらもきわめて適切に、転生の教義を業《カルマ》の概念と決定的な関連を有するものと捉え、この関連性に照らして、きわめて合理的な信念であると考えた。転生の教義と同様、業の教義についても、多様で対立するさまざまな評価が見られる。そうした異なる評価は、業が道徳生活の実践に寄与するのか、それを阻害するのかについての判断の結果、下された。アンバリー卿〔ジョン・ラッセル、一八四二―七六、英国の政治家。バートランド・ラッセルの父〕は、業は道徳と適合すると捉えた論者の一人である。彼はこう断言する。

仏教は、約束された恵みを信者たちが得る手段として、道徳を他の何よりも重視するという評判を得ている。……「業」の教義にどのような反論が寄せられようとも、それが最も高尚な道徳の概念と著しい一致を見ることについては、ほとんど疑問の余地はありえない。……私たちの人生の連なりの性格を決めるのは、私たちの業である。……自分の口座の収支は、貸借のどちらであれ、状況に応じて、自分に対して、あるいは自分によって必ず支払われなければならないのである。[45]

業の教義にはそれほど共感的でない人々もいた。リス・デイヴィズはそれを「このすばらしき仮説、この空虚な無、理性の範囲を超えたこの想像上の原因」と呼んだ。[46] アイテルはその教義が道徳を「損得の大きな図式に」変換したと論じた。[47] スペンス・ハーディは、それが報奨の方法としては不完全であり、まったく満足いくものではないと考えた。[48] 一八五四年という早い時期に、ナイトンは、この主題に関するヨーロッパのほとんどすべての著述家がその教義は、「一方で、道徳的宗教生活に提示する動機は不十分であり、他方、悪の生活を思いとどまらせるのにも不適切である」と気づいているという事実に言及していた。[49] しかしながら最も辛辣な批判は、四〇年ほどのちに、アルフレッド・ベン〔一八四三―一九一五、イギリスの哲学者〕がレジナルド・コプルストン〔一八四五―一九二五、イングランド国教会聖職者、セイロン、インドで主教を務めた〕の『仏教』を評するときに書かれることになる。それによると、

もしゴータマであれほかの誰であれ、この空想的な作り話を人生にかかわる真の理論として真剣に提案するのなら、そうした人に証拠の概念がもしあるとしても、それは

原始人のレベル以下であり、人間の智慧の最後の言葉としてこの種のがらくたをヨーロッパに持ち込んだ人は知的矯正施設に七年収容されるべきだとしか言えない。他方、よりありそうに思えるのは、無知で騙されやすい大衆の精神における善行の動機として意図されたということだが、もしそうならそれは、「情熱あふれるハリオアマッバメ」を難なく捕らえたことを示す領収書として記述できるだけだ[50]。

業と転生の教義はヒンドゥー教と仏教がともに奉じていたが、仏教において事情はよりいっそう複雑だった。というのも仏教の主張によると、個人の基盤としてのいかなる永続的な実体の存在も否定されたからである。仏教においてはその発端から、魂や個我の否定がそれ自体のなかで問題になっていた。ヴィクトリア時代人も早々と同じ問題に気づいた。死後に存続し、新たな身体に入っていく魂や個我がないのなら、転生するのはいったい何なのか。ヘンリー・アラバスター〔一八三六—八四、英国出身の外交官、シャム国王ラーマ五世の顧問を務めた〕はこう表現している。「仏教徒は個我はないが、それがなくても個的存在の連続性はあると私に言う。この発言は私には説明できない。まったく理解できない、あるいはその理論の微細さを把握できないからである[51]」。

ある論者たちにとって、転生の教義はきわめて重要なものであり続けたので、彼らは無我説は退けたいと感じていた。たとえばジェイムズ・フリーマン・クラーク〔一八一〇—八八、米国のユニテリアン神学者〕は次のように断言した。

> 仏教の根本教義でもある中心的思想は、個人の救済、すなわち、個人の信仰と帰依による魂の救済である。ある学派の仏教徒たちが、魂それ自体は不変の要素でも特別な実体でもなく、たんに過去の徳と不徳の結果にすぎないと教えているとする見解はあるが、それでも私たちはそう主張する。というのも、もし魂がないのなら輪廻もありえないからである。さて輪廻の教義が、まぎれもなく仏教の基礎であることは確かである。……輪廻する魂がなければ輪廻もありえない。そのうえこの体系の倫理の全体が、形而上学を伴ってこの理論にかかわってくる。というのも死後に魂が存続するのでなければ、いったいなぜ涅槃、すなわち死後の幸福を得るために、人に正しい行ないを勧めるのだろうか。魂の不死は仏教の根本教義であり、この教義がキリスト教とのいくつかの接点のうちの一つとなっているのだ。[52]

別の立場を取って、無我の理論に照らして、輪廻の教義は放棄されているはずだと主張する人もいた。トマス・スターリング・ベリー〔一八五四—一九三一、アイルランド国教会の主教〕は、その教義の保持は難問を引き起こすと論じた。すなわち、魂の存在を肯定する仏教徒と、対立者から矛盾を責められるのを避けるために、形而上学体系の複雑化に陥っていく仏教徒に分かれてしまうと考えられた(53)。フランク・エリンウッドは、ブッダは最善を尽くして非論理的な亀裂を埋めることを強いられたと論じた。それにもかかわらず彼は次のように断言してもいる。「依拠する魂をもたない業は、なにか宙に浮かんだもののようだ。羽の生えた種が、荒涼とした沙漠の不運な報いにより、生まれたばかりの「経験に基づく人格を構成する」五蘊《ごうん》の集まりに舞い降りたように見える。それ自体永遠ではないものに永遠の特質を付与する致命的な矛盾を、その教義は伴っている(54)」。

魂の不在のなかにおける一連の生の連結は、仏教では縁起《パテイッチャ・サムッパーダ》――「条件的生起」の理論――によって説明された。率直に言って、パーリ語経典の多様な形態のなかで今日この教義は、古典的な仏教解釈に即して、個人の過去、現在、未来の生のあいだの関係を説明するものと一般に考えられている。ハンス・シューマン〔一九二八―二〇一九、ドイツのインド学者、仏教学者〕は次のように記す。

真珠をつなぐ絹の糸のようにいくつもの生を経めぐる不死の個我は存在しないので、過去の生の業の種が転生してつける実を刈り取るのは同じ人物ではありえない。他方、転生した人は完全に異なるわけではない。というのも生の個々の形態は、別の火によって点火される炎のように、以前の生によって生じ、それに続いて進んでいくものであるからである。真実は個別性と孤絶性のあいだ、すなわち、条件づけられた依存にある。(55)

現代になって、こうした教義が一連なりの生のあいだのつながりを解明するという理解がなされたことで、ヴィクトリア期の著述家たちよりも現代の著述家たちの方が、それについてより鮮明に理解することができるようになってきた。ヴィクトリア期の著述家の側では、例外なくその意味はほとんど理解できなかった。たいへん早い時期から、仏教理論においてそれがきわめて重要であることは認識されていた。一八五六年の『ウェストミンスター・レヴュー』では、転生はブッダの哲学の鍵であると捉えられた。しかし同誌は続けて、それはほとんど首尾一貫していないとして、読者に対して「因という語の使用において、ヨーロッパの哲学的な議論で要求される正確な、あるいは一貫した語の用法を期待してはならない」と警告した。(56)スペンス・ハーディは、その教義は「私たちが同意できない」因果の理論を提起しているのだと捉えた。(57)たとえば、ポール・ビガンデ司教〔一八一三—九四、フランス出身のカトリック宣教師、ビルマで司教を務めた〕にとってそれは、「仏教徒の形而上学に入門していない人々にとってはきわめて難解であり、ほとんど理解を超える」としか言えないものだった。もっとも彼は、ヨーロッパ人とは異なり仏教徒は、「抽象から具体へ、理想から現実へ、なんの抵抗もなく跳び越えることができる」とも付け加えている。(58) ほとんどの場合、ヴィクトリア期の著述家たちは転生の教義を、おそらくそれが意図しない方向に押しやった。そして混乱し、意味不明、曖昧、不確定、不明瞭、多かれ少なかれ自己矛盾に陥っていると躊躇なく非難したのである。(59)

宇宙観

直前の節では、仏教について書いたヴィクトリア期の著述家たちにとって転生の教義が進化論的世界観と両立可能のように見えていたことを振り返った。一見したところ、仏教と生物学は一体となった外見を提示し、それは聖書に着想を得た人間観と対立する独特な特質をもつもののように見えた。特に一八六〇年代――キリスト教がダーウィンの発見に適応しようとしているまさにその最中の時期――には、転生と進化論の適合性と、両者と聖書的人間学との不適合性は、最もリベラルな聖職者を除き、誰にとっても脅威にしか見えなかった。

しかしながら、宇宙の性質と地球の自然地理にかかわる諸問題について、キリスト教、仏教、科学のあいだの関係はまったく事情が異なっていた。キリスト教は数百年かけて聖書の記述と一致しない科学的世界観と折り合いをつけようとしてきた。それは主にプロテスタントが行なってきたことである。一九世紀半ばまでにコペルニクスは常識になり、「創世記」の宇宙観と科学的な宇宙論とのあいだの不一致は、もはや神学的な問題とは見なされなくなった。チャールズ・グッドウィン〔一八一七―七八、イギリスのエジプト学者、法律家〕はその経緯について、一八六〇年刊行の『エッセイとレヴュー』において次のように説明している。

一七世紀の精神にとって、地球の可動性は信仰心のみならず五感覚にとっても驚くべき主張だった。この信念に含まれる難点が首尾よく克服されるにつれて、他の矛盾もあまり重要ではなくなった。天文学の輝かしい進歩が人間精神を支配し、信と知のあいだの論争は徐々に静まった。ガリレオと異端審問の話は学校でもありふれたものになり、地球の可動性についての教義は子供たちの教理問答に取り入れられるようになり、旧約聖書に示される宇宙の性質についての偏った見解は宗教的難問とは感じられなくなった。(60)

したがってこの問題については、キリスト教著述家や生物学や地学に反感を抱いている人々でさえ、科学的宇宙論と連帯し、仏教の宇宙観には対決することが可能だった。科学的宇宙論は、キリスト教護教論において役割を果たすこともありえた。

科学についてのこうした護教論的利用は、スペンス・ハーディがよい例を示している。たとえば彼は、ガリレオの望遠鏡が「地球は静止し天空が回転しているという旧来の概念をすべて転覆させた」と論じた。だが彼は、これをいかなる形であれ聖書の記述への脅威と見るのではなく、「ブッダの至高性に対する破壊の原因」と捉える。[61] 事実、仏教徒たちの地理学と天文学はすべて、科学の証明によって誤りであって事実ではないと証明されていると断言までしている。[62] ハーディの福音主義的な意図は、その著述の表面から消すことはできない。と言うのも、彼はもし仏教文献が自然科学の諸問題について不正確であれば、宗教の諸問題についても信頼できないと論じているからである。[63] もしブッダの宇宙観がまちがっているのなら、その宗教的な見解もまた信頼できないという主張である。「ブッダの宇宙創成説、天文学的な天啓のすべてが誤りである。こうした主題について彼に帰せられるほとんどすべての見解に含まれる諸々の発言は、彼の精神がその他の人々と同じような無知によって曇らされていたことを証明している。したがって、弟子たちによって「平和の都への確かな導き手」と評されてはいるが、彼はそうした存在ではありえないのだ[64]」。

何人もの著述家たちが、ハーディから直接的な影響を受けた。彼らは仏教徒たちが、宇宙の性質についての西洋の見解を採り入れたことを、キリスト教を受容するうえで必要な前段階と見た。ハーディの『仏教徒の伝説と理論』について一八六七年に『インテレクチュアル・オブザーバー』誌に掲載された書評は、仏教的な天文学、自然地理学、博物学は、「仏教の信仰者が真の科学を研究するように誘われることがあればつねに、ただちに科学に勝利を捧げる」と捉えた。[65] ハーディの『仏教への手引き』に言及した『クリスチャン・リメンブランサー』誌は、仏教が信じている自然界の諸事実のばかげたかたまりを打ち壊すのはたいして難しくはないだろうと説いた。したがって、「世俗的な知識の発展は、彼らが神聖な真理を受け入れるうえで不可欠の前段階になろう」と結論づけている。[66] ジェイムズ・ドゥ・アルウィス〔一八二三―七八、セイロンの法律家、作家〕は、セイロンのミッション・スクールをその過程の重要な一部と捉えた。彼は次のように確信している。

シンハラ人は知的に成長し、科学的な知識も増大するにつれ、まもなく仏教の誤りに気づくだろう。そして一つの誤りがわかると別の誤りの発見につながり、それがまた別の誤りの発見につながり、最終的に人々は強制されるだけではなく、まったく厳粛な気持ちで聖書の宗教を進んで採用することになるだろう。[67]

科学がキリスト教信仰の発展のために、いわば道を均していくだろうという見解には、どこか明朗な素朴さがある。それはたんに、科学とキリスト教がしばしばぎくしゃくした仲間だったからというばかりでなく、聖書の天動説よりはむしろ仏教とヒンドゥー教の方が、科学的宇宙論とより整合的な宇宙観を提示していると論じることもできるためである。私たちの世界システムは膨大な類型の世界システムの一つにすぎず、仏教とヒンドゥー教はその多様性を描き出している。近代西洋の宇宙論がそうであるように仏教とヒンドゥー教の宇宙観もまた、無限の空間を前にしたパスカルの戦慄〔『パンセ』ラフュマ版二〇一、ブランシュヴィック版二〇六〕をまったく同じように引き起こす。しかしながら興味深いことに、ジョゼフ・エドキンズ〔一八二三―一九〇五、イギリスの宣教師で中国伝道に従事、中国研究の業績を残した〕の何篇かの著述から、一九世紀の東洋人のなかに、みずからの宇宙論的見解と西洋のそれとのあいだのありうる関係について、はっきりと意識していた人がいたと推測することができる。事実、そのような人々の議論があったために、それが両立しないことを強調するエドキンズの次のような試みが必要になったように思われる。

北伝仏教における宇宙創成説の発明者たちは、物質の存在を否定する形而上学者だった。さまざまな宇宙空間における膨大な数の諸世界の集まりについて彼らが語るとき、その世界は想像上のブッダたちの想像上の住まいであるとされ、なんら実在にかかわるものではない。……それらの著述を読む中国人は、……この場合と同様、対象を誤解し、鋭敏なインド人の知性の理想的な創造物に聡明さの証拠を見いだすだろう。彼はその聡明さを、たとえばコペルニクスやニュートンのような人々の天賦の才に匹敵するものと考えるのである。(68)

ヴィクトリア期のすべての著述家が、ハーディやアルウィスのように、非科学的宇宙観と言われるものを根拠として、ただちに仏教を退けたわけではない。またそれを反仏教的護教論の一部として用いようとしたわけでもない。逆に、宇宙観は一宗教体系としての価値の問題とはほとんど無関係であると、苦労しながら強調した人もいた。これはおそらく、キリスト教の伝統の価値がその宇宙観の正しさによるものではないことがますます広く理解されるにつれて、生み出されてきた議論である。たとえばビガンデ司教は、仏教の宇宙観を、インド人の地理や宇宙論の媒体ではなく、なによりもまず道徳的教義の媒体として意図された体系の、あまり重要ではない一部と見なした。(69) エルンスト・アイテルは、仏教経典は「自然科学に関連して、新約聖書が特徴とするような賢明な寡黙さを守ってこなかった」と断言した。この発言は数年後にハンプデン・ドゥボーズによって、不正確かつ典拠を挙げずに引用されている。[70] しかしながらアイテルは実際には、同時期の比較的リベラルなキリスト教思想家が自然科学とキリスト教を関連づけるような方法で、自然科学と仏教との関係について考察するにいたっている。

宇宙と自然科学に関連する、あれら粗雑で子供じみたばかげた諸概念が仏教を構成しているわけではない。……それらはたんに副次的な、あまり重要でない外堺であり、知識が発達すれば捨て去られ、文明の発達によって完全に崩れてしまうかもしれない。しかし仏教という要塞は、かつてと変わらず堅固で難攻不落なのだ。仏教徒は近代科学のすべての成果を採り入れ、ニュートンの信奉者になったりダーウィンの弟子になったりするかもしれないが、それでも変わることなく仏教徒なのである。[71]

宗教か哲学か？

仏教に関する西洋における記述のなかで、一九世紀のあいだにはっきりとした強調点の変化があったことが見て取れる。世紀の前半においては、宇宙観を仏教の中心と捉える特徴的な傾向があった。[72] この傾向は世紀半ばのスペンス・ハーディの初期の著作において頂点に達した。一九世紀終わりまでに、前述のようにそれを付随的に見たり、あるいはまったく無視したりする傾向が生じる。[73] モニア＝ウィリアムズでさえ一八八九年の小論では、それについての否定的評価は慎んでいる。[74] これは、宗教と科学とが相互に排他的な領域ではないと見られるようになってきた事態の一つの結果である。そしてそれはまた、一九世紀後半に仏教が文献として具体化するのにともなって仏教についての知識が増え、仏教を分類学上の一つの宗教として位置づけることが可能になった結果でもあった。仏教はキリスト教と同じような一つの宗教、あるいは少なくともコント主義のような一つの哲学と分類されるようになったが、主に宇宙の本性に関する科学理論として分類されるということはなかった。

一九世紀終わりにかけて、仏教が宗教なのか哲学なのかという問題が大いに議論された。もちろんこの問題は以前から提起されていた。一八四七年にセイロン仏教と接した経験から、ダニエル・ゴジャリー〔一七九二―一八六二、イギリス出身、セイロンで活動したメソディスト派宣教師〕は、仏教は宗教というよりは哲学の一学派だと主張した。[75] サミュエル・ビール〔一八二五―八九、イギリスの東洋学者、英国海軍チャプレン〕は、中国の伝統に関する知識に基づいて別の見方をした。この問題についての議論ののち、一八七一年に彼は「仏教が宗教ではなく哲学の一学派だとする主張は受け入れる根拠がない」と結論づけた。[76] ビールは一八八〇年代に入ってもこうした議論を続けたが、[77] 見解の動向はこの頃までに、決定的にではまだないにせよ、彼にとってはかなり逆風になっていた。マックス・ミュラー〔一八二三―一九〇〇〕、モニア・モニア＝ウィリアムズ、ピアーズ・クロートン主教〔一八一四―八四、イングランド国教会の海外主教〕、ジョゼフ・エドキンズ、トマス・ベリーは皆、仏教が本質的には一つの哲学だと主張した(78)。

この主張にはいくつもの根拠があった。なかでも第一に、仏教が無神論と想定されていたことがある。定義から言って、無神論を奉じる体系はなんであれ宗教と見なすことはできそうにない。マックス・ミュラーが説明するように、「宗教が、見えるものと見えないもの、現世のものと永遠のもの、人的なもの神的なものとのあいだの架け橋を意味するのであれば、真の仏教は宗教ではまったくないだろう。というのも仏教は、不可視のもの、永遠のものをなんら知ることはなく、私たちが言う意味での神を知らないからである(79)」。

無神論的な伝統を宗教というカテゴリーに含めることが可能になるまでに、仏教は二〇年ほど待たなければならなかった。その頃には、ナータン・ゼーデルブロム〔一八六六―一九三一、スウェーデン国教会の聖職者、宗教学者、一九三〇年ノーベル平和賞受賞者〕、ルドルフ・オットー〔一八六九―一九三七〕の「聖なるもの」「神聖性」の観点からの宗教の定義が提起されるからである(80)。

私たちはすぐあとで、仏教的無神論の問題に戻ってこなければならない。しかしその前に、一八七〇年代の文献で顕著だったもう一つの区分を調べる必要がある。というのもそれは、仏教は哲学であって宗教ではないという主張にかかわるのみならず、仏教における無神論の問題にもかかわるからである。その区分とは、北伝と南伝の区分、言い換えると、大乗と小乗〔今日では一般に上座部と呼ばれる〕の区分である。さまざまな点で大乗仏教――チベット、モンゴル、中国、日本の仏教――が、小乗仏教――パーリ経典の仏教、セイロン、東南アジアの仏教――よりも、有神論的雰囲気を漂わせていることは疑いない。それではなぜ、ヴィクトリア時代中期・後期の多くの著述家たちにとって、仏教はほとんど疑問の余地なく本質的に無神論的な体系だと想定されたのだろうか。大乗の伝統について知らなかったことが、この想定を完全に説明することにはならない。確かに一八五〇年から一八八〇年にかけて、重要なサンスクリット仏教文献は『方広大荘厳経』を除くとほとんど刊行されていなかった。しかし一八七〇年代までに、ヴィクトリア期の仏教に関する著述家たちは大乗仏教のより有神論的な特色に気づくようになった。仏教の本質的に無神論的な性格についての想定と、おそらくそれとともにサンスクリットの仏教への見たところの関心の欠如は、次の二つの要因の結びつきの結果である。

第一の要因は、一八七〇年代までの想定では、パーリ語文献が年代的に先行し、そのためパーリ語の仏教、すなわち小乗仏教が優先されるというものである。第二の決定的な要因として、一九世紀半ばから後半にかけて、生物学的、地学的、歴史的な起源の探究への執着があった。起源への歴史的な探究の基礎には、根源的なものは本質的であるとする想定があった。こうしてパーリ仏教は優先的位置が確定されて、仏教の本質を含むものと見られるようになったのである。

より古い仏教が本質的だとする史料編纂にかかわる想定と対応して、のちの大乗仏教は堕落したものだとする想定もあった。〈「純粋」仏教〉対〈「堕落」仏教〉という言説が、パーリ仏教の歴史的先行と大乗仏教の後発を基盤として繰り広げられた。たとえばリス・デイヴィズは、初期仏教を「純粋仏教」、チベット仏教を「堕落仏教」と呼び、タントラ仏教は嫌悪感と吐き気を催させると記した[81]。モニア＝ウィリアムズは「真の仏教――すなわち三蔵、パーリ文献の仏教」について記し、それをチベット、モンゴル、その他の北方諸国の「堕落形態」の仏教と対比した[82]。マーカス・ドッズ〔一八三四―一九〇九、スコットランドの神学者、聖書学者〕は、「北伝仏教の迷信深い偶像崇拝の宗教と、ブッダ本来の体系とのあいだに密接した関係を見いだすことは」困難だと結論づけ[83]、他方、アイテルは大乗において簡素で実践的な道徳が置き換えられ、気怠《けだる》い静寂主義、抽象的虚無主義、空想の域に達している観想と、没我的な瞑想に変わっていると捉えた[84]。ある著述家たちにとっては、大乗の堕落を示すのはより有神論的な特徴であり、それが多神教と偶像崇拝に行き

着いたと見られている。シャルル＝ジョゼフ・ドゥ・アルレ〔一八三二―九九、ベルギーの東洋学者〕によると、

南方の仏教は一般に、原始的教説と簡潔性に忠実であり続けた。逆に北方の仏教は、共通する発祥地から撤退するにつれてますますそれらから離れていった。北方で支配的な大乗が、虚無主義と最も完璧な無神論から始まったのちに、ついにヒマラヤ山脈を越えて一神教に到達し、さらに多少とも神格化された人間の崇拝から、途方もない多神教と偶像崇拝にまで進んでいったのは、なんと奇妙なことだろうか。……仏教はそこ［タタールと中国］では、開祖であれば必ず、有罪とまでは言わないにせよ、根本的、全体的に間違っていると叱責したであろうような宗教の外観を示している。そしてその性格は、実践者たちを解脱から遠く離れさせ、新たな哀れな生に生まれつくことをそそのかすように表面的には見えている。(85)

無神論

哲学的、無神論的な本質をもつものとしての仏教観は、歴史的に古いものが純粋であるとする史料論上の想定に根ざしていた。こうした見解は大乗仏教という宗教性が際立ち有

神論的な性格の強い伝統によって霞んでいったが、にもかかわらず一八七〇年代半ば以降も支配的な考えであり続けた。

パーリ仏教の年代的な先行性が確立される前には、仏教における無神論という問題について確かなことはほとんどわからなかった。もちろんたいへん古い時期から、仏教は無神論的だとする主張は、とりわけパーリ語の伝統の文化表現のみに接していた人々のあいだでは多かった。たとえばドゥ・ラ・ルベール〔一六四二―一七二九、フランスのシャムへの派遣使節〕は一六九三年に、シャム人の仏教教義に神の観念は見られないと言及した。[86]この判断は一九世紀前半に繰り返された。ウィリアム・ウォード〔一七六九―一八二三、イギリス出身のバプティスト派宣教師、インド伝道に従事〕は、仏教無神論は法《ダルマ》の概念によっていくらか弱められているが、それでもおぞましいと感じた。[87]一八二四年にヨハン・ザムエル・エルシュ〔一七六六―一八二八〕とヨハン・ゴットフリート・グルーバー〔一七七四―一八五一〕は、バプティスト派のビルマ宣教師アドニラム・ジャドソン〔一七八八―一八五〇、米国出身の宣教師〕を引用して、「一定程度、仏教徒は無神論者であると断言できる」と示そうとした。[88]ジョゼフ・エドキンズとホーラス・ウィルソン〔一七八六―一八六〇、イギリスの東洋学者〕は一八五六年に、創造主である世界支配者への信仰は仏教の一部ではないことで意見が一致し、なかでも後者は、その信仰は疑いなく「シャカムニの徹底した無神論への現代的な接ぎ木」だと捉えた[89]。一八五八年に『ロンドン・クォータリー・レヴュー』は、ジョージ・ターナー〔一七九九―一八四三、セイロン出身のイギリスの歴史家〕の著書『マハーワンソ』、ビュルヌフの『インド仏教史序説』、ジェイムズ・テネント〔一八〇四―六九、アイルランド出身の英国の政治家、セイロンで植民地行政に従事〕の『セイロンのキリスト教』、ハーディの『東方の隠遁主義』と『仏教への手引き』への書評において、仏教は本質的に無神論的だと断言することができた[90]。同年の『クリスチャン・リメンブランサー』誌は、問題が論争中であることを認める一方で、「憶測によってその体系がどのようなものであったと想定するとしても、実際に無神論的傾向をもつと見なすことは間違いではありえない」と主張した[91]。

仏教が本質的に無神論的な性格をもつとするこうした主張とは対照的に、有神論的な性格のものだとする主張もまた多く見られた。一八二九年刊行の『ロンドン百科事典』は、ビルマ仏教がある超越神の存在を信じていると示した[92]。一八三三年の『ドイツ一般百科事典』は、目に見えず、知覚できない超越存在が世界を支配しているというのが仏教の一つの中心教義であると断言し、同百科の一八四三年版、一八五一年版、一八六四年版でもその主張が繰り返された[93]。仏教が有神論的であるとする主張は多くの場合、大乗仏教が時代的に先行するという信念と結びついていた。たとえば『ペニー百科事典』はネパールの仏教徒が古代仏教を最も純粋な形で保持してきたと主張し、それに続けて、ネパール仏教のすべての宗派が「太古の神の存在を認めることで一致し、その神はほかに何も存在しなかったときに存在し、それ以来、アディ・ブッダ、すなわち「最初のブッダ」と呼ばれている」と記している。(94) フレデリック・D・モーリス〔一八〇五―七二、イングランド国教会の神学者、キリスト教社会主義者〕は『ペニー百科事典』に依拠して、原始的有神論がのちになって初めて無神論へと変化したと捉えた。(95) 一八四五年の『カルカッタ・レヴュー』は、フランクリン〔一七六三―一八三九、イギリス出身でインドに駐在した軍人、東洋学者〕、ジョワンヴィル〔セイロン島で測量技師を務めたフランスの博物学者〕、マホーニー、ウォードを引用し、無神論的な見解を受け入れているが、それにもかかわらず、神の存在を認めるホジソン〔一八〇〇―九四、イギリスの博物学者、民族学者〕、アッパム〔一七七六―一八三四、イギリスの東洋学者〕、アースキン〔一七七三―一八五二、スコットランド出身の東洋学者〕の意見も取り入れた。(96) のちの一八六四年になっても、ウィリアム・シンプソン〔一八三一―一八八一、イギリス出身のメソディスト派宣教師〕はアレクサンダー・カニンガム〔一八一四―九三、ベンガル・エンジニア・グループ所属、インドで考古学に従事〕に従って、仏教は「アディ・ブッダ、あるいはイスワラと呼ばれる、天空の自立した存在への信仰から始まった」と考えた。(97) 一八七〇年代半ばにはパーリ仏教が歴史的に先行することが一般に受け入れられ、その後、仏教が本来有神論的だったとする主張は消えていった。ただアーサー・リリー〔一八三一―一九一一、英国領インド陸軍将校、仏教への改宗者〕の著作においてのみ、初期仏教が至高神への信仰を受け入れたという記述が見られる。一般に認められている見解とははっきりと異なって、一八八三年にリリーは、リス・デイヴィズの『宗教の起源と発展に関する講義』への応答のなかで、無神論的で魂のこもらない仏教は大乗仏教から出現したが、アショーカ王碑文が示す本来の伝統は有神論的だったと論じた。しかし時折、共感的な評価もあったが、リリーの議論は冷淡かつ批判的に捉えられ、その後の学問において重要な役割を果たすことはなかった(98)。

一九世紀の最後の三〇年間に、有神論的な大乗について認識されていたにもかかわらず、神なき仏教というイメージが支配的になった。ダニエル・ゴジャリーが記すように、「仏教徒と呼ばれる人のなかに、創造主の存在を認める人は多いが、それはブッダの教説についての無知に由来する。仏教体系はそうした存在が実在する可能性を認めてはいない(99)」。一八六九年にジェイムズ・フリーマン・クラークは、ヴォルテール〔『哲学辞典』「無神論者、無神論」〕を手本にして、仏教徒は子供に似て、「理神論者でも無神論者でもなく、神学をもたない」と論じた(100)。ほとんどの著述家たちはそれほど繊細にではなく、ティトコーム〔一八一九―八七、イングランド国教会牧師、初代ラングーン主教を務めた〕の雑な言葉を用いると、仏教は「無神論のどんよりとした霧によってくすんでいる」と断じた[101]。

仏教における無神論には、近代西洋に類似例があると捉えられていた。たとえばエルンスト・アイテルは、無神論的仏教と無神論的ダーウィニズムを類比した。彼の議論によると、どちらも先在する自然発生的な多様性への傾向が種の起源の真の原因だと認めたとされ、しかしどちらも「そのいわゆる自然発生的な傾向を最初に始め、自然選択〔自然淘汰〕の全過程を統御する法を自然のなかに配置した、宇宙の創造主にして維持者、すなわち神について指し示す」まではしなかった[102]。アイテルの著書『仏教』初版への応答のなかで、トマス・ワターズ〔一八四〇―一九〇一、アイルランド出身の英国の外交官、東洋学者、中国・韓国に駐在した〕は、ダーウィンが『種の起源』を創造主の活動を肯定することで結んでいることを指摘した[103]。しかしそれにもかかわらず、アイテルは同書のその後の版においても、自己の主張を繰り返すのを思いとどまることはなかった。それどころか彼は、一九世紀の無神論哲学のほとんどは西洋における仏教的な試みの直接の結果だとまで主張するにいたった。フォイエルバッハ、ショーペンハウアー、フォン・ハルトマン、コント、エマーソン、その他諸々は、「皆、多少ともこの甘い毒を飲み、どのアジア人とも同じように仏教という麻薬になじんだのだ」と断言した[104]。彼の言葉は再びハンプデン・ドゥボーズによって不正確に典拠を示されずに引用され[105]、そしてまたワターズは、あれらの哲学者たちの立場とアイテルの言う東洋の大衆にとっての麻薬との違いを指摘しようと努めた。[106]

しかしながらアイテルに支持者がいないわけではなかった。『ロンドン・クォータリー・レヴュー』は、「原始仏教に神にかかわるものがないのは、コント主義にそれがないのと同じであり、スペンサー主義においてはさらに欠けている」と説いた。[107] アーチボルド・スコットは、アラバスター氏の言う「現代の仏教徒」は、「フォエイルバッハとフォン・ハルトマンの弟子のみならず、日常的な人間性に従ってきた……「熱烈な無神論者」においても同信の徒」を見いだしていると記した。[108] 神の存在に対する仏教徒の態度について描写するうえで、トマス・ハクスリーの言う「不可知論」という用語がよりふさわしいと考える著述家もいた。この語はハクスリーが一八六九年頃に造った用語で、[109] 仏教に関する文脈ではリス・デイヴィズが一八八〇年に用いたのが最初である。彼はこう記している。

ブッダは不可知論者だった。……ヨーロッパの不可知論者――私はキリスト教不可知論者とほぼ言ってしまったのだが――は、神の本性、属性、力と行ないに関する神学者たちの議論と発言のすべてに関連して、「私たちはわからない」と語る。インドの多神教徒による偉大な精霊と第一原因に関連する議論と発言に対して、ゴータマがとった態度も同じものだった。[110]

デイヴィズはその翌年、自分自身の発言を否定することになった。ブッダは不可知論者(Agnostic)などではなく、ほとんど確実に霊智者(Gnostic)だと述べるにいたったのである[111]。しかしながら、他の論者たちがハクスリーの用語を用いるようになる。たとえばサミュエル・ケロッグは、仏教がキリスト教圏の不可知論的な無神論者たちのなかに共鳴者を見いだしたのは、無神論体系としてというよりはむしろ不可知論体系としてだと説いた[112]。ロバート・グリーンによると、ブッダによる神への不信は、その否定にはいたらなかったが、とはいえ「最も望みのない不可知論」だったと捉えられた[113]。アーチボルド・スコットは、現代仏教はほぼ「現代不可知論と一体」だと結論づけた[114]。

ヴィクトリア時代の仏教における無神論をめぐる議論には、二つの関連したモチーフが浸透していた。それらは少なくとも一六世紀半ば以降、ヨーロッパの思想において重要な役割を果たしていた[115]。それはまず、人間の生まれながらの宗教性という概念であり、そしてそれと緊密に関連した、無神論の民族が存在することの不可能性である。ピエール・ベール〔一六四七―一七〇六〕、ジョン・ロック〔一六三二―一七〇四〕、デイヴィッド・ヒューム〔一七一一―七六〕は反対のことを断言していたが、こうしたモチーフは一八世紀を通じ、一九世紀にかけて有力であり続けた。

一見したところ、無神論哲学としての仏教の存在は、無神論民族の不可能性という概念の終わりを告げるものだった。確かに一九世紀の論者たちのなかには、そのような結論を引きだした人々もいた。一八七〇年にリチャード・アームストロング〔一八四三―一九〇五、英国のユニテリアン派牧師、著述家〕はこう記している。

> 前世紀〔一八世紀〕のフランスにおいて自然的宗教の問題が鋭敏で聡明な知識人たちの関心を捉えたときに、有神論が人類普遍の原理と捉えられたのは驚くべきことではなかった。無神論者の国や共同体は存在したことがないと力説され、当時の人々が知るかぎりにおいて、そのような社会は現に存在していなかった。しかしここ四〇年のあいだに私たちには、仏教についての知識をもたらす資料が与えられてきている。……そしてこの仏教は、神の考えをもたず、神を望むこともなく、生まれ、育ち、死んでいく共同体が一つではなく無数にあることを私たちに示している。……したがって、たとえどれほどかすかにであろうと神はすべての人に自然に啓示されると主張することは、歴史全体のなかの最大の事実を無視し、前提を欠いた結論を熱烈に信奉することになる。確かに私たちは神についての直観的な感覚をもっているのかもしれないが、そうした感覚が見いだせない三億人の人々も存在しているのである[116]。

この種の議論は、仏教国のすべての民族が無神論者であり、そして／あるいは、すべての仏教徒が無神論者であるとする想定のもとで、初めて成り立たせることが可能になる。これらの想定はともに、宗教と神観念は生まれながらに具わっていると主張する多くの護教論者からの攻撃を受けることになった。

すべての仏教徒が無神論者であるとする想定は、多くの著述家たちからも疑問視された。その疑問はしばしば、エリートのための無神論的な哲学的仏教と、大衆のための有神論的仏教とを区別することで提起された。一八五九年にジョゼフ・エドキンズは、仏教的無神論は微妙な論理に長けた人のみにふさわしく、一般人向きではないと捉えた。「宇宙には神の力が存在するという人が自然に感じる感覚は、おのずと表に現われるに違いない。……ブッダと菩薩に帰せられる力は、人間の祈りへの応答のなかで発揮されると想定されている。これらの存在が、その宗教の一般信者の心のなかでは神の位置を占めているのである」[117]。一八八三年刊行の『サタデー・レヴュー』は、仏教における偶像崇拝と無神論の結合を、無神論は学のある少数者に、偶像崇拝は「無学な庶民であり、超自然の助力への人類共通の渇望を抱く人々」に割り当てることで説明した[118]。マーカス・ドッズは、ブッダの無神論は一般人が受け入れるにはあまりにも抽象的で人間味がないので、「大衆の宗教的な本能が、半ば神的な尊格へのさまざまな形態の崇拝を採り入れた」と主張した[119]。ビガンデ司教もまた、人間が生まれながらに宗教性をもつとする仮説に、暗黙のうちに触れていた。彼はビルマ人のナッ信仰〔古来の神霊や精霊（ナッ）を崇める土着信仰〕について、人間が本来もつ何か偉大な存在を信じる傾向という点から説明した。[120] サミュエル・ビールは仏教徒による樹木、仏塔、仏像への崇拝を、何かを崇拝することに突き動かされる精神のなかの強い衝動の結果と捉えた。[121]

すべての仏教徒が無神論者だと捉える想定は、また別の方向からも批判された。パーリ仏教が大乗仏教より先行したことを認める人々にとって、のちの時代の仏教におけるより有神論的な環境が、人間の生まれながらの宗教性の模範的な証明になった。一八五七年にマックス・ミュラーが『タイムズ』紙に送った手紙は、この想定に彼が与していることを示している。

何かほかのものに依存しているという消すことのできない感情は、あらゆる宗教の生命の泉だが、初期仏教の形而上学者たちのなかでは完全に麻痺していた。数世代が経過し、仏教が何百万もの人々の信仰になって初めて、その感情は温かみを増して戻ってきた。……それにより神の存在を否定したブッダまさにその人を神格化したのだった。[122]

その翌年、ヘンリー・ユール〔一八二〇―八九、スコットランド出身でベンガル・エンジニア・グループに参加した東洋学者、地理学者〕は、仏教に無神論があるにもかかわらず、その信奉者たちは良心や宗教的本能によって、永遠の神の認識と必ず両立するような形で話すようになっていたと指摘した。[123] 一五年後にクロートン主教は、仏教の体系は崇拝を含まないと評価しながらも、「しかし人間というのは崇拝するものであって、神が存在しないと教わったとしても、「偶然見つけることになったら、と思って手探りで神を探す」だろう。神の存在を信じることは、人間の本性であり、しかもその語のより高貴で真正な意味においてそうなのである」と断言した。[124] 同じ点はアイテルも記している。それによると、「神の意識という、あらゆる人間の魂に受け継がれている神聖な遺産は、形而上学者の無神論を見た反動で跳ね上がった」。[125]

年代上先行するパーリ仏教を純粋なものだとする史料上の想定は、見てきたとおり、仏教を本質的に無神論と捉える見方につながっていった。その想定はまた、より有神論的な大乗仏教が仏教の腐敗・堕落形態だとする見方を伴っていた。それに対して、生まれながらの神の観念の想定と、人間が本来宗教的であるとする想定は、のちの時代の仏教と大衆の仏教に別の光を当てた。確かにそうした仏教は多神教的、偶像崇拝的なものに接近しており、腐敗・堕落した仏教というレトリックを支持するものだった。しかし同時にそれらは、腐敗・堕落した仏教というよりはむしろ、抑圧的な学的耽溺の拘束から首尾よく脱出した仏教の証拠だった。こうして拘束を免れた仏教によって、神の崇拝に向かう人の自然的本能が現われ出ることが可能になった。前期の「純粋」と後期の「腐敗」という言説は、本来の宗教性、自然的有神論といった言説と結びついていたり、並置されたりしていた。これらのきわめて異なる言説が、仏教の発展についてのまったく異なる評価をともない、仏教に当てはめられたときには互いに両立しがたいヴィクトリア期の文化的な想定を反映して、容易な解決をもたらすことはなかった。以下で見るように、同じような両立できない文化的想定が、仏教の最高善《スンムム・ボヌム》、すなわち涅槃の本性に関するヴィクトリア期の議論の根本にあった。

涅槃

ヴィクトリア時代人が取り上げた仏教教義のすべての側面のなかで、涅槃の本性に関する問いが最大の関心を呼び、最大の論争を引き起こした。これは一つには、きわめて異なる種類の問い——存在論的な問いと救済論的な問い——がそれについて投げかけられたことによる。また一つには仏教教義が、哲学的仏教と民衆仏教、大乗仏教とパーリ仏教、ブッダの不可知論とブッダの霊智主義、現世における涅槃の達成と死後における涅槃の達成といった区別を含んでいたことにもよる。涅槃の本性に関する問いは、仏教のその他の中心的主題について受け入れられていた見解からも影響を受けた。すなわち、ブッダの本性、魂、人間の成り立ち、転生、業、道徳の問題、そしてもちろん無神論といった主題である。

存在論的に言えば、この熱く論じられた問題の中心は、それまで苦しんでいた個人の生にとって涅槃の達成が何を意味するのかということに関連していた。一九世紀を通じて多数派の見解は、涅槃は本質的に、個人の消滅を伴うというものである。早くも一七九五年にジャン＝バティスト・グロシエ神父〔一七四三—一八二三、フランス出身のイエズス会修道士〕の『中国に関する全般的記述』のイギリス人読者にとっては、この消滅という見解が提示された。その記述によると、仏教徒として幸福を得るためには、

瞑想を続けなければならず、この〔無という〕原理に似たものを得るためには、しばしば自己への勝利を収めなければならない。その目的を得るために何もせず、何も努めず、何も感じず、何も望まないことに慣れなければならない。……全体として聖性は存在の停止、無との融合にあり、石や丸太からなる自然に近づけば近づくほど、人はいっそう完成に近づくことになる。(126)

涅槃の意味についてのグロシエの記述は、一八一〇年刊行の『ブリタニカ百科事典』の「中国」の項目で引用され、支持もされた。それによるとブッダは、あらゆるものが、真空、無から生じ、また同じものに還っていくと断言したという。その項目は続けて、「この教義は信仰者において、対応する行動様式、より正確に言えば無行動の様式を生みだす。というのもこの教義では、人の大いなる幸福が、絶対的な消滅に存することとされたからである。そのために人生においてこの状態に近づくことができればできるほど、よりいっそう幸福になると考えられたのである」[127]。

涅槃を消滅として説明することが、この時期以降、多くなってくるように思われる。それはパーリ仏教についての著述家においても大乗についての著述家においてもそうであり、また宣教師の描写においても外交官の描写においても同様である。バプティスト派のビルマ宣教師、アドニラム・ジャドソンの妻、アン・ジャドソン〔一七八九―一八二六〕はニグバン、すなわち涅槃を「存在のない状態」と描写した[128]。ウォルター・メドハースト〔フィロシネンシスの本名、一七九六―一八五七、イギリス出身、会衆派の中国宣教師〕はおそらく自身の中国での経験よりもグロシエの記述に多く依拠して、「最も好まれるブッダの教義の一つは、あらゆるものが無から始まり、再び無に戻っていくというものである。こうして消滅が至上の幸福となる。ニルバン、涅槃、すなわち無実体が、あらゆるものにとっての重大な究極の予想となるのだ」と断言した[129]。
消滅としての説明を支持するきわめて学術的な見解も見られた。一八七六年に『ブリタニカ百科事典』第九版の仏教についての項目においてリス・デイヴィズは、涅槃が消滅を意味することにもはやなんの疑いもありえないと論じた。

スペンス・ハーディとビガンデは、アルウィス、ゴジャリー、そして特にチルダース〔一八三八―七六、英国の東洋学者、『パーリ語辞典』編纂者〕が古代の有力な文書に見いだしたのと同じ見解を、現代のシンハラ語とビルマ語の書籍に見いだしている。北伝仏教徒の現代の書籍については疑わしいが、ウジェーヌ・ビュルヌフはより古い文献は南伝仏教が奉じているのと同じ教義しか含んでいないことをはっきりと証明した。仏教は、死とともに消失する人間の諸要素や諸力とは区別されたものとしての魂の存在を認めていない。仏教における涅槃はたんに消滅である[130]。

バルテルミ＝サンティレールは彼自身、熱心で、そして言うまでもなく声高な、消滅としての涅槃解釈の支持者であり、ビュルヌフ、ハーディ、ビガンデの名に加えて、ウェスリー派のセイロン宣教師ベンジャミン・クロー、セイロン駐在行政官ジョージ・ターナー、ヨーロッパの研究者、イサーク・シュミット〔一七七九―一八四七、アムステルダム出身、ロシアで活動した東洋学者〕とフィリップ・フーコー〔一八一一―九四、フランスのチベット学者〕の名も支持者として付け加えた。[131] ホーラス・ウィルソンが、「人生の偉大な終焉であり目標としての完全な消滅もまた、仏教の根本的特徴であり、いくつかの点で独特である。涅槃は字義的には、あたかもロウソクの火が消えること――消滅――である」と説いたとき、要するに彼は同時代人の多くを代弁していたのである。[132]

消滅説の側に立った学問的見解の重要性は、より民衆的なレベルでも見られた。一八五五年刊行の『キリストとその他の先師たち』初版において、チャールズ・ハードウィク〔一八二一―五九、イギリスの歴史家、イングランド国教会牧師〕はこう記している。「涅槃という表現に、「永遠の静寂」「断たれることのない眠り」「貫通されえない無関心」よりも多くの含意があるのかどうかがかつては論じられた。しかし仏教の最古の文献からは、ゴータマがそれによって絶対的な「消滅」以外、ほぼ何も意図しなかったことには、疑う余地がほとんどないだろう」。[133] 消滅説は、エドウィン・アーノルド卿の説くブッダを拒絶したいと願う人々によって利用された。アーノルドは、「涅槃が終止することだと教える人がいれば、嘘つきと言え」と断言していた。[134] それに対してサミュエル・ケロッグによると、消滅とは「あの偉大な救済の最後の問題であり、異教の詩人護教論者〔すなわちアーノルド」が大いに熱狂した、ブッダが発見したと思われているものよりもさらに重要である」[135]。ウィリアム・ウィルキンソン〔一八三三—一九二〇、米国のバプティスト派神学者、詩人〕は、野卑で辛辣なアーノルド批判のなかで、涅槃についてのアーノルドの見解に対して、「存在に対する真の対立物は非存在であり、仏教の涅槃が非存在、純然たる消滅であることには疑いはない」と断言している[136]。

仏教の目標としての個人の消滅を、ケロッグとウィルキンソンが強調していることには、読者に衝撃を与える意図があった。疑いもなく、多くの場合、それは望んだ効果を生んだことだろう。死後の生がどのような性格のものかは、ヴィクトリア時代に大きな論争を招いた問題だった[137]。しかし実際には、少なくとも、人が本来、死後生を望んでいるとする想定は自明のことだった。仏教の一見したところの消滅説にたいへん多くの人が後ずさったのは、この広く受け入れられた想定の結果である。早くも一八二一年にジョン・デイヴィー〔一七九〇—一八六八、イギリス人医師、化学者。軍医として植民地に駐在〕は最終的な報いとしての消滅の観念を、健全な理性に照らすと化け物じみていると描写した。もっとも彼はそれに続けて、実存を本質的に苦痛と悲惨からなるものと見る体系とその観念は両立すると認めている[138]。五〇年ほどのちに、同じような感情はユニテリアンのリチャード・アームストロングからも吐露された。彼にとってその観念は身近であり、よくなじんではいたのだが、それでも消滅への希求をおぞましいものと捉えた。「あの大人数の人々が神をまったく無視し、よりよい誕生としてではなく終焉、解放、消滅として憧れを抱きながら死を願うというのは、ロンドンの貧困層のうちの最貧困層のなかで長年、努力を重ねてきた人の見解である。これがわがイギリスの仏教徒たちである。彼らの希望もまた涅槃である」[139]。バルテルミ＝サンティレールは涅槃を、「化け物じみた概念で、人間の本性のあらゆる本能に対して嫌悪感を催させ、理性をいらだたせ、無神論を暗示する」と描写している[140]。消滅を目標として努力する体系と折り合いをつけることは、根本的に、またほとんど直観的に不可能だと捉えられる。ビガンデ司教はそのことを、次のようにきわめて力強く表現している。

実際、この語〔涅槃〕の意味に、絶対的消滅の恐ろしい観念を見ないでいることはありえない。長年のあいだ、語の明らかな意味がはっきりとした形で指摘しているある結論を取ることを避けてきたと、著者は率直に認める。仏教体系へのより深い洞察が、よりいっそう理性と共鳴する結論に導いてくれることを、著者は望んでいたのだ。しかしこの期待は完全に裏切られた。仏教の開祖は、いかなる議論の過程をとおって、あのような絶望的な終着点に到達したのだろうか。あの恐ろしい奈落にどのようにして導かれたのか。どのようにして理性の声を黙らせ、人間精神の最も明瞭な生来の概念を捨て去ることになったのか[141]。

涅槃を消滅として説明することに、すべての人が固執したわけではなかった。仏教がなによりもまずそれ自体の文献群に照らして定義される宗教になる以前の、一九世紀前半においては、仏教の最高善《スンムム・ボヌム》はしばしばヒンドゥー教のそれと同化された。その結果、涅槃は吸収という観点で語られた。もっとも、この吸収が何を意味するかについてははっきりしないことがしばしばではあった。たとえば一八一七年にウィリアム・ウォードは、仏教徒にとって最高の栄光の状態は吸収だと記した。しかし彼は脚注において、仏教徒は区別された至高霊の教義は拒絶するので、「吸収の思想がなんであるかを言うことは困難だ」と説明している[142]。『アジアティック・ジャーナル・アンド・マンスリー・レジスター』は一八三一年に、仏教は神観念を拒絶したが、それにもかかわらず仏教の究極の目的は絶対者への精神の融解、または吸収という観念、あるいは精神が生じる元である無実体への融解、または吸収であると捉えた[143]。『ドイツ一般百科事典』は一八三三年に、ブッダは死後に「最高存在との統一」を達成したと断言した。この主張はのちの何度かの版においても繰り返されていく[144]。一八三六年の『ペニー・サイクロペディア』は仏教徒の願望とヒンドゥー教徒のそれを、ほぼ同一視した。魂の転生からの解放と、魂と神的存在との永遠の統一への帰還というヒンドゥーの概念は、「独特な方法で発展し、バウッダの信条の基礎も同様に形作っている」と主張した。[145]一八五〇年の『プロスペクティヴ・レヴュー』は、涅槃という語によってブッダが言おうとしたのは、「ワーズワースが歌ったものにほかならず、「神から送られた人間は、再び神のもとに帰るのだ」」と捉えた〔Wordsworth, "Line, Composed at Grasmere"〕。[146]他方、プリンセプ兄弟〔ヘンリー・プリンセプ、一七九三—一八七八、イギリス出身のインド駐在文官／ジェイムズ・プリンセプ、一七九九—一八四〇、イギリスの東洋学者〕とカニンガムは、それを「神霊への吸収」と考えた。[147]一八五七年の時点でのフランシス・バーラム〔一八〇八—七一、イギリスの宗教的作家〕にとっては、涅槃は「魂の神のなかへの神聖化、神格化、吸収であるが、消滅ではない」とされる。[148]もっとも、彼の議論はおそらく「アリズム」という宗教の教義に影響を受けたようである。なお彼自身が、この宗教の創始者という不名誉な称号を得ている人物である。

涅槃が吸収を意味するという見解は、一九世紀末までしばしば現われることになる。[149]しかし多くの場合、仏教における吸収は、事実上、消滅を意味していた。マイケル・カルバートソンが言うように、「仏教理論によると、最高に幸福な状態は、神への吸収にある。……これはすべての表面的対象物から完全に抽出された状態——完全な無意識の状態——

である。実のところ、これは消滅なのだ」[150]。一八六〇年代以降、吸収という見解が事実上、終結したのは、当然、同時期の一般に受け入れられた信念と関係があった。それはすなわち、仏教が、宇宙の基盤であれ、個人の基盤であれ、いかなる絶対的な存在も否定しているという信念である。仏教における無神論と無我についての仏教理論は、涅槃をなんらかの究極的なものへの吸収と捉える解釈とは両立しえない。ジャージー伯爵夫人〔マーガレット・チャイルド・ヴィリアーズ、一八四九―一九四五、イギリスの貴族、社会活動家、作家〕は、「当然の敬意を表しつつ、消滅理論に反対する人に二つだけお伺いしたい。吸収されずに残っているのは何か。そして、何のなかに吸収されたのか」と問うた[151]。

涅槃の教義についての消滅としての解釈は、仏教の全体像を決定するようになった。しかしその教義について、また別の解釈も提起された。それは仏教を、難解な一つの形而上学としてというよりはむしろ、救済論として捉えようとする人々による解釈である。救済論的に解釈すると、涅槃の教義は、消滅という観点から存在論的に解釈した場合よりも、より積極的な雰囲気が漂うようになった。マックス・ミュラーは何百万という仏教信奉者にとって、涅槃は「楽園の明るい色」を帯びるようになったと意識していたが、一八五七年には涅槃が消滅を示していると捉えていた[152]。しかし一八六九年までに彼は、涅槃を消滅として説明することは、仏教の開祖によるはるかに積極的な見解からの逸脱であり、仏教哲学者たちが引き起こした逸脱だと見るようになっていた。ミュラーはさまざまな文献を探索したあとで、次のような見解にいたった。

いろいろな発言を考えると、そこには涅槃の概念が見られ、仏教正典の三つ目の部分〔三蔵のうちの論蔵〕に含まれる虚無主義とはまったく相容れないことがわかる。……それらの発言は正統的な形而上学と矛盾しているが、もしそれが成り立つのだとすると、私見ではその唯一の説明は、ブッダとその弟子たちにさかのぼる伝統に、涅槃に関する見解がきわめて強く結びついていたというものである。それは、魂が休息に入ることを表わし、あらゆる願いも望みも抑制し、喜びにも苦しみにも、善にも悪にも無頓着になり、魂がそれ自体に吸収され、生から死、死から新生への実存の循環から解放されることを表わした。これは依然として教養ある人々が涅槃に付与している意味だが、より多くの大衆の精神にとっては、涅槃はむしろモハメッド教の楽園や、エーリュシオン〔ギリシア神話の死後の楽園〕の至福の園の観念を示している。[153]

涅槃の理論を三つの異なる面に分けるミュラーの分類に、ただちに従おうとする人はほとんどいなかった。事実、わずか一年後に、チルダースの『パーリ語辞典』においてその見解は批判された[154]。しかしミュラーによる涅槃を休息状態と捉える見方に、支持者がいないわけではなかった。一八七一年にサミュエル・ビールは、自己の主張を補うためにその権威を借りようとしてミュラーを引用した。その主張とは、「仏教徒の涅槃について、彼ら自身の著述においては全般的に同意が見られる。すなわち、それは休息と平穏の状態を意味している」というものである[155]。一八七三年の『ダブリン大学マガジン』はミュラーに倣い、ブッダは涅槃が休息の場だと教えたと論じた。それはキリスト教の天国の観念に似たものである。続けていくらか修辞疑問的に問うている。「師が篤信のしもべに対して、雑然とした現在の人生と対照的な休息を差し出したのだと考えたらよいのではないか。疲れ果てた人を緑の野と心地よい小川のそばに導いて、暗い死の河の向こうの、不死の花の咲く谷間の壮観を見せようとしたのではなかろうか[156]」。『ウェストミンスター・レヴュー』は、ビールの著作数篇の書評において、ミュラーが打ち立てた伝統を継承し、こう記している。「ブッダの精神と調和していない人々が、涅槃がまるで消滅を意味するかのように語ってきた。しかし開祖の精神に消滅といった思想はない。彼は「私は自身のすべてを道徳的文化に捧げる。それは、道徳的な最高の状態の休息、涅槃に到達するためである」と語ったのだった[157]」。

ヘルマン・オルデンベルクもまた、涅槃の教義について消滅という解釈に反対し、救済論的な側面を強調した一人として分類できる。オルデンベルクによると仏教を消滅の宗教として描写することは、初期仏教の主流を見落とすことになるという。[158] ビガンデと同じく彼も、涅槃の論理は消滅を示唆していると捉えたのだが、永遠の生への渇望、神聖なものになることへの願望を、人間存在の本質的な一部分と見たのである。したがって、仏教における涅槃の教義は、不死への渇望と、非存在の論理とのあいだの一つの折衷ということになる。

その道は新たな実存に通じているのだろうか。それとも無にいたるのだろうか。仏教の信条は、その二つのあいだの繊細な均衡のなかにある。心からの願望が永遠を渇望し、何か得るものはあるのだが、思考はしっかりとつかめるようなものを得ることはない。無に溶け込む間際の静かな鼓動と同様に、現世では永遠なるものは視線から逃れそうになっているが、無限の観念のはるかかなたでは、永遠なるものは信仰から消えることはありえないのだ。[159]

オルデンベルクの立場は影響が強かった。それはジョナサン・ティトコームの次のような記述にも反映されている。「時間や物質との関係にかぎると、停止の観念が涅槃において意識されなくなっている。他方、時間であれ物質であれ無関係に、なにか説明できない存続するものが涅槃のなかに依然としてありうる」[160]。一八九〇年にオルデンベルクの権威に乗って、フィレモン・コリネ〔一八五三―一九一七、ベルギー出身のカトリック司祭、東洋学者〕がブッダを――ブッダの弟子たちは対象ではなかったが――虚無主義の咎《とが》から救いだした。同年に、アーチボルド・スコットが、数年のちにジョン・ビームズ〔一八三七―一九〇二、イギリス出身のインド駐在文官、インド学者〕がそれに倣った[161]。

涅槃の教義を存在と非存在という両極端のあいだに位置づけようとするオルデンベルクの試みは、涅槃を否定的に解釈する人々と同時に並行して起こっていた。この否定的な解釈によると、涅槃は知覚可能な実存を成り立たせる特徴を欠いたものと捉えられる。こうした説明には、それまでに長い歴史があった。たとえば一七九九年にフランシス・ブキャナン〔一七六二―一八二九、スコットランドの医師でインドを対象とする博物学者〕は、涅槃を次のように描写した。

責任、老齢、病気、死といった苦痛のどれももはや受けなくなると、人はニエバンを得たと言われる。いかなるもの、いかなる場所も、ニエバンにふさわしい考えを私たちに与えてくれることはできない。私たちが言えるのは、前述の四つの苦痛から逃れ

ること、そして救済を得ることが、ニエバンなのだということだ。(162)

一八三三年にヴィンチェンツォ・サンジェルマノ〔一七五八—一八一九、イタリア人司祭、ビルマ宣教に従事〕は、ビルマの高名な僧侶が一七六三年に執筆した宗教論への注目を呼びかけた。彼は涅槃を、「次の四つの悪——受胎、老齢、病気、死——を免れた状態」と理解し、「それらの悪を免れ、完全な安全を得ることのみが涅槃の意味である」と説いた。(163)

この種の救済論的な定義は、否定的な語句で表現されるものであり、一九世紀後半を通じて現われてくる。ヘンリー・ユールは一八五五年のアヴァ〔現在のミャンマー北部〕での経験から、読者に対して次のように伝えることができた。

アニトヤ〔無常〕、ドゥッカ〔苦〕、アナッタ〔無我〕〔敬虔な仏教徒は数珠を繰りながらこうつぶやく〕は、すべての存在の特徴であり、ただ一つ本当によいことは、涅槃を達成して、これらを免れることである。ブラフミンの見解においてであれ、有神論的仏教徒の見解であれ、いずれにせよ、それは究極の本質への吸収であるか、あるいは多くが考えてきたように絶対的な無であるかどちらかである。(164)

一八六九年にジェイムズ・フリーマン・クラークは、ブッダの涅槃は無であるとする言葉を、涅槃は事物がないことを意味すると解釈した。すなわち、「それは私たちの現在の認識にとっては無であり、私たちが知るすべてのものの反対であり、今日、人生と呼ぶものと矛盾しており、あまりに崇高で、今日、私たちが知るあらゆるもの、知りうるあらゆるものと完全に異なっているので、私たちにとっては無に等しいのである」[165]。詩人ウィリアム・デイヴィーズ〔一八七一―一九四〇、ウェールズの詩人〕にとって、またサミュエル・ビール、コプルストン主教、ジョージ・グラント〔一八三五―一九〇二、カナダの長老派聖職者〕、リチャード・コリンズにとっても、涅槃の状態は「純粋に否定的であり、仏教がいかなる説明、記述も与えようとしないものである。それはたんに、日常生活の成果、結果としての帰結が中和され、すべての行為の効果が尽き果てたときに、日常生活について私たちが知るあらゆることが破壊されることである」[166]。

前述のとおり、涅槃が個人の消滅を意味するという観念に対して抱かれる恐怖は、個人の不死への願望が人間本性に生まれつき具わっているとする自明の理によって刺激を与えられたものである。このことは人間性から奪い取ることのまったくできない特徴なので、個人の死後の消滅を、誰であれ人間がかつて教えたことがあるなどということはまったくありえないと捉えている人もいる[167]。たとえ見たところこの宗教体系が信奉者に対して、最悪の場合、消滅を提供しようとしているようであり、最良の場合、経験上人間を構成している諸特徴の永遠の不在を提供しているように見えるとしても、たいていの人にとっては、人間本来の不死の探求は、仏教においても表現を見いだしたと考えられている。こうした状態は、ヴィクトリア期の仏教無神論の分析において現われている区別を利用することで進展していった。その区別とは、哲学的エリートの仏教と、大衆の仏教との区別である。個人の不死を求める生まれつき具わっている衝動は、エリート仏教においては抑圧され、必然的、不可避的に大衆仏教において表現を見いだした。一八五八年の『クリスチャン・リメンブランサー』誌は、民衆精神が、涅槃についての否定的な見解を受け入れるのではなく、極楽という報いを自然に切望したと捉えている。[168] ジョゼフ・エドキンズは、「西方の極楽」の観念を、「普通の人間の感情にとってなにかより満足感を与えるもの」として描いている。[169] W・H・ダヴェンポート・アダムズ〔一八二八―九一、イギリスの作家、ジャーナリスト〕は、ブッダは消滅を説き、これが何百万という彼の信奉者によって一見したところ受け入れられたと論じている。しかし彼は続けて問うている。「彼らはブッダが説いたとおりに本当にそれを受け入れたのだろうか。いや実際には、人々はそのなかに、いわば自分自身が生まれつきもっている死後世界への不変の信念を読み、ブッダの涅槃を極楽に変換したのである」。[170] 西方浄土の概念について、エルンスト・アイテルは次のように言及する気になっていた。

この教理全体は、概念として美しく、人間の心が自然に天国における永遠の安息日を切望することに対する真実の反応であるが、仏教のあらゆる主要な教義とは明らかに矛盾している。その教理は現に、輪廻からのあまりに安易な出口を与え、涅槃の理論の完全なる消滅に代わって個人の不死をもたらしている[171]。

私たちはこの章を、ヴィクトリア期の悲観主義的な仏教観についての議論から始めた。比較的楽観主義的な極楽と不死の議論で章を終えるのは、おそらく不適切ではなかろう。この対比は、この章の流れのなかで私たちの注目を引いた多くの主題のなかの一つにすぎない。ヴィクトリア時代は、仏教の中心教義に対するさまざまな分析において、またその教義に対して採った態度においても著しい多様性を示した。仏教が提起すると思われた諸問題への解答に統一性は見られないが、それにもかかわらずヴィクトリア時代は仏教が焦点を当てた諸問題への関心によって一体化していた。理論上、仏教はさまざまな問いによって一体となった時代に雄弁に語りかけた。その問いとは、創造説と宇宙観に関して、聖書と生物学に関して、有神論と無神論に関して、消滅と不死に関して、人間の本性とその例外と思われるものに関しての問いである。仏教は多様な解答を提示したが、仏教に問われた問いは、ヴィクトリア時代を鋭く反映するものだったのである。

第五章　ヴィクトリア時代の訓戒と仏教の実践

道徳

神学の信頼を損なう傾向のあるあらゆるものを認められない人が多い。そうした疑念はすべて道徳を危うくするに違いないと考えるからである。道徳は人間の本性にそれ自体の基盤をもっており、たとえ神学的な信念が覆されても影響を受けないだろうと主張する人もいる。……一方が他方に影響を及ぼすことはないというのは、私には突飛に思われる。存在は悪で消滅が最高善とする理論が確立している国に住むことと、地球は主のものであり、それを充足させるのは丸い世界とそこに暮らす住民だとする理論が確立している国に住むことには違いがあり、その違いは確かにイギリス人と仏教徒を区別する他の違いとも大いに関係するのである。(1)

一八七七年に『一九世紀』誌が「宗教的信仰の衰退が道徳に及ぼす影響」と題するシンポジウムを掲載した。ジェイムズ・スティーヴン卿〔一八二九―九四、イギリスの裁判官、作家〕が前述の言葉で議論を始めた。シンポジウム全体もそうだったが、彼の発言は、道徳と宗教の親密な関係についてヴィクトリア時代人に深く根づいた感覚を反映していた。このシンポジウムの全体的な影響についてオーウェン・チャドウィック〔一九一六―二〇一五、イングランド国教会牧師、教会史家〕は、教皇至上主義者から実証主義者にいたるまで次のような同意があると記している。「宗教は道徳において強力に働くので、宗教の衰退は行為の基準の弱化を意味するだろう。この真理は個人ごとに変わらずに当てはまるわけではないが、社会においては当てはまる」[2]。スティーヴンの文章に見られるように早くも一八七七年に、このきわめて特徴的なヴィクトリア期のジレンマのなかで仏教は対照的な役割を果たしていた。ヴィクトリア期には宗教意識のなかで道徳的な感覚が重要な要素として強調され、一九世紀における仏教の分析も道徳が中心的な主題になっていた。その結果、すでに論じてきたような仏教伝統に関する同化と拒絶の両極化がヴィクトリア期の仏教観において典型的なものであることを、仏教的道徳についてのヴィクトリア期のイメージがきわめて鮮明に示すことになった。

ヴィクトリア時代の初期から、仏教はしばしば主として倫理的な体系と見られてきた。

『ブリタニカ百科事典』は一八四二年に、「ゴータマの教義と法は、主に五戒を遵守し、十の罪を慎むことにある」と指摘した。[3] エドゥアルド・ロエル〔一八〇五―六六、ドイツのインド学者〕は一八四五年に、仏教に浸透しているのは道徳的な要素であり、「それは本質的には一つの宗教であり、そこでは最高の目標は法《ダルマ》である。道徳的な法を有限の存在が実現することが真の解放を得る唯一の手段と捉えられている」と説いた。[4] 一八八〇年になっても、ウェアー・エドガー〔一八三九―一九〇二、イギリス出身の英領インド行政官〕は、ブッダの教説は「純粋に倫理的なものだったように思われ、神学にも哲学にもかかわらなかったようである」と主張した。[5] 少なくともその道徳は、仏教の成功の重要な要因と見なされた。ジョン・ケアード〔一八二〇―九八、スコットランドの哲学者・神学者〕は、疑いなく、「ブッダが教え示した比較的純粋で高貴な道徳が一つの要因となって、ブッダの時代に彼が達成した驚くべき成功をもたらし、彼の体系がその後のいくつもの時代にわたり東洋人の宗教意識に深い影響を及ぼしたと捉えなければならない」と断言した。[6] トマス・ハクスリー〔一八二五―九五、イギリスの生物学者〕は、「仏教の驚くべき成功」がその倫理的特質によってもたらされたと示唆している。[7]

世界の諸宗教のなかで仏教の倫理は、キリスト教だけを除けば、ほかのなによりもすぐれていると見なされた。これは仏教の解釈者たちのあいだで早く確立した言説の一つの主題だった。たとえばフランシス・ブキャナン〔一七六二―一八二九、スコットランドの医師でインドを対象とする博物学者〕は、ビルマ人の道徳体系は、「人類のあいだに広がっているどの宗教的教義によって提唱されるものと比べても、おそらく遜色《そんしょく》なくすぐれたものだ」と捉えた。[8] その際立って個人主義的な特徴と、ユダヤ教の十戒が含む道徳的な禁止命令との近接性は、ヴィクトリア時代人にとって興味を引かれるものだった。仏教教義に対して最も批判的な人々でさえ、その道徳についてはほぼ全員が一致して評価していた。たとえばジェイムズ・テネント〔一八〇四―六九、アイルランド出身の英国の政治家、セイロンで植民地行政に従事〕は、「ブッドゥによる禁止命令は、キリスト教それ自体のみに続く、道徳規範を定めるものであり、世界がかつて知ったあらゆる異教体系よりすぐれており、ゾロアスターの体系もそれに及ばない」と断言した。[9] ヘンリー・サー〔一八〇七―七二、英国の法律家。外交官としてセイロンに駐在した〕は、「仏教の教義と訓戒は、知られているなかで最良の異教である」と信じ、[10] 一八五六年の『ウェストミンスター・レヴュー』は、仏教の道徳を「仏教の暗闇のなかの一つの光」と捉えた。[11]

こうした見解が、一九世紀を通じて繰り返し表明されることになる。エルンスト・アイテル〔一八三八―一九〇八、ドイツ出身、プロテスタントの中国宣教師〕は、[12] キリスト教だけが「仏教よりも崇高で強力で神聖な道徳を説いている」と断言した。ジョン・ケアード、ジェイムズ・ドゥ・アルウィス〔一八二三―七八、セイロンの法律家、作家〕、サミュエル・ケロッグ〔一八三九―九九、米国長老派のインド宣教師〕は、仏教がその道徳のためにキリスト教以外の宗教のなかで特にすぐれているという点で同意見だった[13]。仏教の道徳をヴィクトリア時代人たちが吸収することができたのは、キリスト教の道徳との類似点のため、より正確に言うとヴィクトリア期に理解されたものとしてのキリスト教道徳との類似のためだった。一八八二年の『チャーチ・クォータリー・レヴュー』は、仏教倫理がヴィクトリア期の価値観のプリズムを通して屈折する様子をはっきりと示している。

義務という点については、一般的な意見ではキリスト教のみが満足いく取り扱いをしてきたのだが、それについてさえ仏教思想はキリスト教にほんの少し及ばないだけだということを、誤解を恐れることなく認めることができる。仏教の訓戒は人間の側のみで考えると、キリスト教の訓戒によって乗り越えられているわけではない。それは、けがをした時の我慢、利他性と共感の涵養、他者の苦しみを和らげるために努力する義務、忍従すること、口を慎み冷静さを保つこと、献金と慈善事業の実践、善行を見せびらかすのを避けること、さらには罪を認め悔い改めることを含む節制、冷静、貞潔といった訓戒である。実際、詳細について小さな違いはあるが、仏教もキリスト教も同じことを教えているのである。[14]

しかしながら仏教の道徳が、留保なく肯定的に評価されることはまれだった。ほとんどどこであれ、仏教倫理を拒絶する根拠が、称賛する説明と相並んで集まってきた。ヴィクトリア期の解釈者はどれほど仏教の道徳に共感していても、同化できない仏教教義との関連によって、あるいは仏教徒の社会が実践しないことによって、その道徳が損なわれているると断言しようと思ったときには、見たところ容赦なく批判に転じる。彼らの文章の読者は、これには驚かないわけにはいかない。

概して仏教理論は、道徳的生活を送るうえで十分な動機や規範を与えていないように見られていた。たとえば業と転生の教義は、時には矛盾するさまざまな理由で、道徳を実践するうえでは有害だと考えられた。ダニエル・ゴジャリー〔一七九二―一八六二、イギリス出身、セイロンで活動したメソディスト派宣教師〕は、犯した罪への報いは仏教において効果的に除外されていると論じた。というのも、現世における罪深い行為は来世における苦痛をともなうという見解にもかかわらず、個人についての仏教思想は事実上、報いとして苦痛を受けるのは異なった個人だということを意味しているからである。[15]ゴジャリーにとって一つの生と次の生とのつながりは、道徳の要求の重みに耐えられるほど十分に強くはなかったが、エルンスト・アイテルにとっては、道徳と賞罰の業体系とのつながりは、道徳の体系としての有効性を弱めるものと捉えられた。彼の論ずるところでは、道徳は「損得の大きな図式に」変換されていることになる。(16) コロンボ主教レジナルド・コプルストン〔一八四五―一九二五、イングランド国教会聖職者、セイロン、インドで主教を務めた〕は、現世における高潔な行動への動機は、「広大な連続のなかの微細な単位にすぎないので、過去のいくつもの生における行為の結果にいかなる程度であれ抵抗することはできず、現在とたいへんうっすらとした連続性しかもたない未来の生に対して影響を及ぼすこともできない」という確信によって崩されてしまっていると論じた。(17) 彼は数年後、この議論をモニア＝ウィリアムズ〔一八一九―九九、イギリスの東洋学者、インド学者〕の『仏教』への匿名の書評でも繰り返した。(18)

涅槃の教義もまた、仏教の道徳を評価するうえで一つの役割を果たした。サミュエル・ビール〔一八二五―八九、イギリスの東洋学者、英国海軍チャプレン〕のように、涅槃を休息と平穏の条件と捉える人々にとっては、その教義は正しく徳のある行動を導く十分な動機を提供した。(19) しかし、涅槃を消滅と捉える解釈をする人々にとっては、まったくそうはならなかった。たとえばフェリックス・アドラー〔一八五一―一九三三、ドイツ出身、ユダヤ系の米国の倫理学者〕は、涅槃の教義が「仏教倫理に刺激や活気を与える積極的原理を中和する」と主張し[20]、一八八三年の『サタデー・レヴュー』は、仏教の倫理教説の欠陥が、無頓着に沈潜するというその目標から生じてくると見た[21]。マーカス・ドッズ〔一八三四―一九〇九、スコットランドの神学者、聖書学者〕はこう断言している。

仏教徒が最高の発達を示すのは、世界全体に奉仕ができるようになるためにではなく、無のなかへと消えるためである。「この世に生を受けた者は、永遠の生においてそれを保っていく」――これは実存についての実際の法則に関するバランスの取れた、先を見越した、静かな表明である。しかし仏教の涅槃は、これとはまったく異なる。人間の最高の道徳状態という考えは立派だが、それを達成するうえでの目的によって、その考えは崩されている[22]。

しかし、仏教の道徳についての評価は、不死を信じる自明の信仰のみによって影響されたのではなく、道徳を実践するうえでの神への信仰の必要性についてのヴィクトリア期の論争によっても影響を受けた。仏教倫理が神の存在のうえに道徳を樹立しなかったことを批判した人は多い。ピアーズ・クロートン主教〔一八一四―八四、イングランド国教会の海外主教〕はヴィクトリア研究所での講演において、仏教徒の道徳は「根拠がないため、ありえない。彼らの責任が依拠すべき対象を欠いているからだ」と主張した[23]。『ロンドン・クォータリー・レヴュー』はこの点をはっきりと表現している。それによると、仏教における神の欠如は、「物理的世界において太陽の破壊が引き起こすであろうのと同じ効果を、道徳世界において引き起こす」という[24]。チャールズ・ゴルトンは身体的ハンディキャップの比喩を用いた。人間的な道徳体系として見られている場合でさえ、神の不在は「障碍を与え、下肢の完全な不自由を引き起こす」というのである[25]。

無神論的な仏教道徳の不十分さについての執拗な主張は、有神論と道徳との関係についてのいかなる論争においてであれ仏教が採った独特な立場を多少なりとも反映していた。というのも仏教は、有神論が道徳的で高潔な生活を育むうえで絶対不可欠なものではないという主張の驚くべき証明となっていたからである。サミュエル・ケロッグは、彼と同時代の多くの人々が仏教に関心を抱いた主要な理由の一つとして、この点を挙げていた。彼によると仏教の道徳体系は、「少なくとも次の点を解決すると考えている人がいる。すなわち、高い道徳基準と人生においてそれを実際に達成することは、神への信仰と分けることができる。なぜなら神への信仰がまったくない仏教においても、高次元の道徳規範が見られるからである」。さらに彼は続けて、ブッダは「高度な理論的道徳のみならず、高度な実践的道徳も、神の存在への信仰がなくても実現可能だということを［ある人々に］示す生きた議論を提供している」という[26]。道徳哲学・形而上学の〔オックスフォード大学〕ウェインフリート教授ヘンリー・チャンドラー〔一八二八―八九、英国の古典学者〕は、そうした人々の一人だった。クロートン主教への応答のなかで、彼は次のように記した。

もし仏教が、神がたとえいなくても善悪はあるかもしれない――あるに違いない――と教えるのであれば、私はその影響をもはや不思議には思わない。強い言い方になるが、以下のことは確かにそうだろうと私は信じている。すなわち、私たちは皆、神がいることを確信しているのよりもさらに強く、結びつける善とはねつける悪があることを確信している。そして、そもそも人が善悪を区別する感覚をもたないのであれば、確かに、神を夢見ることもけっしてなかっただろうし、あるいはすぐにその夢から目覚めただろう[27]。

実証主義者のフレデリック・ハリソン〔一八三一―一九二三、イギリスの法律家、歴史家〕も同様に考えた。「孔子、シャカムニ、ソクラテス、マルクス・アウレリウス、ヴォーヴナルグ、テュルゴー、コンドルセ、ヒュームの道徳は、いかなる神学からも完全に独立していた[28]」。

仏教の道徳に対して向けられた最もよくある批判は、利己的だというものだった。たとえばバルテルミ＝サンティレール〔一八〇五―九五、フランスの哲学者〕は仏教倫理、特にアショーカの倫理を称賛した。しかしながらこうも主張した。「仏教は自己放棄、自己犠牲を謳っているが、空虚な主張だ。実際には偏狭で私利私欲に立っているからだ」[29]。こうした感情はしばしば聞くことができた。ライナス・ブロケット〔一八二〇―九三、米国の作家〕にとって仏教は、強烈に利己的な宗教だった。「私たちの同胞がもつ善なるもの、感謝の感情、無私の愛の感情が占める場所はそこにはない」[30]。一八六九年にジェイムズ・フリーマン・クラーク〔一八一〇―八八、米国のユニテリアン神学者〕は、仏教の道徳を純粋な個人主義に依拠していると捉え――「各自の目的は自身の魂を救うことだ」と見なした[31]。スペンス・ハーディ〔一八〇三―六八、イギリス出身、セイロンで活動したメソディスト派宣教師〕は「利己主義の原理」と描写した[32]。ジョナサン・ティトコーム〔一八一九―八七、イングランド国教会牧師、初代ラングーン主教を務めた〕とアイテルにとっては、神への信仰が欠如している場合、道徳の動機は利己的なものでしかありえないとされた[33]。

たえず同化と拒絶の両極が明らかに見られた。一八八六年の『ロンドン・クォータリー・レヴュー』は仏教倫理を高貴だが欠陥があるとして、「その最高の形態において、徳が個人的目的のための手段になっている」と記した[34]。マーカス・ドッズは仏教倫理の枠組みを美しくほとんど完璧だと捉えたが、さらに促されたかのように「その動機となる精神は根本的に利己的だ」と付け加えている。[35] アーチボルド・スコット〔一八三七—一九〇九、スコットランド国教会の聖職者〕は、倫理体系は仏教の強み、誇りであり、その魅力の秘密であり、長く続いてきたことの秘訣だと断言する。[36] しかし彼はそれでも仏教が「個々人の自身のための宗教」だと見なし、実証主義のなかの利他主義を欠いてさえいるという。[37] トマス・ベリー〔一八五四—一九三一、アイルランド国教会の主教〕は仏教の道徳的訓戒の美しさと洞察に感銘を受けているが、その全体系が「これは私にとって有益だろうか」という問いに根ざしているとも捉えている。[38]

それでもなお、仏教を「利己主義を称賛する宗教」として切り捨てることに反対する声も聞かれると言っておく必要がある。[39] たとえばリチャード・アームストロング〔一八四三—一九〇五、英国のユニテリアン派牧師、著述家〕は、バルテルミ＝サンティレールとは異なって、ブッダは「新約聖書の崇高な犠牲とほとんど同じほど、下劣な私利私欲とはほど遠い」願望を教え諭したと論じた。[40] ヘンリー・アラバスター〔一八三六—八四、英国出身の外交官、シャム国王ラーマ五世の顧問を務めた〕は最も共感的な弁護者の一人であり、仏教において自己の解脱をもたらす鍵は万人の苦しみの緩和のための探求であり、したがって、「利他を生み出す利己主義をあまり厳しく非難することはできない」と論じた。[41] ウェアー・エドガーは、仏教における自己の放棄は他者のためだと主張する。それは「欲望の克服によって、部分的には現世における、完全には来世、涅槃、すなわち存在を休止した状態におけるそれ自体の実現のほかは、いかなる報いも求めていない」という(42)。

しかしながらこうした見解は、疑いなく少数派だった。一般に同化は拒絶と相並び、肯定の隣に否定があった。第一に、仏教倫理を利己的として批判することは、キリスト教の最終的な優位を断言したいという願望によって、いくらか動機づけられていた。ユージーン・ダンラップ〔一八七五―一九一八、米国長老派のシャム宣教師〕が説明するように、「キリスト教と仏教を特徴づける二つの世界は、光と闇のように似ていない。キリスト教―愛、仏教―私利私欲なのだ(43)」。しかし私が思うに、より重要なのは、こうした見解が西洋の東洋に対する文化的なヘゲモニーによって決まってきたことである。そしてそれは、仏教倫理がどれほど理想的な訓戒を示そうと、実践面では社会の維持につながらないままだという見解を必然的にもたらした。ジェイムズ・デニス〔一八四二―一九一四、米国長老派のシリア宣教師〕はすべての外国宣教師の著述家のなかで最も帝国主義的な一人であり、仏教を精神的出家主義の体系であり、社会的責任からの撤退を目指していると描写した。「その社会信条は、自己の利益のための自己の孤立化あるいは撤退である。それは退却方針であり、社会が波間に沈んでいくのを放置するものである(44)」。J・ダイヤー・ボール〔一八四七―一九一九、米国人宣教師の子として広東省に生まれた中国学者、中国名・波乃耶〕は、すべての制度のなかで最もヴィクトリア時代らしいもの――すなわち家族――を仏教は破壊すると捉えた。「家族に関するかぎり、それはいくつかの側面で解体する力である――僧侶と僧院、尼僧と尼僧院は、創造主みずからの保護のもと、この世における人間の生活の初めから定められていた神聖な命令が取り消され、家族の祭壇が投げ捨てられていることの証明になっている」[45]。

ヴィクトリア期の著述家たちにおける仏教倫理に対する同化と拒絶の両極化は、したがって、東洋の自律性をイデオロギーとして抑え込み、統制したいという西洋の願望を示すものである。仏教の倫理的訓戒は同化することが可能であり、現に同化された。しかし、仏教徒の社会が倫理を実践できていないという考えは、これらの社会の文化が成長していく可能性を拒絶することを可能にし、西洋の文化的ヘゲモニーを承認することになった。

道徳の訓戒と道徳の実践のこうした対比は、この時期の多くの文章に共通して見られる主題だった。早くも一八二一年にジョン・デイヴィー〔一七九〇―一八六八、イギリス人医師、化学者。軍医として植民地に駐在〕がセイロンについての報告のなかで、仏教の道徳体系があまり厳密に守られず、実践されてもいないことを残念に思っている[46]。一八五〇年にジェイムズ・テネントは、個人のレベルでも社会のレベルでもともに、セイロンの仏教はほとんど衰退していると断言した。「慈悲と誠実、純粋と真実という訓戒が教義のまさにその本質をなしているのだが、それらすべてはつねに破られ、希望をもつことも不安をもつこともどちらもその不道徳を十分に抑制するものではないことが明らかになっている」と彼は記している。(47) ウィリアム・ナイトン〔一八三三/三四―一九〇〇、ダブリン出身の作家、コロンボ、カルカッタで教育に従事した〕はイギリス人の欠点に十分に気づいており、みずからの対話の相手、仏教徒のマランダンによってそれが読者に伝えられるがままにした。すなわち、キリスト教の道徳が、イングランドで実践されているようには見えないということである。(48) しかしその声はむなしい叫びだった。クロートン主教の主張の方がより多く耳を傾けられた。ジョン・シンクレア師〔一七九七―一八七五、スコットランド出身の神学者〕からイングランドとセイロンの不道徳の度合いを比較するよう尋ねられると、クロートンは答えた。

イングランドにその種の悪〔すなわち、不誠実、思考・言葉・行為の純粋さの欠如〕がはびこっていることを私が知らないとは思わないでいただきたい。しかしこれらの点については、セイロンにおける悪の蔓延が甚だしいことを私は告白しなければならない。わが国においては分別のある親であれば、子供たちが使用人とあまり一緒にいすぎることを許さないだろう。それは望ましくない。しかしセイロンではそれは注意すべきことではなく、絶対にしてはならないことなのである。もしそうしなければ最も不適切な事物が、子供たちの前に現われてしまうからだ。……しかし私がしたい最も重要な比較はこれだ。イングランドでは善人と悪人がいて、時には善人と呼ばれる人も悪にそそのかされて、悪事に手を染めてしまう。セイロンでは、生まれつき善良で親切で、まったく残忍なところのない人が、あらゆる人種においてきわめて一般的で特に仏教徒にかぎられたわけではない、強欲の罪に付きまとわれ――誰かが自分の利害に干渉してきたとしたら、有害な獣なら殺すことを考えるのと同じように、その人物の命を奪うことを考えるのである。……これは、彼らが人間本来の姿として、私たちより悪人だということではない。私たちを怖がらせるのは、私たちはあらゆる欠点を抱えているが、彼らはそれを見ても驚かないことである。……彼らを告発するために前に出るつもりはないが、もし真剣に尋ねられるのであれば、私たちにも欠点や悪行はあるけれども、彼らと私たちの民族とのあいだでは、比較はまったくなりたたないと答えよう。[49]

セイロン以外の国々の仏教徒についても、道徳の実践をめぐって同様の判断がなされてきた。たとえば一八四五年の『メトロポリターナ百科事典』は、ブキャナンの以下の一節を引用している。魅力的な報いと長く続く恐ろしい罰によって道徳への強い動機が提起されているが、「ビルマ人のあいだでは道徳の実践は……けっして正しいことではない。特に誠実さはほとんど完全に欠けていて、戦争や懲罰の際には際限のない残虐さが観察される」[50]。ヘンリー・ユール〔一八二〇―八九、スコットランド出身でベンガル・エンジニア・グループに参加した東洋学者、地理学者〕は、ビルマ以外のどの国においても、「犯罪への懲罰や裁判が定めた死刑であろうと、私的な殺人であろうと、人命がそれほど無謀に残忍に犠牲にされてきたところはない」と説いている。[51] カール・ギュツラフ〔一八〇三―五一、ドイツ人宣教師、聖書の日本語への訳者（現存最古の邦訳聖書の訳者）としても知られる〕は、シャム人のなかに一人も正直な人を見なかったという。[52] 飽くことのない宣教師―冒険家のジェイムズ・ギルモア〔一八四三―九一、スコットランド出身のプロテスタント、中国・モンゴル宣教師〕は、モンゴルにおける仏教徒の善行はしばしば有害無益だと訴えた。彼の観察によると、手あたり次第の喜捨が「その土地と住民に対する非難や呪詛」になっている。[53] レジナルド・コプルストンが一八九〇年に記したことは、ヴィクトリア期の仏教解釈者のほとんどを代弁していた。それはすなわち、仏教徒の動機や制裁に効果がないことは、「仏教国で観察される事実によってきわめて広く裏づけられている。それによると、気分、機嫌がよいことが上塗りになって、あまりにしばしば極度の不実、純粋さへの衝撃的な無関心、毒々しい悪意と残虐さが覆い隠されている」というものだった。[54]

仏教の出家主義

道徳的に破綻した仏教社会というこうしたイメージは、ヴィクトリア時代人の見るところ、仏教における出家という理念の存在によってさらにいっそう強まった。わずかな例外はあるが、仏教の出家主義は執拗な批判を受けた。これは一つには、ヴィクトリア期の社会における反カトリックの偏見に起因するものと捉えることができよう。しかしとりわけ、ヴィクトリア期の労働の福音にその根拠があった。ウォルター・ホートン〔一九〇四―八三、米国の歴史家、ヴィクトリア期文学の専門家〕は、「親と牧師、作家と講演者が、声を合わせたかのように、人は働くために創造されたこと、誰もが自分向けの天職を与えられ、それによって神と人のために労働すること、怠惰は道徳的、社会的罪であることを断言した」と記している。[55] そうであれば、仏教の出家主義がひときわ利己的で反社会的だと捉えられたのはほとんど不思議ではない。たとえばウィリアム・L・サーガント〔一八〇九―八九、イギリスの教育改革家、著述家〕によると、僧院は「私たちプロテスタントが人込みのなかの怠け者と見なしてきた、そのような人々であふれていた」という。[56] アイテルは、出家主義は悪の性質と利己的な隠棲を生み出すと断言した[57]。ティトコームは、僧侶たちは「人々の道徳にとって全体として有益なもの、あるいは道徳に対するやさしい配慮にほとんどまったく関心を抱いていなかった」と記した[58]。

労働の聖性に対するヴィクトリア期の見解は、仏教の出家主義に対する批判に独特な雰囲気を付け加えることになったが、僧院生活への批判はそれ以前もなかったわけではない。たとえばデイヴィッド・ヒューム〔一七一一―七六〕は、「独身制、断食、悔い改め、苦行、自己否定、謙虚、沈黙、独居、一連の僧侶の徳目すべて」を悪徳のカタログのなかに位置づけた[59]。イエズス会の中国についての記述においても、仏教の出家主義についての批判は欠けていなかった。たとえばジャン＝バティスト・グロシエ神父〔一七四三―一八二三、フランス出身のイエズス会修道士〕は、中国仏教の「坊主」を「一般に性格の希薄な人物で、子供のころから柔和、贅沢、無為のなかで養育され、労働を嫌悪し、ほとんどの時間、たんに生命維持のための生活にみずからを捧げている」と描写していた[60]。中国仏教の出家主義についてのイギリス人の解釈にとってより重要なのは、イエズス会のルイ・ル・コント〔一六五五―一七二八、フランス人修道士で中国宣教に従事〕の『回想と観察報告』であり、その英訳は一六九七年から一六九九年に三回、版を重ね、一七三七年と一七三九年には新版が出た[61]。中国の僧侶に対する彼の評価は、一九世紀の最初の三〇年間に、さまざまな百科事典の「坊主」の項目のなかに繰り返し現われることになる。その伝統の端緒は『ブリタニカ百科事典』である。一七九七年に同書は、「ル・コント神父によると、中国の坊主は不埒な怠け者の一群と変わらない」と断言した[62]。坊主についてル・コントに言及した同様の記述が何度も繰り返された。一八〇二年の『イングランド百科事典』、一八〇七年頃の『パーセンシス百科事典』、一八一三年の『パントロジア』、ジョン・プラッツ〔一七七五—一八三七、イギリスのユニテリアン派牧師、著述家〕が一八二七年に刊行した『全国民の風俗と習慣』、一八二九年の『ロンドン百科事典』といったようにである[63]。

怠惰で堕落した中国の出家主義というレトリックは、ヴィクトリア時代を通じてさまざまな形で用いられた。ギュツラフは中国人僧侶を「愚鈍で怠惰な階級」であり、「自然と大食漢になり、必要からか習慣からか、ならず者になっている」と描写している[64]。一八三四年にフィロシネンシス〔ウォルター・メドハーストの筆名、一七九六—一八五七、イギリス出身、会衆派の中国宣教師〕は断言した。仏教の僧侶たちの道徳は、「悪評どおりひどいものので、窮乏に圧迫されて卑屈で追従的になっている。……私は禅堂に行き、そこがあらゆる悪徳の巣窟になっているのを見た。もし精神を占めるものがなく、両手がなにかよい仕事で埋まっているのでないのなら、いかにしてそうした状態から抜け出せるだろうか[65]」。ジョン・ケッソン〔一八一一—七六、大英博物館員、著述家・翻訳家〕が二〇年ほどのちに念頭に置いていたのは、明らかにフィロシネンシスのこうした言葉だった。ケッソンはこう記している。「彼らの道徳はひどく、行動は下劣で、態度は卑屈である。身に付いた技術はなく、わずかな例外を除くとたいへん愚鈍であり……禅堂はあらゆる悪徳の巣窟になっていた」[66]。ジョン・F・デイヴィス卿〔一七九五―一八九〇、英国の外交官、中国学者、第二代香港総督〕は、中国人僧侶は「豚のように無精で愚かだ」と語り、マイケル・カルバートソン〔一八一九―六二、米国長老派の中国宣教師〕は彼らが怠け者で役立たずであるばかりか、しばしば不道徳で邪悪だと捉えた[67]。

中国人の仏教僧侶を怠惰で堕落していると見るこうした想像力豊かな見解は、彼らは痴愚に近いという主張によって補われていた。三年間、独居して過ごしたある僧侶について、カルバートソンは、「彼の呆けた表情は、獣と同じレベルにまで十分に自分を下降させるほど知性を劣化させるのに成功したことを示している」[68]。同様にジョン・デイヴィスは、「彼らのほとんどすべてが白痴に近い表情をしている。それはおそらく、彼らの最も有名な師匠の一人〔達磨〕が九年間壁を見つめ続けたと言われている、その時の夢のような状態によって得られたものだろう」と記している[69]。エドワード・V・ニール〔一八一〇―九二、イギリスの法廷弁護士、キリスト教社会主義者〕は、仏教の外面的な形式主義がその知的な性格に影響していると捉えたうえで、「現代の観察者たちは僧院のなかにいる僧侶たちを、多くの場合、白痴からそう遠くない状態にあるようだと描写している」と続けた。[70]D・M・バルフォアは、出家主義の仏教は専門的な僧侶階級を推奨するあらゆる宗教に付きまとう運命を共有していたという。すなわち、「僧侶たちは不自然な生活を送り、教理に煩わされ、ゆがんで現実離れした好色な精神の結果、諸々のばかげたことに悩まされていた」という。彼は出家制度を非難した。そのために瞑想体系が始まり、それにより「精神は拡張するのではなく、ほとんど白痴の状態にまで縮小しがちになっている」と捉えたからである。[71]

大乗仏教の社会における仏教の出家主義へのこうした批判に対して、抗議をした人がいたのは確かである。古くは一八〇四年に、ジョン・バロー〔一七六四―一八四八、イギリスの行政官、東洋学者〕が、僧侶のなかには「礼儀正しい振る舞いと一種の誇りや落ち着き」があると主張した。彼は一八四二年刊行の『ブリタニカ百科事典』と同じく、仏教との類似を恥辱と感じたことから、不当にも仏教徒に対する中傷を広めたとして、ローマ・カトリックの宣教師たちを非難した。[72]九〇年後、ジョージ・コボールド〔一八五七―一九一六、日本宗教についての著作もあるイングランド国教会牧師〕は自分が出会った日本の僧侶たちは、「しばしば緻密な霊的修練を示す表情を浮かべて、聖なる務めを敬虔かつ慎重に果たしているように見えた」と記した。[73]

仏教の僧侶の態度についてのこうした別の解釈が点在していたにもかかわらず、堕落した出家主義を採る大乗仏教というイメージが依然として支配的だった。こうしたイメージはあまりにも広まっていたので、大乗仏教の出家主義にとって不利になるような比較を、セイロンのそれとのあいだに生み出すことになった。たとえばヘンリー・サーは、セイロンの仏教の僧侶たちは道徳的であって不快ではなく、したがって「天朝〔中国〕の兄弟たちに対して、喜ばしい対照性を示した。後者は一般に、想像しうる最も腐敗し、最も無知な一群である」と記した[74]。ウィリアム・ナイトンはセイロンの僧侶たちのなかには嘆かわしいほど無知な人もいるが、それにもかかわらず全体的には、愛想がよく親切な態度で、惜しみない歓待によってよく知られていると説く。しかしながら中国の出家主義に関する支配的なイメージについても、こう振り返っている。「ほかのどこよりも中国において、仏教の僧侶たちははなはだしい悪評に陥っているように思われる[75]」。

しかしながら、セイロンの出家主義についても批判が少ないわけではなかった。一八五〇年の『プロスペクティヴ・レヴュー』は、「通常、旅行者は僧侶たちがきわめて愚鈍であることを報告している」と主張した。もっとも、僧侶たちの態度から、「紳士たちは礼儀作法について、わたしたちの民主主義的住民にとっても無益とはかぎらないヒントを得られるかもしれない。これらヨーロッパの人々は、素朴な態度は誠実な心のしるしだと思っているが、それは誤りである」とも認めていた。[76]『ロンドン・クォータリー・レヴュー』は、僧侶たちの利益のために偽りの宗教が造られているとする古典的な理論を採り入れながら、セイロンの僧侶たちは、「貪欲、好色、虚偽、欺瞞の機会を得て、人間の魂を傷つけるほとんどあらゆる嗜癖《しへき》に耽溺することにおいて、地球上のどの集団にも負けていない」と断言した。[77]

ビルマ仏教の出家主義は、初期の評者としてフランシス・ブキャナンがいたので、おそらく少しは幸運だった。ブキャナンによると、僧侶たちは「たいへん品位のある生活を送り、見知らぬ人に対しても親切を尽くして厚遇し、国内で最も知識があり、住民からは最高の敬意を払われている」という。[78]この見解はたとえば、一八二九年の『ロンドン百科事典』の「バームハンド帝国」、一八三〇年の『エディンバラ百科事典』の「バーマン帝国」の項目において引用された。[79]しかし、ポール・ビガンデ〔一八一三—九四、フランス出身のカトリック宣教師、ビルマで司教を務めた〕の分析の方が影響を及ぼすようになった。ビルマの僧侶たちに対して悪意に満ちた軽蔑や、嘲笑、冷笑を投げかける意図は少しもないと弁明したが、[80]疑いもなくその否認が次の一節のような全般的な効果を生むことになった。

ほとんど想像されることはないが、一般の僧侶（Phongyies）のあいだでいくらか無知が広まっている。……彼らの精神の範囲は最も狭い。……彼らは勉強への熱意はもたない。……知性には活力はなく、精神に幅の広さはなく、思考には秩序や脈絡はない。……記憶に蓄えられる概念は支離滅裂で、不完全で、あまりにしばしばたいへん限定されている。彼らは冷淡で無口、話すときの口調はわざとらしく、その言葉は説教臭く、尋常でないほどの気取りがまぶされている。……その心には虚栄心と私利私欲が隠れている。(81)

仏教の出家主義に対するきわめて否定的なこうした見解は、ヴィクトリア期の解釈者たちが仏教の瞑想実践を理解できなかったことから、さらに強められた。「怠惰」や「白痴」といった語の使用は、ヴィクトリア期の著述家が、宗教のなかの受動的な要素と折り合いをつけることができないことを示している。そうした要素は、キリスト教徒の生活におけるより能動的で「筋骨隆々とした」見解と、きわめて対照的だった。その結果、仏教の実践におけるこのまさに中心的な要素については言及や説明は著しく少ない。言及や説明がある場合でさえ、ヴィクトリア時代人の世界観のなかに類似物を見つけだそうとして感じる困難は明らかだった。マックス・ミュラーが、ブッダが死に先立って到達した状態のような幻影について解釈しようとして努力する人がほとんどいないことに気づいたときに、ほとんどの同時代人の見解をおそらく反映していたのである。[82]ダニエル・ゴジャリーは、ブッダの瞑想状態は「催眠術のトランスと呼ばれるものに似た何か」だろうと示唆した。[83]一八五八年の『クリスチャン・リメンブランサー』誌は、仏教の瞑想の道程における諸段階の説明は「私たちにとっても読者にとっても途方もない不合理の連続」のように思われるだろうと想定した。[84]グレアム・サンドバーグ〔一八五一―一九〇五、イギリスのチベット学者〕は、瞑想状態が達成するものについて、いくらか皮肉を込めてこう言及した。「精神の空の状態、そしてこう付け加えてもよいだろうが、白痴の状態に跳び込むことのできる人は、たんに自分自身の努力だけで……聖人の超自然的な諸力を……すぐにでも与えられるだろう」。[85]サミュエル・ビール、ジョナサン・ティトコーム、ヘンリー・アラバスター、モニア・モニア＝ウィリアムズは、仏教体系にとっての瞑想の重要性を理解していたが、それについてのいくらか詳細な分析にはほとんど紙幅を割いていない。[86]それはごくわずかな例においてのみ、キリスト教の、公然の、あるいは暗黙の神秘的思潮と比較されたのだった。[87]

仏教とカトリシズム

仏教の出家主義に対するヴィクトリア時代人の嫌悪は、その多くの側面がカトリシズムの実践に近いことによっても影響を受けていた。ヴィクトリア時代の初期にすでに、大乗仏教とカトリシズムの類似性は、中国とチベットについてのイギリスにおける報告においてよく知られた項目になっていた。たとえば一七七七年にジョン・スチュワート〔一七四七―一八二二、イギリスの旅行家、哲学者か〕はジョン・プリングル卿〔一七〇七―八二、スコットランド出身の医師、哲学者、英国王立協会会長〕に宛てた手紙で、チベットのラマについて記している。

彼らの独身制、共同体での生活、僧院、声明《しょうみょう》による法要、数珠、断食、悔い改めは、キリスト教の修道士とよく似た雰囲気を与えます。そのため無学なカプチン会修道士が進んで彼らをブラザーと呼びかけ、聖フランチェスコの特徴を、彼らのあらゆる点に見いだすことができるのも驚きではありません(88)。

マカートニー伯爵〔一七三七―一八〇六、スコットランド系アイルランド人で英国の外交官、邦訳に『中国訪問使節日記』(坂野正高訳注、東洋文庫、平凡社、一九七五年)がある〕は一七九三年から一七九四年の中国訪問使節の際の日記に、ポタラの大パゴダについて記している。

ここに展示されている宗教の設備――祭壇、図像、礼拝堂、吊り香炉、燈明、ろうそく、ろうそく立て――は、僧侶たちの信心深そうな振る舞いと、秘儀の祭典の際の荘厳さを伴い、ローマ教会における無言劇風の聖なる茶番に少なからず似ている。[89]

マカートニーの随員の一人だったジョン・バローは、明らかにマカートニーの描写に依拠しながら次のように記した。

ローマ教会の設備とほとんどすべての茶番、すなわち鐘、数珠、祭壇、図像、ろうそく、祭服、祈禱の時間の僧侶たちの信心深そうな振る舞い、詠唱、香は、あらゆるフォーの寺院で、すでに［中国の］人々になじみのものになっている。[90]

このような仏教とカトリシズムとの比較は、いくつかの『百科事典』にも見られた。たとえば一八二七年刊行の『エディネンシス百科事典』は、坊主の制度とローマ教会の修道制度とを比較した。[91] ジョン・プラッツの『全国民の風俗と習慣』は、「フォーの聖職者の多くが行なっているように見える礼拝と、ローマ信仰の諸教会で見られるものとのあいだには、たいへん強い類似があるので、ローマ教会の一つに連れていかれた中国人はそこで目にする信仰者たちが自国の神々を崇拝していると想像するだろう」と記している。この一節はほとんど同じ形で、一八二九年の『ロンドン百科事典』にも掲載された(92)。

カトリシズムと中国仏教との類似点に関する情報の多くは、カトリック宣教師たちの著作を通じてヴィクトリア期の著述家たちにもたらされた。一八三八年にウォルター・メドハースト〔フィロシネンシスの本名、一七九六―一八五七、イギリス出身、会衆派の中国宣教師〕が要約している。

独身制、剃髪、貧困という自称、隠遁生活、僧侶特有の衣装。礼拝における数珠、ろうそく、香、聖水、鐘、図像と遺物の使用。煉獄があるという信念と、祈りによってそこで燃える火から魂を救うことの可能性〔等々〕は……皆、驚くべき偶然の一致であり、カトリックの宣教師たちは、中国人の礼拝とみずからのとの類似に大いにたじろぎ……悪の著者がこれらの異教徒をそそのかして神聖な大聖堂の作法を模倣させ、その儀式に恥をさらさせたのだと考えた者もいた(93)。

仏教がカトリシズムに似ているのはサタンが駆り立てた仕業だとするカトリックの見解が、しばしば引用された。一八六九年のジェイムズ・フリーマン・クラークと一八七八年の『ウェストミンスター・レヴュー』は、ポルトガル人の中国宣教師ブリー神父を引用し、「悪魔がこの国に写しをもたらさなかった衣服、聖職者の働き、ローマの宮殿での儀式は一つもなかった」と指摘した。[94] 一八五七年にジョン・デイヴィスは、悪魔がいたずらをしてイエズス会の友人たちを当惑させたというジョゼフ・ドゥ・プレマール神父〔一六六六―一七三六、フランス出身のイエズス会修道士、中国で宣教に従事、中国名・馬若瑟〕の結論を引用している。[95] マイケル・カルバートソン、リス・デイヴィズ〔一八九三―一九二二、イギリスの東洋学者〕、ロバート・グリーンは皆、サタンに駆り立てられたというカトリック宣教師たちの説明に言及している。[96] デイヴィス、カルバートソン、デイヴィズにおいてはまた、サタンに駆り立てられたものと宣教師たちが捉えた仏教の諸側面は、カトリシズムにおいても同様に疑わしい部分だと彼らには見えると声をひそめて主張している。それほど微妙な注意を払わない者もいた。一八五六年の『ウェストミンスター・レヴュー』は、もしカトリシズムが仏教の発展に影響を及ぼしたということが示されるのであれば、カトリシズムがみずから誇るものは何もなくなるだろうと断言した。[97] ヘンリー・アラバスターはカトリックの聖職者たちがキリスト教と仏教の違いを見落としたのは、同じ茶番劇に夢中になった結果だと説明した。[98] ハンプデン・ドゥボーズ〔一八四五―一九一〇、米国長老派の中国宣教師、中国名・杜步西〕は、ただたんに「ローマ・カトリック教会は外国の市場のために用意された仏教――西洋文明に適合させられた仏教である」と結論づけた。[99] ロバート・アンダーソン〔一八四一―一九一八、アイルランド出身、ロンドンの警察官僚、神学者〕は、キリスト教と仏教が「あまりによく似た誤りや迷信を発達させたため、一方の信仰の付随物一式は他方に簡単に適合させることができる」と論じた。[100]

仏教とキリスト教との関係についての議論のなかで、仏教における偶像崇拝の問題が、小さいながらも一つの役割を果たした。仏教徒たちが偶像崇拝という非難を拒絶し、仏教伝統に満ちている身体的表象は、一見したところ崇拝のためと思われているがそうではない、と論じていることを意識している仏教解釈者は多かった。彼らはこの否定が、原則として仏教の立場だということを受け入れた。しかしながらなお、実際に偶像崇拝にあふれていることを彼らは論じたのである。たとえばジェイムズ・フリーマン・クラークは、この偶像崇拝を最初に非難したのはブッダだっただろうと論じた。しかしながら（おそらくローマの方向を一瞥しながら）、「フェティッシュ崇拝は、最も純粋な諸宗教においても消えずに残っている」という。[101] サミュエル・ケロッグは、仏教はキリスト教と同様、「理論的には偶像崇拝を愚行だと示している」が、それにもかかわらず、「あらゆる仏教国においてブッダ自身の図像が崇敬されている」と指摘している。[102] ジェイムズ・ギルモアは、理論とは異なって、「大多数の民衆は真鍮、木、土の塊を崇拝し、それを前にして頭を垂れるのだという事実を見過ごすことはできない」と論じた。クロートン主教は、おそらく驚くべきことに、仏教徒が偶像崇拝を否定することを心からの否定として受け入れたが、身体的表象の危険は仏教徒にも、（多分）カトリック信徒にもあると警告を発した。

私が思うに、そのような外的な物体が刺激する献身の形態、あるいは心のもち方は、真の崇拝が腐敗したもののすべてのなかでも、危険なものの一つであり、その危険を仏教は逃れることはできなかった。それはちょうどキリスト教自体においても、偶像崇拝の咎を同志たちに押しつけることなく、必ず、偶像崇拝的な傾向に従わないわけにはいかないのと同様である。その傾向は、崇敬の念を起こさせるために、あるいは、崇拝と調和する心のもち方を作り出すことによって崇拝を支えるために、外的な物体を利用することを促す結果として生じる傾向なのである。[104]

ジョナサン・ティトコームははるかに不器用だった。ブッダは崇拝されているのではなく崇敬されているだけだとする主張に関して、こう断言した。「これはローマ・カトリック教会が、図像崇拝について提起するのとよく似た弁明である。実際の偶像崇拝と呼ぶことはできなくとも、かなりそれに近づいているので、その呼び名と実情とを区別するのはたいへん困難である」[105]。

仏教とキリスト教

歴史意識が発展する時代に、大乗仏教とカトリシズム、キリスト教倫理と仏教倫理、イエスの生涯とブッダの生涯の類似性について説明が求められるようになった。一般のヴィクトリア時代人にとって、サタンが模倣を駆り立てたとするカトリック宣教師たちの理論は受け入れられなかった。しかしマックス・ミュラーが問うように、「もし仏教とキリスト教との類似性が悪魔の策略によって説明することができないのなら、いったい何が残るのだろうか」[106]。彼の判断では、ただ二つの可能性があるだけだった。「これら二つの宗教の一方が他方から借用をしたのか、あるいは、両者の類似性は、すべての宗教の根本にある共通する基盤にさかのぼらなければならないか、のいずれかである」[107]。これら二つの可能性はどちらもヴィクトリア時代を通じて、多くの賛同者を得ることになった。

一八三〇年代半ば以降、両伝統の類似性は、ネストリウス派のキリスト教徒が仏教に及ぼした影響によるものだろうと示唆されてきた。たとえば一八三六年の『ペニー・サイクロペディア』は読者に、仏教がチベットに伝えられたとき、ネストリウス派のキリスト教徒がタタールに教会を築いていたことを想起させ、そのうえフランス人とイタリア人の宣教師たちが極東に入り込んでいたとも指摘している。[108] エルンスト・アイテルは、イエスの生涯とブッダの生涯の類似点は仏教がキリスト教ネストリウス派と近接していたことによって説明できるのではないかと記した。[109] この立場は、アグネス・メイチャー〔一八三七―一九二七、カナダの作家〕によって引用され、支持された。[110] サミュエル・ケロッグは八三頁ほどこの問題について論じたあとで、もし類似点があるのなら、インドにおけるシリア教会とネストリウス派の影響によると結論づけた。[111]

キリスト教が仏教に影響を及ぼしたとする主張は、ヴィクトリア時代人の関心を惹くことになった。しかしその主張は議論を呼ぶものではなかった。それと対照的に、逆の主張――仏教がキリスト教に大きな影響を及ぼしたとする主張――は、歴史的な関心の対象であるのみならず、神学的な重要性ももつ問題だった。プリンセプ兄弟〔ヘンリー・プリンセプ、一七九三―一八七八、イギリス出身のインド駐在文官/ジェイムズ・プリンセプ、一七九九―一八四〇、イギリスの東洋学者〕は、インドに由来するキリスト教の諸制度として「修道院制度、儀礼形態、教会の礼拝形態、信仰の諸問題について分裂を解決するための公会議や主教会議、聖遺物崇拝、遺物を介した奇跡の働き、規律の多くの部分、聖職者の服装の多く、修道士・托鉢修道士の剃髪にいたるまで」[112] を列挙した。彼らのこの主張が、特に憤慨を引き起こしたわけではないことは確かである。結局のところ、これは主として反カトリックの主張のために利用される材料だった。ただカトリックのビガンデ司教だけが、このような主張への反論に突き動かされたのだった。[113] しかし、仏教がキリスト教の起源においてて重要な役割を果したとする主張は、まったく異なる問題だった。

ビガンデとシャーロット・スピアー〔のちシャーロット・マニング、一八〇三―七一、イギリスの作家、女性運動家〕の著述からわかるように、キリスト教が部分的には仏教によって形成されたとする見解は、一八五〇年代から一八六〇年代にかけて人気があり、この両者はともにそれに対して反論を企てようとした。[114] しかし一八八〇年代になるとアーサー・リリー〔一八三一―一九一一、英国領インド陸軍将校、仏教への改宗者〕、アーネスト・ドゥ・ブンセン〔一八一九―一九〇三、ドイツ系イギリス人作家、アーリア至上主義に影響を及ぼした〕の著述の結果として、その見解は隆盛を迎えることになる。アーサー・リリーは、キリスト教が実質的に仏教から受け入れたものが多いとする自己の主張を支えるための偏奇な議論には、いくらかの理由をともなって支持がほとんど得られないと気づくことになる。『文学』誌におけるリリーの著書『ブッダと仏教』への書評は、リリーの見解を存分に明らかにしている。

仏教についてのリリー氏の想像力豊かな概念はあまりにしばしば詳述されてきたので、

その陽気さがもし欠けていれば、黴臭《かびくさ》さだけが蔓延することになろう。何年も前にこの快活な著者について、こう語られたことがあった。「生まれながらの想像力は自滅的で、驚かせるとともに同じほど楽しませるような無謀さで、学問のあらゆる部門において想像を羽ばたかせている」。私たちは彼の一八八一年の著作『初期仏教』を忘れていない。今回刊行された小著は野性的な奇抜さ、論理の欠如、先行文献の無視をすべて示している。いつ霊智主義者の登場を期待すればよいのか、アショーカの碑文がどのように取り扱われるのか、エッセネ派を表に出すのはいつがよいのか、私たちにははっきりとわかっている。……この本の全般的な目的は、限りある精神が把握できる範囲において、仏教（ここでは北伝仏教のみを意味することにする）が、「少なくともアレクサンドリアを拠点とする」キリスト教の起源であることを証明することであるようだ——そしてローマ・カトリックの典礼と、ノルウェーの祭儀と、メキシコの儀礼の起源でもあり、要するに、現実であれ想像であれ、ごくわずかでも仏教に似たあらゆるものの起源であることの証明が目指されている。偶然の一致についての章で、著者は初期仏教と彼が考えるものと、外典福音書とのあいだの類似点を指摘し、何かを適切に証明しているかのような素振りである。それぞれの瞬間に、ほとんど関係ない何かばかげた探求に跳び出ていっている。彼の中心的な原則は、

「前後《ポスト・ホク》即《エルゴ》因果《プロプテル・ホク》」〔の誤謬〕である。リリー氏は、広汎な読解と回転の速い知能の記念碑的な手本なのだが、それはどぎつい空想によって道を外れた見本でもある。本書は無益であるというのにとどまらない、迷誤への導きである(115)。

アーネスト・ドゥ・ブンセンの著書『仏教徒、エッセネ派、キリスト教徒の天使＝救世主』は、歴史的にはそれほど無謀というわけではなかった。しかし仏教における天使＝救世主という教義がエッセネ派に伝えられ、次いでキリスト教にいたったとする彼の議論は、リリーとほとんど同じくらいの奇説だった(116)。私はリス・デイヴィズは不誠実で罪深いと思っているわけではない。ただ彼はドゥ・ブンセンについて、完全に真摯で公平な精神をもった作家だと認めていた。しかしこう断言もしていた。「私はきわめて広い心で慎重に考えてきたうえで確信したのだが、こうした思想のどれ一つとして、東洋から西洋へ実際に直接伝えられた証拠はまったく見いだすことができないとしか言えない(117)」。

デイヴィズ自身は、ミュラーと同様、後者が提示した選択肢の二つ目、すなわち仏教とキリスト教の類似は、ともに宗教として共有する立場によって説明されるという見解に与していた。こうして倫理上の類似点は、それぞれの伝統が生まれてきたもとにあった、先行する知的状況のなかの一般的な類似性という観点から説明されることになった。開祖たちの生涯の類似点という問題については、デイヴィズはより複雑だと捉えていた。ブッダの伝説は、インドの二つの理想像の融合、すなわち先見者と黄金時代の王（転輪王《チャクラヴァルティン》）、の融合から生まれたものだと彼は主張した。他方、イエスの伝説は救世主の概念とロゴスの概念から生まれたものと見なされた。したがって、ここには類似と相違の両方がある。

> 思想は多くの点できわめて異なっていた。しかしどちらの場合も、両者は重なりあい、ぶつかりあい、補いあっている。どちらの場合も、二つの宗教の異なる基盤が許すかぎりにおいて、その思想は同じ範囲を覆っている。……どちらの場合も、尊敬される教師が、最も高貴で善良だと自身が考える人物像――その考えは疑いなく正しい――とよく似ているのは、まったく自然なことでふさわしくもある[118]。

当時は、神学的な前提抜きの宗教研究にますます関心が深まり、次第に方法論的にいっそう洗練されつつあった時代である。そのような時代から二〇世紀にまで持ち越されることになったのが、この種の説明だったのである。

文明化の影響？

多くの人にとって、仏教がキリスト教よりすぐれているように見える一つの特徴があった。それは、他宗教に対する寛容と、布教における非暴力的な方法である。フランシス・ブキャナンは宗教にかかわる諸問題に関する啓蒙主義的な寛容の態度の継承者であり、仏教における寛容を偉大な徳目の一つと考えたはずである。[119]しかしヴィクトリア期における寛容の支持は、次の事実に照らしてみると特に強調に値する。すなわち、一九世紀における他宗教観について私たちは、「異教徒は盲目的に木や石に首《こうべ》を垂れる」というレジナルド・ヒーバー主教〔一七八三―一八二六、イングランド国教会主教、讃美歌作家、カルカッタ主教も務めた〕の言葉に例示されるものと捉えがちである。ところが実際には、仏教の宣教政策については、きわめて多くの肯定的評価を見ることができる。一八五〇年刊行の『プロスペクティヴ・レヴュー』は、「仏教の拡大がマホメットの戦争と同様の闘い、すなわち血なまぐさいキリスト教徒迫害をともなっていたと考えてはならない」と指摘した。[120]その後も一九世紀末まで、同様の主題は規則的に繰り返された。たとえばエドワード・V・ニールは、一八六〇年に仏教の年次記録は際立った寛容精神で特徴づけられていると捉えた。[121]『神聖文学ジャーナル』は一八六五年に、仏教は教義のなかの多くの点が非論理的で間違っているが、「しかしながら少なくとも、他の形態の崇拝を抑え込んで自己の信仰を確立するために、異端審問の拷問制度に頼ることでみずからの名を汚すことはなかった」と断言した[122]。ジェイムズ・フリーマン・クラークは、この点で仏教がキリスト教に教訓を示すことができるということに賛同し、こう記した。「仏教徒たちは異端審問を生むことはなかった。彼らは、私たち西洋人の経験にはほとんど不可解な寛容と、諸王国を改宗させた熱意とを結びつけたのである」[123]。一八七三年に『ダブリン大学レヴュー』は、仏教はすべての宗教で最も寛容であると説き、こう続けた。「その教義は迫害によって強制されたことはけっしてなかった。トルケマダ〔一四二〇―九八、スペインのドミニコ会修道士、初代異端審問所長官〕のような記録はもたず、異端者に対してスミスフィールド〔ロンドン北西部、一六世紀のイングランド女王メアリー一世がプロテスタントを迫害し処刑した場所〕のような火刑を行なったことも、地下牢一杯に敵を閉じ込めたこともなかった。弟子たちは、教えを受け入れることを拒んだ人々を永遠の拷問にかけることはけっしてなかった」[124]。

しかしながら、仏教の寛容が否定できない事実だとしても、あまり協調的でない他の解釈を施すこともできよう。たとえば一八三四年にフィロシネンシスは、仏教の寛容をたんなる日和見主義だと非難した[125]。ジェイムズ・テネントは一八五〇年に、仏教の寛容が「独善性の強さ」から生まれるものだと捉えた[126]。対照的にアーチボルド・スコットは、それは仏教における確実性の欠如の結果だと説いた[127]。ジョン・ケッソンとサミュエル・ケロッグは、寛容を宗教的真理への無関心のしるしと見た。おそらくこれは仏教の寛容へのすべての批判のなかで最も広く知られたものだろう。たとえばサミュエル・ケロッグにとって仏教の寛容は、「人生それ自体が誤りであり無駄であると確信するようになった人のところに到来する真理に対して、無関心でいることを許容する寛容」だった[128]。そのうえ、寛容と無関心を同一視することで、ある著者たちにとっては、歴史的に必要となっていた神学的徳目を創りだすことが可能になった。ウィリアム・ブライアントは、キリスト教の不寛容を開明的なものだと捉え、こう説いた。「キリスト教が不寛容な信仰であるのは疑いなく、とりわけ、たんなる盲目的な不寛容の残忍さに対して不寛容なのである。それはちょうど、理性の宗教としてのその特質において、同じように盲目的な寛容を拒絶しなければならないのと同様である。盲目的な寛容は、たんなる愛想のよさで、あらゆる意見を疑問に付すことなく等しく認めてしまうものなのである[129]」。

仏教の寛容についての疑問はまた、仏教一般がそれを採り入れた人々に対して及ぼす影響という、より大きな主題と結びついていた。早くも一八三〇年にジョン・クローファード〔一七八二—一八六八、スコットランドの医師、東南アジアで植民地行政に従事〕は、アジア諸民族のなかで仏教を信奉している人々は二流の地位しかもたず、芸術でも武力でも一流になったことのある民族は一つもないと論じた。実際、彼は続けてこう論じる。仏教において流血を嫌うことは、「その信奉者たちの性格を向上させ人間化させるうえで、まったくなんの影響も及ぼさなかった。というのも、シンハラ人、ビルマ人、ペグ人〔ミャンマー南部の住民〕、シャム人の歴史は最大の残虐、凶暴な行為にあふれているからである[130]」。しかしクローファードの見解は少数派だった。たいていの人はむしろ仏教に、重要な文明化の影響力があることを認める傾向があった。たとえばエドワード・アッパム〔一七七六—一八三四、イギリスの東洋学者〕は、「あらゆる分野で国家の改良をもたらし、シンハラ人の急速で顕著な進歩をもたらした」根源として仏教を捉えた[131]。エドゥアルド・ロエルは一八四五年に、「人類の大きな割合がそれによって人間化され、キリスト教がヨーロッパの未開人にもたらしたのと同じことを、中央アジア、西アジアの文明に対してもたらした」ことは否定できないと主張した[132]。ウィリアム・ナイトンとジェイムズ・ドゥ・アルウィスは、仏教はアジア全域で、人間化と文明化の影響を及ぼしたと見なした[133]。チャールズ・ハードウィク〔一八二一—五九、イギリスの歴史家、イングランド国教会牧師〕でさえ、筋肉的キリスト教〔身体の頑健さ、男らしさなどを強調する一九世紀キリスト教運動の理念〕をほのめかしながら、こう主張できた。従順、忍従、苦難のなかの平静、危害を加えられても許すことといった仏教の徳目は、「キリスト教徒たちの対応する徳目とは異なっているのがわかる。それらは男らしく勇敢な性質ではなく、しばしば女性らしさのしるしであって、多くの野蛮な部族に利益をもたらすことはほとんどできなかった」[134]。バルテルミ＝サンティレールとサミュエル・ケロッグはともに仏教を、先行したものの一つの改良と見なした――二人からのものとしては、実に大きな称賛だった[135]。

この章を通じて、私たちが見てきたのは、ヴィクトリア期における仏教の実践に関する解釈には同化と拒絶の両極があり、それはヴィクトリア期の文化のさまざまな面で決まっていったということである。なかでも支配的だったのは、ヴィクトリア期の宗教の最も特徴的な側面――すなわち、行動の強調だった。オーウェン・チャドウィックが指摘するように、ヴィクトリア時代人は、「神のまなざしの下で神のしもべであり、神の大義のなかで両手はなすべきことで満ちていたのである[136]」。その結果、ヴィクトリア時代人が特に興味を抱き、より容易に同化し、そして広く支持したのは、仏教の能動的な側面、とりわけその倫理だった。しかし逆に、受動的である、瞑想的な宗教生活を思わせ、見たところ慈悲深い行動主義に寄与しない部分は拒絶された。そのうえ、カトリシズムに類似するいかなるものについても警戒され、仏教的実践の多くは同化することを妨げられた。仏教教義と仏教道徳の関係もまた、ヴィクトリア時代人にとっては問題を引き起こした。というのも、仏教道徳は同化できない仏教教義との密接なつながりによって、多くの人にとっては穢れたものだったからである。〈道徳の訓戒〉対〈道徳の実践〉というイメージも、ヴィクトリア期の同化と拒絶の両極化に影響を及ぼした。仏教は東洋において慈善の面で影響を及ぼしたと一般に捉えられていたにもかかわらず、西洋の東洋に対する優位というイデオロギーと、西洋の文化的ヘゲモニーを維持する必要性がしばしば結果的に生み出したのは、開祖がきわめて雄弁に説示した実践に、仏教的東洋が踏みだすことは不可能だとする主張だったのである。

第六章　「盲目の異教徒」？

キリスト教の真理と仏教の虚偽

本書の研究を通じて、ヴィクトリア期の仏教解釈が同化と拒絶の両極を例示していることを見てきた。ヴィクトリア期の規範的な思想や価値と相関関係がある範囲にかぎって仏教は同化され、それらと同じ尺度で比較ができない範囲では拒絶されたのである。それと同程度までは、ヴィクトリア期の仏教観についての分析は、まぎれもなく、仏教にかかわる幅広い評価についての分析でもある。それはそうとして、仏教の真理と価値についてヴィクトリア時代人が抱いた個別の理解を手短に取り上げるのが有益である。特に彼らにとって一般に、宗教的な真理と価値の最終的な基準となるもの――すなわち彼ら自身のキリスト教伝統の理解――に照らして、どのように仏教を評価するかということについて注目すべきである。

ここまでの論述から予想されるとおり、仏教についての評価は多様である。それは、仏教の宗教的な真理と価値の完全な拒絶から、東洋がキリスト教伝統に向かううえで必要な準備段階としての事実上の受容まで多岐にわたる。

ヴィクトリア時代を通じて、確かに単一の評価は存在していない。実際には相反するさまざまな評価が、一九世紀半ばまで蓄積されてきた。たとえば一八五四年にジョン・ケッソン〔一八一一—七六、大英博物館員、著述家・翻訳家〕は、「それは多くの人によって最も啓蒙的な形態の偶像崇拝として、そして宗教的精神において儒教よりも道教よりもすぐれていると称賛されてきた。他方で仏教をまさに悪魔の教義と非難する人もいた」と記した[1]。もちろん、これは一つには、キリスト生誕以来のほとんどの世紀と同様、一九世紀においても、キリスト教の他宗教への態度には幅があったことの結果である。そしてまた一つには、少なくとも一九世紀半ばには、意見の多様性は、仏教の主要な特徴が正確には知られていなかった結果である。一八五八年刊行の『クリスチャン・リメンブランサー』誌は、仏教に関する著作の読者はその教義についての意見があまりにも違うことに困惑を感じるだろうと記していた。その理由についてはこう続く。「ターナー氏は天啓という観点から考え、ホジソン氏は人間理性の神格化としてそれを語り、ラッセン氏は原始経典には神へのはっきりとした指示は見られないと言い、……クザン氏は、絶対的虚無主義《ニイリスム・アブソリュ》として描写してきた」[2]。

そうではあるが、仏教の評価においてつねに繰り返された一つの主題は、キリスト教の真理と対照的な、仏教の救いがたいほど偽りの本性である。これは、カール・ギュツラフ〔一八〇三—五一、ドイツ人宣教師、聖書の日本語への訳者（現存最古の邦訳聖書の訳者）として も知られる〕やエドワード・アッパム〔一七七六—一八三四、イギリスの東洋学者〕といった、仏教について最少の知識しかもたない人々のあいだで下された評価である。しかしながら、スペンス・ハーディ〔一八〇三—六八、イギリス出身、セイロンで活動したメソディスト派宣教師〕やモニア゠ウィリアムズ〔一八一九—九九、イギリスの東洋学者、インド学者〕といった最も知識のある人々のあいだでも同じ評価が見られた。それはまた、中国仏教を知る人々だけでなく、パーリ仏教を知る人々のあいだでも見られた。たとえばエドワード・アッパムは、仏教の道徳的・宗教的規律のあらゆる点が、「私たちが至高存在に負っている最も重要な義務、すなわち仏教体系の夢想や幻想の代わりに、至高存在の聖なる言葉を広め、彼の真理の光を行き渡らせるささやかな道具になるよう努めること」を示していると断言した[3]。フィロシネンシス〔ウォルター・メドハーストの筆名、一七九六—一八五七、イギリス出身、会衆派の中国宣教師〕は福音主義的情熱をもって、一八三四年に「いつ、おお、いったいいつ、何世紀ものあいだ中国を包み込んでいる暗闇に、神の真理の光が差し込むだろうか。そして唯一の真なる神が崇拝されるだろうか」と問うた。[4] ギュツラフはただ仏教を無意味でばかげたものとして退けた。[5] ケッソンの主張によると、ギュツラフと他の著述家たちは、仏教文献の大部分が「信者のなかで最も学識のある人々でも理解できない絶対的にばかげたことと空想以外なにも含んでいない」ことを確証したという。[6] ゴジャリー〔一七九二―一八六二、イギリス出身、セイロンで活動したメソディスト派宣教師〕も一八三八年に、みずからの仏教への関心について謝罪しなければならないと感じた。その際に、仏教の秘密の教義を明らかにしようとした意図は、「その著者や支持者たちに関して、「彼らの想像力はむだで、彼らの愚かな心は曇らされており、みずから知恵があると主張することで彼らが愚鈍になること」を示すためだった」という主張が付け加えられた。[7]

セイロンに対するプロテスタント宣教師たちの厳しい態度も、もちろん、英国政府の仏教に対するまったく不適切な支持として彼らが受け取ったものによって影響を受けていた。さらにまた、キリスト教が独占する真理についてのキリスト教徒自身の意味づけによっても影響を受けた。一八五四―五五年版の『ロンドン・クォータリー・レヴュー』は雄弁な証拠になっていた。それは、キリスト教の絶対的な真理に関して、多くの人が抱いている当然の意味についてのみならず、英国の植民地における利害とキリスト教信仰の拡大とのあいだに存在していると多くの人が感じていた必然的なつながりをも示すものだった。英国の国旗はキリスト教の標章だったのである。

英国国旗によって、どれほど多くの栄光が連想されるだろうか。その旗の下、ウェリントンという名の都市が征服され、ネルソンという名の人物が死んだ。……それは、ヨーロッパの解放、アメリカの創設、インドの制圧を語っている。アフリカの息子たちには自由を伝え、それがはためくことは、大西洋の荒波を越えて海上の牢獄で運ばれた、手《て》枷《かせ》、足枷を架けられた黒人の絶望する心に、しばしば希望の火を灯したのである。……それが悲しみの思いにつねに喜びの震えを混ぜ合わせること――英国のキリスト教徒に涙を流させる一方で、英国の愛国者を喜ばせることは、残念なことだ。しかしセイロンの山の都〔キャンディ〕で示されているように、犠牲になった原則、名誉を汚された宗教、永続化した無神論、信奉された偶像崇拝、保護され維持され広く普及した誤った迷信について、それは私たちに告げているのである[8]。

「その〔仏教の〕体系にあらゆる正当な手段を用いて反対することは、国の政府が真理の所有者であることから、当然果たすべき義務である」とする見解のみならず[9]、キリスト教と仏教は、キリスト教が唯一の勝者になるはずの争いに巻き込まれているという見解もまた、スペンス・ハーディの著作の影響によって広まっていったことは疑いない。

現在、続けられている争いの結果については疑問の余地はない。なぜなら、その争いは長く厳しいものになるかもしれないが、主とキリストに対抗して興起してきた者たちの全面的な完敗として終わるはずであるからだ。そして今日、ランカの住民の多くの人々の幸福を損ない、啓蒙を遅らせている無神論の信条の放棄にもなるはずである。(10)

スペンス・ハーディの言葉は、モニア＝ウィリアムズの著作のなかに共感的な反応を得た。仏教についての学問的な解釈すべてのなかで、モニア＝ウィリアムズの解釈は、宗教的な真理と価値への仏教の主張を拒絶する点で最も痛烈なものだった。確かに彼はある時点で、キリスト教以外の諸宗教が人間の宗教的な本能と願望の進化の一部であり、キリスト教はそれらすべての成就であるとする見解に惹かれていた。しかしながらそれでも、彼はそうした見解を拒絶するようになった。

ぐにゃぐにゃして軟弱なクラゲのような寛容は、男らしいキリスト教を特徴づけるだろう度胸、気質、気骨とはまったく相容れないと私は主張する。クリスチャンの性質は、まさしくキリスト教の聖書が指し示すものであるべきだ。……活力と男らしさがどの頁にも息づいている。それは、率直でわかりやすく、大胆で恐れ知らずで、厳格で妥協を知らない。誰にでも熱中するべきか冷静になるべきかを告げる。……一つの名前だけが与えられ、それによって私たちは救われる。インド、ペルシャ、中国、アラビアによりふさわしい他の名前、他の救い主は告げられたことがない――かつてほのめかされたことさえない。(11)

神の真理と人の真理

モニア＝ウィリアムズにも支持者がいた。たとえば『チャーチ・クォータリー・レヴュー』は彼の『仏教』への書評において、キリスト教は明確な真理を集成したものと密接に関係し、その結果、「この真理と矛盾するものとは戦闘状態にある」と断言した。(12)しかし、キリスト教の真理と仏教の虚偽が問題だとする見解はしばしば拒絶された。ジェイムズ・フリーマン・クラーク〔一八一〇―八八、米国のユニテリアン神学者〕は、仏教を質の低い迷信とともに分類することは不適切だと論じた。なぜなら、その教師たちを鼓吹した確信の強さは、「誤りへの信仰からではなく、真理を目撃したことから生じたものであるはずだ」からである。(13)仏教への風刺は、その体系に詰め込みすぎたと言われる、突飛なこと、信じられないほど幼稚なことやばかげたことを目立たせるものだったが、『チェンバーズ百科事典』は風刺とは対照的な、仏教への共感的な研究が生まれることを嘆願した。「キリスト教徒の著述家は、異教をそのような流儀で扱うことがあまりに一般的である。いかなる宗教であれ唯一の公正な説明――唯一真実の説明――は、人間がどのようにしてそれを信じるようになり、それによって生きるようになったかを読者が想像することを可能にするような説明である」[14]。ジョージ・コボールド〔一八五七―一九一六、日本宗教についての著作もあるイングランド国教会牧師〕は、唯一キリスト教徒のみが救われるとする主張を拒絶する、いくつかの神学的な理由を提示した。

> たいへん多くの善良な特質で区別され、私たち自身と比較して――はるかに機会は乏しいと思われるが――よりすぐれた面を多くの点で提示する男性、女性、小さな子供たちが、希望のない未来と終わりのない悲惨に運命づけられている。おそらく聞いたことさえないもの、あるいは大まかでゆがんだ表現でしか聞いたことがないものを信じていないというのがその理由だという――愛の父の摂理を知る人で、いや、あえて言おう、正義そのものである神の摂理を知る人で、いったい誰が本当にそのようなことを考えられるのだろうか。しかしながらこのようにキリストの信仰をひどく誤って

表現する言語は、依然としてキリスト教徒と呼ばれる人々に用いられている。そうした言語が用いられていることを日本の人々は知っている。[15]

仏教への称賛を、認めたくはないと感じながらも、認めざるをえなかった解釈者は多くいる。一般に、キリスト教以外のすべての宗教についてはうまくいっていた。ウィリアム・ナイトン〔一八三三/三四―一九〇〇、ダブリン出身の作家、コロンボ、カルカッタで教育に従事した〕は、仏教はたんなる人間的な体系として、可能なかぎり最もキリスト教に接近しつつあると見ていた。仏教は神の刻印は欠けているが、「倫理においてはキリスト教の精神を具現している」。[16]アーチボルド・スコット〔一八三七―一九〇九、スコットランド国教会の聖職者〕は、キリスト教以外の宗教で、「倫理規範、寛容と穏和の精神、それを信奉する粗野な住民たちに及ぼしたよい影響に関して」仏教に匹敵する他の宗教はありえないと断言した。[17]確かに、見てきたとおりナイトンとスコットは共感的である。しかし最も批判的な人々でも、仏教がキリスト教以外の他の諸宗教よりはすぐれていると認めていた。たとえばマイケル・カルバートソン〔一八一九―六二、米国長老派の中国宣教師〕は、「この偶像崇拝体系は不快なものはあまり含んでいない。その道徳については、異教徒のあいだで広まっている他のどの偽りの宗教と比べても、真理からの逸脱の度合いは小さい」と認めていた。[18] ピアーズ・クロートン主教〔一八一四―八四、イングランド国教会の海外主教〕でさえ、「キリスト教のなかからそれに匹敵するものは出てこない、それよりすぐれたものについてはなおさらだ」という意見だった。[19] ジョナサン・ティトコーム〔一八一九―八七、イングランド国教会牧師、初代ラングーン主教を務めた〕は、仏教はキリスト教の福音のレベルには位置づけられないが、人間がかつて作り出した異教のなかでは最もすばらしい体系だと考えた。[20]

このように、神によって創造されたわけではなくとも、人間によって創造された宗教としては、仏教は最もすぐれていると信じられていた。仏教に神の啓示がなかったとしても、それでも多くの人間的な真理や価値は含まれていた。一八五八年の『ウェストミンスター・レヴュー』は、仏教徒たちは無神論者ではあるが、「本能的に徳を認識し、善良で慈善にかかわるものを尊重する点で、その創始者を知らず知らずのうちに崇敬してきた。彼らは創造主への崇拝も、摂理への敬愛も行なわなかったが、無限の神と、それが人間の心に現われていることを認めていた」と捉えた。[21] そのうえ、救われるであろう人のなかに仏教徒たちが含まれているのは確かだった。[22] チベットにおける仏教の要約のなかで、プリンセプ兄弟〔ヘンリー・プリンセプ、一七九三―一八七八、イギリス出身のインド駐在文官／ジェイムズ・プリンセプ、一七九九―一八四〇、イギリスの東洋学者〕は、「唱道者としてのキリストの名だけが欠け、先行するものとしてモーセの信仰のみが欠けているこれは、キリスト教以外のなんなのか」と問うた。(23) 一八七八年の『ウェストミンスター・レヴュー』では、ブッダは異教徒のなかのほかの多くの高徳者と同様に、無名のキリスト者（anonymous Christian）と捉えられた。

あらゆる時代のいたるところで、人は純粋で神聖な生活を送ってきた。「キリストが肉体の姿を取る以前」においても、彼らはキリスト教徒であることを示していた。ブッダの教説は、他のどの宗教の開祖が説いた教説よりも、キリストの教説に接近している。その人格の魅力的な美点によって、ブッダはキリスト教世界において無意識の敬意を得てきた。ブッダはキリスト教の聖人たちの黄金の名簿のなかに書き込まれた［すなわち聖ヨサファトとして］。……彼が「正しい生涯を送った神の息子たち」の一人として位置づけられるのはふさわしいことである。(24)

仏教に関する著述家たちの記述から、仏教がすべての宗教のなかで最もキリスト教に比肩しうる宗教であることが暗黙のうちに認められているという、はっきりとした印象を受けることがある。ところがキリスト教の側では、仏教を露骨に拒絶することが必要だった。

たとえば一八八二年の『チャーチ・クォータリー・レヴュー』は、キリスト教徒は他宗教における すぐれた点をなんであれ完全な共感をもって認めるべきではあるが、「他の場所においてばらばらに存在する精神的・道徳的な真理のすべてを、真のキリスト教だけがまとめあげることができ、真のキリスト教だけがそれらの真理を相互に適切な釣り合いで提示するのだということを、キリスト教徒は同時に強く断言すべきだ」と主張した。そして、「真のキリスト教だけが、最も高められた霊的な熱意や概念を、最も活力ある実践生活と調和させるための秘密を知っている」のだとも強く主張すべきだと説いた[25]。サミュエル・ケロッグ〔一八三九―九九、米国長老派のインド宣教師〕は、すべての宗教と同じく仏教においても真理が発見されること、あらゆる宗教が神の目的におけるなんらかの役割をもっていることを認めた。しかしながら諸宗教が神を根源としていることはきっぱりと否定した。「個別の事例において、超自然的な啓示を肯定することが含まれているわけではない。これらの事実は、キリスト教と同じ意味で、すべてが等しく神からの啓示であるかのように、あらゆることについて語ることができる権利は少しも与えてくれないのである[26]」。

「福音の備え」としての仏教

サミュエル・ケロッグよりはるかに容易に、仏教において神の啓示を見いだす著述家たちもいた。早くも一八五〇年に『プロスペクティヴ・レヴュー』は、キリスト教のみに独占された真理への信仰を掻き立てたのは、キリスト教への愛ではなく他宗教への嫉妬心だと示唆した。それに対して、この世に生まれてくるあらゆる人を照らしだす明かりがあるので、「そのため世界のさまざまな地域でその明かりが灯るのは不思議ではない」とも論じられた。[27] フレデリック・D・モーリス〔一八〇五―七二、イングランド国教会の神学者、キリスト教社会主義者〕にとって、生命を吹き込むのは永遠の真理だった。[28] 他方、ジョージ・グラント〔一八三五―一九〇二、カナダの長老派聖職者〕にとっては、ブッダがしばしば真理への洞察を得たのは、神霊による着想の付与を通じてだった。[29] トマス・ベリー〔一八五四―一九三一、アイルランド国教会の主教〕によると、神はキリストにおいて完全に自己を啓示したのだが、「真理と知識から離れていった諸民族について、みずからが彼らを忘れていると示したことはなかった」。[30] レジナルド・コプルストン主教〔一八四五―一九二五、イングランド国教会聖職者、セイロン、インドで主教を務めた〕の『仏教』はジョゼフ・エストリン・カーペンター〔一八四四―一九二七、イギリスのユニテリアン派牧師、サンスクリットの専門家〕によって、「国教会主教のベストと祭服を強く示唆する」庇護の雰囲気を漂わせるとして、適切な批判を浴びせられている。[31] しかしながらコプルストンは、それにもかかわらず仏教伝統における啓示の雰囲気には敏感だった。

みずからを悩ませる欠点や過誤においてさえ、キリスト教徒は、天の父によって植えつけられた願望と本能の痕跡を見る。それらは、ここでは誇張されたり方向がずれていたりする。天の父の子供たちは、父からあまりに遠く離れてしまっている。他方、多くの高貴な願望や、美と真の片鱗において、キリスト教徒は神の言葉の教示と聖霊の教示を感謝を込めて敬愛する。神はいたるところで世の光になってきたのであり、聖霊は命を付与する力をもち、人間の思考の筋道のうえでたえず動いてきたのである。(32)

仏教を啓示と捉えることから、神の救済計画の一部と捉えること、より特定して言えば、キリスト教の福音に向けて神が定めた準備と捉えることへは、短い一歩にすぎない。たとえばサミュエル・ビール〔一八二五—八九、イギリスの東洋学者、英国海軍チャプレン〕は、仏教と儒教をインドと中国の諸民族をより高次の真理に向けて備えさせるものと考えた。(33)同様にウィリアム・A・P・マーティン〔一八二七—一九一六、米国長老派の中国宣教師、中国名・丁韪良〕は、仏教の理論と実践を、中国人をキリスト教に向けて備えさせるものと考えた。それはユダヤ教がキリスト教において充足するためのより完全な媒体を、ギリシア哲学が提供したのと同様である。J・ダイヤー・ボール〔一八四七—一九一九、米国人宣教師の子として広東省に生まれた中国学者、中国名・波乃耶〕は預言者的に記している。

神の計り知れない知恵のなかで、中国人は進化の段階を通過して、下位の段階を試し、それを上位に向かうための飛び石として用い、よりよいものに向かっていった。死んだ過去を捨てて生きた現在に、あるいは幸福な未来に向かうためだった。その夜明けの最初の光が差し込んでくるのを、私たちの眼は今、特別に見ることができる。(34)

要するに全体として捉えられたものとしての仏教は、拒絶されようと同化されようと、キリスト教による啓示の充足のための準備として、キリスト教の目盛りによって測定されたのである。その目盛りがすべての宗教を測る基準となった。神の最後の語と思われるものと照らして測定されることで、他の諸宗教が欠落のあるものと見られたのはほとんど驚くべきことではない。原則として、それらは必ず一歩及ばない。しかし判断の基準がすべての宗教に刃向かうように突き付けられたとしても、それらは多かれ少なかれ仏教に対してはごく柔らかに向けられた。というのも、虚偽と評価されようと、逆に人間の真理と価値を含むものと見なされようと、あるいは神の啓示を伝えるものと見なされようと、どう評価されたとしても、ヴィクトリア時代人にとっては、仏教はキリスト教の基準に最も近いと見なされた宗教だったからである。

結論

これまでの章で私が調べてきたヴィクトリア期における多様な仏教評価が特に興味深いのには、少なくとも二つの理由がある。第一にそれらは、一九世紀における世俗的、多元主義的な宗教理解の展開について、きわめて多彩な全体像を提供してくれる。特にその全体像には、多くの宗教のなかにおける一つの宗教伝統としてのキリスト教についての理解も含まれる。広く言えば、ヴィクトリア時代に、人間の性質は本質的に世俗的であり、それゆえ、諸宗教——キリスト教、仏教、イスラーム、ヒンドゥー教——は本質的にはそれに対抗する付録だとする想定が発展した。それら個々の宗教の価値と真理は、付録として分析と議論に値する。

しかし第二に、仏教について前述のような多様な評価があったということは、西洋においてかつて仏教は存在しなかったという事実に照らすと興味深い。すなわち本書が示そうとしてきたように、一九世紀初頭において西洋の言説の対象としては、仏教伝統は存在していなかったのである。西洋人の想像力のなかで、仏教は主要な世界宗教のなかの最新のものであり、その構築と解釈はたかだか一世紀半さかのぼるだけである。

とりわけ、論じてきたように、仏教は文献として具体的な対象物となった。ヴィクトリア時代半ばまでに仏教は本質的にそのテキスト性によって構成されるものとして見られるようになり、そのように構築され解釈された仏教が基準となって、その基準に照らして「東洋《オリエント》」におけるその顕現が評価を下されるようになったのである。仏教のテキスト化という過程における決定的に重要な産物が、歴史上のブッダの登場だった。ヴィクトリア時代半ばまでにブッダは神話という舞台の袖から出てきて歴史という舞台に昇った。ブッダはもはや古代の神々の一人とは見なされなくなり、インド人による説明からも、神話上の先行者たちからも区別された人間となった――神々と比較されるのではなく、歴史上のさまざまな人物と比較されるようになり、ヴィクトリア期の人間性についての理想像に照らして解釈されるようになった。

歴史上のブッダに関して、きわめて多様な評価があることは明らかである。それはちょうど、仏教の訓戒と実践に含まれる真理と価値にさまざまな評価があるのと同様である。しかし仏教についてのヴィクトリア期の解釈には統一性もあり、しばしば衝突しあう知的な判断と態度の下に透けて見える。その統合的な特徴は、ヴィクトリア時代人たちが意のままにできる素材を扱う際の尊大なほどの確かな素振りである。仏教についてのヴィクトリア期の叙述を読む人が感じるのは――仏教を同化した場合であれ、拒絶した場合であれ――議論し、要約し、分析し、評価する際の絶対的な自信の感覚である。意識的な反省のレベルにおいてどれほどイデオロギー的に不確実であろうとも、彼らはみずからが基準をもっていると考え、その基準に照らして、仏教のみならずアジア全体についても宗教的、社会的、文化的な価値にかかわる判断が下されるのだと捉えた。

仏教を取り囲む外周となる言説を展開したのがヴィクトリア時代人であり、彼らが仏教を西洋人の注目に値する焦点になると考えたのだった。仏教を位置づける諸文献の絡まりあいを作りだしたのも彼らである。仏教が想像力豊かに構成される、その枠組みを決めたのも彼らだった。こうして構成された仏教は、ヴィクトリア時代人のためだけでなく、結局は東洋自体のためのものにもなったのである。

少なくともこのことは、人間の存在様式にかかわる質的に異なる二類型、すなわち東洋的存在様式と西洋的存在様式を、西洋が創造したことの一面をなしている。東洋的存在様式は本質的に他なるものであり、ほとんどの場合、劣ったものと捉えられた。東洋的なものを編成するこの根本的な様式が、すでに見てきたような概念的フィルターを提供し、それを通じて、仏教のなかの受け入れ可能な側面は支持され、受け入れ不能な側面は拒絶されたのである。

しかしながら仏教は、東洋精神に関する西洋のイメージを通じて構成され、解釈されただけではない。その解釈は、ヴィクトリア時代の多くの関心によっても影響を受けていた。そしてまた、一九世紀の理念を形成するうえで一つの役割を果たしてもいた。仏教に関する言説は、ヴィクトリア期のさまざまな議論を反映もし、それに影響もした。すなわち、創造と宇宙観について、聖書と生物学について、有神論と無神論について、消滅と不死について、そして人間性の本質についての議論を映しだすものでもあり、それに影響を与えるものでもあった。それはまた道徳とその功罪、キリスト教の訓戒とキリスト教の実践、修道院における静寂主義と世俗における行動主義、カトリシズムとプロテスタンティズム、宗教と文化のそれぞれの関係に、より鋭敏な焦点を当てるものでもあった。その多様性の全体のなかにおいてヴィクトリア世界は、文化的なヘゲモニーに自信をもちつつ、それ自体の仏教解釈のなかに組み込まれていた。しかもその組み込まれ方は、決定的なものだったのである。

註

序章

（1） *Trübner's Record*, p. 90.

（2） Clausen, 'Victorian Buddhism', pp. 13-4. Wright, *Interpreter of Buddhism* も見よ。テニソン没後、ヴィクトリア女王は、アーノルドを桂冠詩人に推挙しようとした。しかしグラッドストーン〔一八〇九―九八、英国の政治家、四度首相を務めた〕に反対され、この決定は延期された。のちに桂冠はアルフレッド・オースティン〔一八三五―一九一三〕に授与された。

（3） Humphreys, *The Development of Buddhism*, p. 10.

（4） Cobbold, *Religion in Japan*, p. 32. アメリカでの反応については Kellogg, *The Light of Asia* と Wilkinson, *Edwin Arnold* を見よ。

（5） Collins, 'Buddhism, and "The Light of Asia"', p. 154.

（6） Ibid., p. 177.

（7） Ibid., pp. 178–9. アーノルドへのその他の批判については以下を見よ。Bryant, 'Buddhism and Christianity', pp. 374–5; Martin, 'Is Buddhism a Preparation', p. 195; Sandberg, 'Philosophical Buddhism', pp. 270–1; *The Quarterly Review*, 1890, p. 330; Berry, *Christianity and Buddhism*, p. 29.

（8） Müller, 'Lecture on Buddhist Nihilism', p. 132.〔「仏教の虚無主義について」〕

（9） *The Quarterly Review*, 1890, p. 318. 実際には著者は一八七五年よりコロンボ主教を務めていたレジナルド・S・コプルストンである。*Wellesley Index*, I: 771 を見よ。

（10） *London Quarterly Review*, 1888–9, pp. 343–4.

（11） Monier-Williams, 'Literary Admirers of Buddhism', p. 215. 西洋における仏教礼賛についての描写としては、たとえば以下を見よ。*The Saturday Review*, 1884, p. 248; Colinet, 'Recent Works on Primitive Buddhism', p. 121; Sandberg, 'Philosophical Buddhism', pp. 256–7; Strong, 'The Revival of Buddhism', p. 272; Ellinwood, *Oriental Religions and Christianity*, pp. 153–8.

（12） Clausen, 'Victorian Buddhism', Brear, 'Early Assumptions' および Welbon, *The Buddhist Nirvāna* の一部のほかは、ヴィクトリア期仏教について近年の業績はほとんどない。初期の状況についてはこれらすべてに依拠している。仏教に関する西洋の学問史の領域でも、研究は驚くほど少ない。de Jong, 'A Brief History of Buddhist Studies', pp. 55–6 を見よ。

（13） Said, *Orientalism*, pp. 21-2.〔エドワード・W・サイード『オリエンタリズム』（上）、板垣雄三・杉田英明監修、今沢紀子訳、平凡社（平凡社ライブラリー）、一九九三年、六〇頁〕

第一章　仏教の発見

（1） 「仏教」に相当するフランス語は、一八二〇年代になるまでフランス語圏には登場しなかった。

（2） 特に de Lubac, *La Rencontre du Bouddhisme*, Chs. 1-2 を見よ。

（3） De la Loubère, *A New Historical Relation*, p. 10.

（4） Ibid., p. 134.

（5） Chambers, 'Some Account of the Sculptures and Ruins', pp. 161-2.

（6） Joinville, 'On the Religion and Manners', p. 415.

（7） Mahony, '*On Singhala, or Ceylon*', p. 38.

（8） *The English Encyclopaedia*, 1802, II: 146.

（9） *Encyclopaedia Perthensis*, 1807, IV: 462; *Encyclopaedia Britannica*, 1810, IV: 778 および1817, IV: 778; *Pantologia*, 1813, II: n.p. *The London Encyclopaedia*, 1829: 644.

（10） Gutzlaff, 'Journal of a Residence', p. 274. ギュツラフへの反応は肯定否定が混ざっていた。Paul Carus, *Buddhism and its Christian Critics*, p. 271 は、無学な人物と特徴づけ、

China Opened を「とんでもない誤りに満ちている」と捉えた。また Hibbert, *The Dragon Wakes*, p. 375, n. 26 も見よ。対照的に *Scottish Pilot* は「偉人であり英雄的キリスト教徒であり、熱心な慈善家」と呼んだ。Allibone, *A Critical Dictionary*, p. 751 も見よ。

(11) Le Comte, *Memoirs*, pp. 320–1.

(12) Grosier, *A General Description of China*, II: 217. 'Talapoin' は実際にはセイロン語起源で、'Bonze'はポルトガル語由来である。

(13) Symes, *An Account*, II: 34.

(14) Sangermano, *A Description of the Burmese Empire*, p. 110.

(15) たとえば以下を見よ。*The Edinburgh Review*, 1803, p. 27 および 1807, p. 97; Moor, *The Hindu Pantheon*, p. 240; *The Edinburgh Review*, 1813–14, p. 406.

(16) Ward, *History, Literature, and Religion of the Hindoos*, II: 206–7.

(17) Mill, *The History of British India*, 1817, I: 223.

(18) Davy, *An Account of the Interior of Ceylon*, p. 172. Ersch and Gruber, 'Buddha, Buddhaismus', p. 330; Erskine, 'Observations on the Remains', p. 495 も見よ。

(19) Francklin, *Researches*, p. 8.

(20) Crawfurd, *Journal of an Embassy*, II: 92.

(21) *The Penny Cyclopaedia*, 1836, p. 526.

(22) *New Englander*, 1845, pp. 182–3.

(23) Edkins, 'Notices of Buddhism in China.'
(24) Buchanan, 'On the Religion,' p. 163.
(25) Monier-Williams, *Buddhism*, p. 15.
(26) Stewart, 'An Account of the Kingdom of Thibet,' pp. 476-7.
(27) Percival, *An Account of the Island of Ceylon*, p. 141.
(28) Ibid.
(29) Chambers, 'Some Account of the Scriptures and Ruins,' p. 164.
(30) Crawfurd, *History of the Indian Archipelago*, II: 222.
(31) *Monthly Review*, 1829, pp. 590-1 における引用。ジョージ・ターナーはきわめて批判的だった。アッパムの著述にいくつもの誤りがあることを指摘したのちに、こう結論づけた。「この主題に詳しくない人物が、そこ、また類似の箇所に含まれる不合理の程度について考えることはほとんど不可能である。キリスト教の歴史をインド人が同胞に解説する目的で執筆したとされる記述を読むときにイギリス人が抱く感情と同じような感情を、セイロンの仏教徒が抱きながらそれを受けとめるだろうと言ってもおかしくない。それは、イングランドはわれらの救い主の生誕の現場であり、ダービーシャーの山麓でキリストの昇天が起こり、ソールズベリー大聖堂はウエストミンスター寺院のなかにある、といったような記述である」。*The Mahawanso*, p. xx.
(32) Turnour, *The Mahawanso*, p. xxii.

(33) Wilford, 'An Essay on the Sacred Isles', p. 265.
(34) Ibid., pp. 247–65 を見よ。
(35) *New Englander*, 1845, pp. 244–5. Faber, *The Origin of Pagan Idolatry*, I: 392–401 を見よ。
(36) Davy, *An Account of the Interior of Ceylon*, p. 170.
(37) Kennedy, *Researches*, p. 249.
(38) Erskine, 'Observations on the Remains', p. 503.
(39) Symes, *An Account*, II: 33. *The Encyclopaedia Edinensis*, 1827, I: 636 を見よ。
(40) *Oriental Herald*, 1829, p. 94.
(41) *Encyclopaedia Britannica*, 1842, V: 636.
(42) *The Encyclopaedia Britannica*, 1854, IV: 723.
(43) *Encyclopaedia Britannica*, 1842, V: 637. *The Encyclopaedia Britannica*, 1854, IV: 724 を見よ。
(44) Bird, *Historical Researches*, pp. 66–7.
(45) Jones, 'On the Chronology of the Hindus', p. 123.
(46) Creuzer, *Symbolik und Mythologie*, pp. 190–1.
(47) Faber, *The Origin of Pagan Idolatry*, II: 328–9.
(48) Erskine, 'Observations on the Remains', pp. 528–9.

(49) *The Calcutta Review*, 1845, p. 247 に引用。
(50) Ibid., p. 248.
(51) Crawfurd, *Journal of an Embassy*, II: 81–2.
(52) Kennedy, *Researches*, p. 260.
(53) Forbes, 'Notes on the Buddhas', p. 328.
(54) Turnour, *The Mahawanso*, pp. li-lii.
(55) Knighton, *The History of Ceylon*, p. 66.
(56) Sirr, *Ceylon and the Cingalese*, pp. 42–3.
(57) Ibid., p. 61.
(58) Low, 'General Observations', p. 111.
(59) Ibid., pp. 117–8.
(60) Cunningham, *The Bhilsa Topes*, p. x.
(61) Jones, 'A Supplement to the Essay', p. 401.
(62) Marshall, *The British Discovery of Hinduism*, p. 257 を見よ。
(63) Percival, *An Account of the Island of Ceylon*, p. 145.
(64) Moor, *The Hindu Pantheon*, p. 231.
(65) Ibid., p. 237.
(66) Abel-Rémusat, 'Note sur quelques Epithètes', pp. 625–33.

(67) Davy, *An Account of the Interior of Ceylon*, p. 171.
(68) Ibid., p. 171. Ward, *History, Literature, and Religion of the Hindoos*, II: 216 も見よ。
(69) Crawfurd, *History of the Indian Archipelago*, II: 209.
(70) Cox, *Journal of a Residence*, pp. 415-6.
(71) Francklin, *Researches*, p. 72. 同様の見解については *Asiatic Journal and Monthly Register*, 1827, p. 252 も見よ。
(72) Philosinensis, 'Remarks on Buddhism', p. 221.
(73) Gutzlaff, 'Remarks on the Present State of Buddhism', p. 79. ただし *Allgemeine Deutsche Real-Encyclopädie*, 1833, II: 297-8 および *The National Cyclopaedia*, 1847, III: 903 も参照せよ。
(74) *Oriental Herald*, 1829, p. 94. Marshall, *The British Discovery of Hinduism*, p. 16 も見よ。
(75) *The Calcutta Review*, 1845, p. 252.
(76) Low, 'General Observations', p. 95.
(77) Ibid., p. 118.
(78) Bird, *Historical Researches*, p. iii.
(79) Salisbury, 'Memoir', p. 82.
(80) Tennent, *Christianity in Ceylon*, pp. 197-8 を見よ。
(81) Kaempfer, *The History of Japan*, II: 56.

(82) これらは、皇帝の師匠「ザラド」の本から引用されたビルマの宇宙図、諸王の偉大な歴史「マハーラザヴェン」、ビルマ人の古典群「キアム」を指す。Cardinal Wiseman, Preface to Sangermano, *A Description of the Burmese Empire* を見よ。
(83) Buchanan, 'On the Religion', pp. 233–4.
(84) Davy, *An Account of the Interior of Ceylon*, p. 172. Ersch and Gruber, 'Buddha, Buddhaismus', p. 333 も見よ。
(85) Hodgson, 'Quotations from Original Sanskrit Authorities', I: 66–7.
(86) Burnouf, *Introduction*, p. 9.
(87) *The Penny Cyclopaedia*, 1836, p. 526. 同様の文言は一一年後の次の箇所にも見られる。*The National Cyclopaedia*, 1847, III: 903. 以下も見よ。*Allgemeine Deutsche Real-Encyclopädie*, 1843, III: 8; *Chambers's Encyclopaedia*, 1861, II: 403.
(88) *Chambers's Encyclopaedia*, 1874, II: 403. Müller, 'The Meaning of Nirvana', p. 281〔「涅槃の意味」〕も見よ。
(89) Roer, review of Burnouf, *Introduction*, p. 784.
(90) Davids, 'Buddhism', IV: 424–5, 439; 一九世紀における仏教資料の編集刊行について最も包括的な叙述としては、de Jong, 'A Brief History of Buddhist Studies' を見よ。
(91) de Jong, 'A Brief History of Buddhist Studies', I: 71 による引用。
(92) Ibid.

(93) Burnouf and Lassen, *Essai sur le Pali*, p. 146.
(94) *Allgemeine Deutsche Real-Encyclopädie*, 1833, II: 297; 1843, III: 8; 1851, III: 405 および 1864, III: 830.
(95) *The Penny Cyclopaedia*, 1836, p. 530.
(96) Turnour, *The Mahawanso*, p. cix.
(97) Bird, *Historical Researches*, p. 38.
(98) Salisbury, 'M. Burnouf', p. 291. *The National Cyclopaedia*, 1847, III: 907 も見よ。
(99) Knighton, *Forest Life in Ceylon*, II: 25.
(100) Wilson, 'On Buddha and Buddhism', p. 241.
(101) Childers, *A Dictionary of the Pali Language*, pp. xi-xii. p. xi, n. 3 も見よ。一八八〇年代に文献批評の研究が増大したことで、この問題はますます複雑になり、単純に解決することはできなくなっていく。
(102) Joinville, 'On the Religion and Manners', p. 400.
(103) Ibid., p. 402.
(104) Ibid., p. 404.
(105) *The Edinburgh Review*, 1807, pp. 302-3.
(106) 以下を見よ。Faber, *The Origin of Pagan Idolatry*, I: 86-7; II: 234, 330.
(107) Coleman, *The Mythology of the Hindus*, pp. 188-9.

(108) *The Penny Cyclopaedia*, 1836, p. 527.
(109) *The Calcutta Review*, 1845, p. 249.
(110) Ibid., p. 250.
(111) Ibid., p. 249.
(112) Ibid., p. 250.
(113) Tennent, *Christianity in Ceylon*, p. 197.
(114) Knighton, *The History of Ceylon*, p. 337.
(115) Roer, review of Burnouf, *Introduction*, p. 786.
(116) Ibid., p. 785.
(117) Low, 'General Observations,' p. 89.
(118) *The Christian Remembrancer*, 1858, p. 119.

第二章　仏教と「東洋精神」

(1) Heyck, *The Transformation of Intellectual Life*, p. 28. Altick, *The English Common Reader*, Ch. 13 も見よ。
(2) Oldenberg, *Buddha: His Life, His Doctrine, His Order*. 〔『仏陀――その生涯、教理、教団』木村泰賢・景山哲雄訳、書肆心水、二〇一一年〕
(3) Barthélemy St Hilaire, *The Buddha and His Religion*.

(4) Heyck, *The Transformation of Intellectual Life*, p. 33.

(5) Houghton, *The Victorian Frame of Mind*, p. 105に引用。

(6) Ibid., p. 6.

(7) 以下を見よ。Altick, *The English Common Reader*, Ch. 5; Scott, 'The Business of Belief', pp. 213-24; Best, *Mid-Victorian Britain*, p. 226. 一九世紀を通じて、世紀末も含め、宗教的な出版物の点数は一様に減少していったが、それでも全出版物のなかではかなりの割合を占めていた。

(8) *The Times*, 12 April 1886, p. 12.

(9) Houghton, *The Victorian Frame of Mind*, p. 128.

(10) 神智学運動についてはCampbell, *Ancient Wisdom Revived*を見よ。心霊主義についての活気ある描写としてはBrandon, *The Spiritualists*を見よ。僧侶になった最初の英国人仏教徒はチャールズ・ベネット(アーナンダ・メッテイヤ)である。彼はアーノルドの『アジアの光』を一八九〇年に初めて読み、決定的な影響を受け、一九〇二年にビルマで僧侶として出家した。Malalasekera, *Encyclopaedia of Buddhism*, I: 539-42を見よ。本書はブラヴァツキー夫人と彼女の弟子のイギリス人アルフレッド・シネット〔一八四〇—一九二一〕のエソテリック仏教については論じていない。それはエソテリックだったかもしれない。しかし仏教ではけっしてなかった。少なくとも一九世紀後半の仏教解釈者の大半から見ると、仏教ではなかった。

(11) Humphreys, *The Development of Buddhism*, p. 18を見よ。おそらく二〇世紀の英国人仏教徒で最も有名なクリスマス・ハンフリーズ〔一九〇一―八三〕は、ブラヴァツキーの神智学を背景としていた。後年、一九六八年になって彼は、「H・P・ブラヴァツキーの神智学はあらゆる既知の宗教に先行する古代叡智宗教の一表現であり、仏教は、枯れることのない親木の多くの枝のなかで、最も高貴であり、穢れの最も少ない枝だという自分の見解にはまったく揺らぎはない」と記した。*Sixty Years of Buddhism*, p. 18.

(12) Edkins, 'Notices of Buddhism in China'.

(13) Cunningham, *The Bhilsa Topes*, p. 2.

(14) Feudge, 'The Mammouth Religion', p. 354.

(15) Beal, *Buddhism in China*, p. 228.

(16) Scott, *Buddhism and Christianity*, p. 338. p. 335も見よ。

(17) *The Christian Remembrancer*, 1858, p. 122.

(18) Titcomb, *Short Chapters on Buddhism*, p. 182. p. 26も見よ。

(19) *London Quarterly Review*, 1888-9, p. 336.

(20) *Journal of Sacred Literature*, 1865, p. 293.

(21) Bigandet, *The Life, or Legend of Gaudama*, p. 298.

(22) Jersey, 'Buddhism and Christianity', p. 588.

(23) Collins, 'Buddhism, and "The Light of Asia"', p. 181. Frazer, *A Literary History of*

India, pp. 133-4 を見よ。

(24) Grant, *The Religions of the World*, pp. 147-8.

(25) Hardy, *The British Government and the Idolatry of Ceylon*, pp. 33-4 に引用。

(26) *London Quarterly Review*, 1888-9, p. 345. *British Quarterly Review*, 1884, p. 175 も見よ。

(27) Scott, *Buddhism and Christianity*, pp. 336-7.

(28) Crawfurd, *Journal of an Embassy*, II: 97.

(29) Barthélemy St Hilaire, *The Buddha and his Religion*, p. 152.

(30) Hardy, *The British Government and the Idolatry of Ceylon*, pp. 45-6.

(31) Ibid., p. 6.

(32) *London Quarterly Review*, 1854-5, p. 437.

(33) Baker, *Eight Years in Ceylon*, p. 313.

(34) Loubère, *A New Historical Relation*, p. 64.

(35) Ibid., p. 64.

(36) Ibid., p. 90.

(37) 特に Glacken, *Traces on the Rhodian Shore*, Pts. 3-4 を見よ。

(38) Davy, *An Account of the Interior of Ceylon*, p. 218. p. 141 も見よ。

(39) Barthélemy St Hilaire, *The Buddha and His Religion*, pp. 13-4.

(40) Copleston, *Buddhism*, p. 248.

(41) Griffin, 'The Burman', p. 661.
(42) Bryant, 'Buddhism and Christianity', p. 258.
(43) Ibid., p. 258.
(44) Oldenberg, *Buddha: His Life, His Doctrine, His Order*, pp. 12-3.〔『仏陀――その生涯、教理、教団』〕
(45) Feudge, 'The Mammoth Religion', p. 342. ただし Candlin, 'What should be our Attitude', p. 101 も参照。
(46) MacDonald, 'Buddha and Buddhism', p. 131.
(47) Knighton, *Forest Life in Ceylon*, II: 7.
(48) Colinet, 'Recent Works on Primitive Buddhism', p. 137.
(49) Machar, 'Buddha and Buddhism', p. 39. 同文献には「忠誠の徒」と署名されている。*Poole's Index* はA・M・メイチャーの叙述としている。
(50) Kellogg, *The Light of Asia*, p. 60.
(51) *The Westminster Review*, 1856, p. 302.
(52) Barthélemy St Hilaire, *The Buddha and His Religion*, p. 67.
(53) Davids, *Lectures*, p. 197.
(54) Davids, *Buddhism*, p. 188.
(55) Berry, *Christianity and Buddhism*, p. 41.

(56) Sandberg, 'Philosophical Buddhism', p. 257.
(57) Monier-Williams, *Buddhism*, p. 508.
(58) Ibid., p. 7.
(59) *The Christian Remembrancer*, 1858, p. 99.
(60) Eitel, *Buddhism*, p. 61.
(61) Ibid.
(62) Medhurst, *China*, p. 215.
(63) Barthélemy St Hilaire, *The Buddha and His Religion*, p. 176.
(64) Alwis, 'Buddhism', p. 14.
(65) Ball, *Is Buddism a Preparation*, p. 21.
(66) *Scottish Review*, 1899, p. 288.
(67) Ibid., p. 300.
(68) Sandberg, 'Philosophical Buddhism', p. 262.
(69) Bettany, *The Great Indian Religions*, p. 125.
(70) Loubère, *A New Historical Relation*, p. 60.
(71) Sangermano, *A Description of the Burmese Empire*, p. 153.
(72) Tennent, *Christianity in Ceylon*, p. 205.
(73) *The Prospective Review*, 1850, p. 485. p. 475 も見よ。

(74) Monier-Williams, *Buddhism*, p. 4.
(75) Feudge, 'The Mammoth Religion', p. 344.
(76) Sandberg, 'Philosophical Buddhism', p. 263.
(77) *The Christian Remembrancer*, 1858, pp. 94–5. p. 104 も見よ。
(78) Machar, 'Buddha and Buddhism', p. 37.
(79) Grant, *The Religions of the World*, p. 131.
(80) Oldenberg, *Buddha: His Life, His Doctrine, His Order*, p. 220.〔『仏陀——その生涯、教理、教団』〕
(81) *Chambers's Encyclopaedia*, 1874, II: 406.
(82) Armstrong, 'Buddhism and Christianity', p. 178.
(83) Eitel, *Buddhism*, p. 76. ただし Salisbury, 'Memoir', pp. 81–2 も参照。
(84) Marshall and Williams, *The Great Map of Mankind*, p. 133 に引用の Ferguson, *Essay on the History of Civil Society*.
(85) Ibid., p. 133 に引用。Marshall, *The British Discovery of Hinduism*, p. 3 も見よ。
(86) Tennent, *Christianity in Ceylon*, p. 205.
(87) *The Calcutta Review*, 1845, p. 281.
(88) Bird, *Historical Researches*, pp. iv-v.
(89) *The Intellectual Observer*, 1867, pp. 427–8.

(90) Edkins, 'Notices of Buddhism in China'. そしてまた Bigandet, *The Life, or Legend of Gaudama*, p. 335 も見よ。

第三章　ブッダ——神話から歴史へ

(1) Philips, *The Story of Gautama Buddha*, pp. 209–10.
(2) Barthélemy St Hilaire, *The Buddha and His Religion*, p. 14.
(3) Davids, 'Buddhism', IV: 425.
(4) Loubère, *A New Historical Relation*, p. 139.
(5) Chambers, 'Some Account of the Sculptures and Ruins', pp. 162–3.
(6) Jones, 'Dissertation 111', p. 80.
(7) Faber, *The Origin of Pagan Idolatry*, II: 355.
(8) Cunningham, *The Bhilsa Topes*, p.x.
(9) Buchanan, 'On the Religion', p. 259.
(10) Faber, *The Origin of Pagan Idolatry*, II: 42.
(11) Francklin, *Researches*, p. 146.
(12) Ibid., p. 81.
(13) Ibid., pp. 177–8.
(14) Mill, *The History of British India*, 1817, I: 223.

(15) Mill, *The History of British India*, 1840, I: 361, n. 1.

(16) Mill, *The History of British India*, 1858, I: 251.

(17) Symes, *An Account*, II: 37.

(18) Faber, *The Origin of Pagan Idolatry*, II: 355.

(19) Davy, *An Account of the Interior of Ceylon*, p. 173.

(20) Ibid., p. 174. Ersch and Gruber, 'Buddha, Buddhaismus', pp. 335–6 も見よ。

(21) たとえば Fergusson, *Tree and Serpent Worship*, pp. 22–3 を見よ。

(22) *Encyclopaedia Metropolitana*, 1845, XVI: 54.

(23) *The Calcutta Review*, 1845, p. 250.

(24) Wilson, 'On Buddha and Buddhism', p. 247.

(25) Müller, 'Buddhist Pilgrims', p. 235.〔「仏教の巡礼者たち」〕

(26) Loubère, *A New Historical Relation*, p. 138.

(27) Manuel, *The Eighteenth Century*, Ch. 3 を見よ。

(28) Buchanan, 'On the Religion', pp. 257–8.

(29) Ersch and Gruber, 'Buddha, Buddhaismus', XIII: 330.

(30) Salisbury, 'Memoir', p. 87. ただし *Encyclopaedia Metropolitana*, 1845, XVI: 54 を参照。

(31) Knighton, *Forest Life in Ceylon*, II: 3.

(32) Speir, *Life in Ancient India*, pp. 267–8.

(33) Koeppen, *Die Religion des Buddha*, I: 73.

(34) Yule, *A Narrative*, p. 234.

(35) Simpson, *The Hindu Pantheon*, p. 159.

(36) Moor, *The Hindu Pantheon*, p. 233. Kaempfer, *The History of Japan*, II: 57 も見よ。

(37) Jones, 'On the Chronology of the Hindus', pp. 125, 147. Marshall, *The British Discovery of Hinduism*, pp. 35-6 も見よ。一八世紀の年代学については Manuel, *Isaac Newton Historian* を見よ。

(38) Faber, *The Origin of Pagan Idolatry*, I: 89.

(39) Ibid., III: 670.

(40) *The British Cyclopaedia*, 1836, I: 323.

(41) *The Penny Cyclopaedia*, 1836, p. 527.

(42) *The National Cyclopaedia*, 1847, III: 905.

(43) Kesson, *The Cross and the Dragon*, p. 178; Culbertson, *Darkness*, pp. 69-70 および Davis, *China*, II: 38.

(44) Buchanan, 'On the Religion', p. 266.

(45) Mahony, 'On *Singhala*, or *Ceylon*', p. 34. Percival, *An Account of the Island of Ceylon*, p. 142 も見よ。

(46) Joinville, 'On the Religion and Manners', p. 434.

(47) Burnouf and Lassen, *Essai sur le Pali*, pp. 49–50.
(48) 以下を見よ。Burnouf, *Introduction*, p. iii および Lassen, *Indische Alterthumskunde*, II: 60.
(49) Hodgson, 'Notices', I: 11.
(50) *Allgemeine Deutsche Real-Encyclopädie*, 1833–7, II: 296.
(51) Ibid., 1843–8, III: 7.
(52) Ibid., 1851–5, III: 405 および 1864–73, III: 830.
(53) *The Christian Remembrancer*, 1858, p. 90.
(54) 世紀末の状況の有益な要約として Müller, *The Dhammapada*, pp. xliii-liii を見よ。Filliozat, *Studies in Asokan Inscriptions*, pp. 9–19 も見よ。
(55) Alexander, *Sakya-Muni*, pp. 7–8.
(56) Hardy, *Christianity and Buddhism Compared*, p. 2.
(57) *The Westminster Review*, 1856, p. 302. Barthélemy St Hilaire, *The Buddha and His Religion*, p. 94 も見よ。
(58) Oldenberg, *Buddha: His Life, His Doctrine, His Order*, p. 82.〔『仏陀——その生涯、教理、教団』〕
(59) Titcomb, *Short Chapters on Buddhism*, p. 18.
(60) *Dublin University Magazine*, 1873, p. 206.

(61) Armstrong, 'Buddhism and Christianity', p. 184.
(62) Davids, 'Buddhism and Christianity', p. 13.
(63) Davids, *Buddhism*, p. 16.
(64) Amberley, 'Recent Publications on Buddhism', pp. 306–7.
(65) Edgar, 'The Development of Buddhism', p. 801.
(66) Tulloch, *The Christ of the Gospels and the Christ of Modern Criticism*, London: MacMillan, 1864, pp. 3–4. Pals, *The Victorian 'Lives' of Jesus*, pp. 34–5 に引用。
(67) Pals, *The Victorian 'Lives' of Jesus*, pp. 72–7 を見よ。
(68) Kellogg, *The Light of Asia*, pp. 54–5. ルナンへの言及は困惑を引き起こすが、議論の要点は変わらず明らかである。p. 373 も見よ。
(69) Sheffield, 'Dr. Kellogg's "Light of Asia"', p. 30.
(70) Berry, *Christianity and Buddhism*, p. 29. p. 46 も見よ。
(71) たとえば Cobbold, *Religion in Japan*, p. 36 を見よ。
(72) リス・デイヴィズについては、たとえば Copleston, *Buddhism*, pp. 133–4 を見よ。
(73) たとえば以下を見よ。Brockett, 'Buddhism', pp. 220–1 および Gmeiner, 'The Light of Asia', p. 7. Ch. 5 も見よ。
(74) Carpenter, 'The Obligations of the New Testament', p. 977.
(75) Green, 'Christianity and Buddhism', p. 302. Jersey, 'Buddhism and Christianity', p. 580

も見よ。

(76) Armstrong, 'Buddhism and Christianity', p. 199.

(77) *The Quarterly Review*, 1890, p. 327.

(78) Barth, *The Religions of India*, p. 117. Dods, *Mohammed, Buddha, and Christ*, pp. 148-9 および *The Saturday Review*, 1883, p. 695 も見よ。

(79) Allibone, *A Critical Dictionary*, I: 13-14 を見よ。

(80) Adams, *Curiosities of Superstition*, p. 25.

(81) Marshall, *The British Discovery of Hinduism*, p. 20.

(82) Buchanan, 'On the Religion', p. 166.

(83) Ward, *History, Literature, and Religion of the Hindoos*, I: ciii.

(84) Mill, 'Religion and Character', p. 377.

(85) Mill, *The History of British India*, 1817, I: 245.

(86) Bennett, *Ceylon*, p. 272.

(87) Knighton, *Forest Life in Ceylon*, II: 10. 以下も見よ。 Tennent, *Christianity in Ceylon*, p. 226; Davis, *China*, II: 42; *The Intellectual Observer*, 1867, p. 423 および Beal, *A Catena of Buddhist Scriptures*, pp. 144-5.

(88) Davids, *Buddhism*, p. 85.

(89) Bloomfield, 'The Essentials of Buddhist Doctrine', p. 313. Gerhart, 'Original Buddhism',

p. 292 を見よ。

(90) Neumann, 'Buddhism and Shamanism', p. 124.

(91) Gogerly, *Ceylon Buddhism*, p. 9.

(92) Cunningham, *The Bhilsa Topes*, p. 33.

(93) *The Christian Remembrancer*, 1858, p. 104.

(94) Müller, 'Buddhist Pilgrims', p. 236.〔「仏教の巡礼者たち」〕

(95) Brockett, 'Buddhism', p. 219; Sargant, *Buddha*, p. 22; *The Intellectual Observer*, 1867, p. 424; Kistner, *Buddha and His Doctrine*, p. 1 および Armstrong, 'Buddhism and Christianity', pp. 176–8.

(96) Rattigan, 'Three Great Asiatic Reformers', p. 293.

(97) *Asiatic Journal and Monthly Register*, 1831, p. 262.

(98) *The Prospective Review*, 1850, p. 480.

(99) *The Christian Remembrancer*, 1858, pp. 92-3.

(100) *Journal of Sacred Literature*, 1865, p. 287.

(101) Clarke, 'Buddhism', p.715.

(102) *The Westminster Review*, 1878, p. 331.

(103) Eitel, *Buddhism*, p. 6.

(104) Dubose, *The Dragon, Image and Demon*, p. 163.

(105) Grant, *The Religions of the World*, p. 125.

(106) *Chambers's Encyclopaedia*, 1874, II: 409. 以下を見よ。 Johnston, 'Christ and Buddha', p. 37 および Dods, *Mohammed, Buddha, and Christ*, p. 136.

(107) Oldenberg, *Buddha: His Life, His Doctrine, His Order*, p. 170.〔『仏陀——その生涯、教理、教団』〕

(108) *The Saturday Review*, 1882, p. 765.

(109) Ibid., p. 765.

(110) Ibid., p. 766. Everett, 'Recent Studies', p. 431 を見よ。

(111) Fairbairn, 'History of Religions', p. 439.

(112) Strong, 'The Revival of Buddhism', p. 273.

(113) Bettany, *The Great Indian Religions*, p. 129. 以下を見よ。 *The Quarterly Review*, 1890, p. 324 および Cobbold, *Religion in Japan*, p. 41.

(114) Galton, 'The Founder of Buddhism', p. 154.

(115) Speir, *Life in Ancient India*, p. 288.

(116) *The Westminster Review*, 1856, pp. 328–9. Neale, 'Buddha and Buddhism', p. 442 を見よ。

(117) Adler, 'A Prophet of the People', p. 689. Edgar, 'The Development of Buddhism', pp. 820–1 を見よ。

(118) *London Quarterly Review*, 1858, p. 517.
(119) *London Quarterly Review*, 1886, p. 283.
(120) Machar, 'Buddha and Buddhism', p. 35.
(121) Davids, 'Buddha's First Sermon', p. 901.
(122) Armstrong, 'Buddhism and Christianity', pp. 186–8.
(123) Feudge, 'The Mammoth Religion', p. 345.
(124) Caird, *Buddhism*, p. 14. 以下も見よ。Bloomfield, 'The Essentials of Buddhist Doctrine', pp. 320–1; Copleston, *Buddhism*, p. 60; Davids, 'Buddhism', IV: 428–9 および *The Quarterly Review*, 1890, p. 340.
(125) Edkins, review of Beal, *The Romantic Legend*, p. 376.
(126) *The Westminster Review*, 1878, p. 330.
(127) *The Church Quarterly Review*, 1882, p. 100.
(128) Grant, *The Religions of the World*, p. 130.
(129) Rattigan, 'Three Great Asiatic Reformers', p. 296. 以下も見よ。Berry, *Christianity and Buddhism*, pp. 49–50 および Huxley, *Evolution and Ethics*, p. 103, n. 10.

第四章　ヴィクトリア時代人と仏教の教義

(1) *Samyuttanikāya*, V: 422.〔『原始仏典Ⅱ　相応部経典　第六巻』「第5集第12篇　真実に

ついての集成」畑昌利訳、春秋社、二〇一四年、五五六―五五七頁、訳文一部改変〕

（2）Oldenberg, *Buddha: His Life, His Doctrine, His Order*, p. 212.〔『仏陀――その生涯、教理、教団』〕

（3）Barthélemy St Hilaire, *The Buddha and His Religion*, p. 158.

（4）Monier-Williams, *Buddhism*, p. 36. Titcomb, *Short Chapters on Buddhism*, p. 54 も見よ。

（5）Caird, *Buddhism*, p. 6.

（6）*The Church Quarterly Review*, 1891, p. 74. 以下も見よ。*London Quarterly Review*, 1858, p. 522; Clarke, 'Buddhism', p. 728; Hardy, *Christianity and Buddhism Compared*, pp. 74-5; *The Church Quarterly Review*, 1882, p. 95; Eitel, *Buddhism*, pp. 80, 95-6; Scott, *Buddhism and Christianity*, pp. 18-9.

（7）Oldenberg, *Buddha: His Life, His Doctrine, His Order*, pp. 220-1.〔『仏陀――その生涯、教理、教団』〕

（8）Armstrong, 'Buddhism and Christianity', p. 178 を見よ。また Davids, *Lectures*, pp. 21-2 も見よ。

（9）Johnston, 'Christ and Buddha', p. 39.

（10）Bixby, 'Buddhism', p. 556.

（11）Bryant, 'Buddhism and Christianity', p. 267.

（12）Ellinwood, *Oriental Religions and Christianity*, p. 157. Alwis, 'Buddhism', p. 29 も見よ。

(13) Adler, 'A Prophet of the People', p. 689.
(14) Strong, 'The Revival of Buddhism', p. 273.
(15) Davids, 'Buddha's First Sermon', pp. 890–9. Davids, *Lectures*, pp. 214–5 も見よ。
(16) Kellogg, *The Light of Asia*, pp. 265–6 を見よ。
(17) Froude, *Short Studies*, IV: v-vi.
(18) Kellogg, *The Light of Asia*, p. 11.
(19) Ellinwood, *Oriental Religions and Christianity*, p. 156.
(20) *London Quarterly* Review, 1886, p. 292.
(21) *Majjhimanikāya*, III: 203.〔『原始仏典第七巻　中部経典Ⅳ』「第一三五経　業の小分析——鸚鵡経」長尾佳代子訳、春秋社、二〇〇五年、四〇三頁〕
(22) *Samyuttanikāya*, II: 179.〔『原始仏典Ⅱ　相応部経典　第二巻』「第2集第4篇　無始についての集成」浪花宣明訳、春秋社、二〇一二年、三七三頁〕
(23) Holbrook, *Sketches*, p. 273 を見よ。
(24) Gutzlaff, *China Opened*, II: 224–5 を見よ。
(25) 以下を見よ。Monier-Williams, *Buddhism*, p. 116; Torrens, *Travels*, p. 120.
(26) Barthélemy St Hilaire, *The Buddha and His Religion*, p. 131.
(27) *The Westminster Review*, 1856, p. 312.
(28) Dubose, *The Dragon, Image and Demon*, p. 227.

(29) Davids, *Buddhism*, p. 49.
(30) Gerhart, 'Original Buddhism', p. 292.
(31) Scott, *Buddhism and Christianity*, p. 92.
(32) Eitel, *Buddhism*, p. 76.
(33) Barthélemy St Hilaire, *The Buddha and His Religion*, pp. 133-4.
(34) Sargant, *Buddha*, p. 11.
(35) Culbertson, *Darkness*, p. 86. Knighton, *Forest Life in Ceylon*, II: 390, 396-9 も見よ。
(36) Hardy, *Legends*, p. xlv.
(37) Barthélemy St Hilaire, *The Buddha and His Religion*, p. 162.
(38) Davids, *Lectures*, p. 108.
(39) Kellogg, *The Light of Asia*, p. 7. Ellinwood, *Oriental Religions and Christianity*, p. 156 も見よ。ただし Cockshut, *Religious Controversies*, pp. 254-65 所収の Frederick Temple, 'The Relations between Religion and Science'も参照。
(40) Knighton, *Forest Life in Ceylon*, II: 388-9.
(41) *Journal of Sacred Literature*, 1865, p. 290.
(42) Ibid., p. 290. *Dublin University Magazine*, 1873, p. 215 も見よ。
(43) Huxley, *Evolution and Ethics*, p. 61. Griffin, 'The Burman', pp. 662-3 も見よ。
(44) Cobbold, *Religion in Japan*, pp. 44-5.

(45) Amberley, 'Recent Publications on Buddhism', p. 316. Dods, *Mohammed, Buddha, and Christ*, pp. 161-2 も見よ。
(46) Davids, *Buddhism*, p. 106.
(47) Eitel, *Buddhism*, p. 84.
(48) Hardy, *Legends*, p. 165.
(49) Knighton, *Forest Life in Ceylon*, II: 412-13.
(50) Benn, review of Copleston, *Buddhism*, p. 145.
(51) Alabaster, *The Wheel of the Law*, p. xl. Collins, 'Buddhism and "The Light of Asia"', p. 186 も見よ。
(52) Clarke, 'Buddhism', pp. 725-6. Titcomb, *Short Chapters on Buddhism*, p. 50 も見よ。
(53) Berry, *Christianity and Buddhism*, p. 79.
(54) Ellinwood, *Oriental Religions and Christianity*, p. 150.
(55) Schumann, *Buddhism*, p. 65.
(56) *The Westminster Review*, 1856, p. 317.
(57) Hardy, *Legends*, p. 168. 因と縁との区別については Schumann, *Buddhism*, p. 59 を参照。縁は縁起《パティッチャ・サムッパーダ》の法の縁である。
(58) Bigandet, *The Life, or Legend of Gaudama*, p. 86.
(59) 以下を見よ。Gogerly, 'An Outline of Buddhism', p. 41; Oldenberg, *Buddha: His Life,*

His Doctrine, His Order, p. 226〔『仏陀――その生涯、教理、教団』〕; Titcomb, *Short Chapters on Buddhism*, p. 55; Monier-Williams, *Buddhism*, p. 102; Bettany, *The Great Indian Religions*, p. 149; Beames, 'A Plain Account of Buddhism,' 1896, p. 155; *The Christian Remembrancer*, 1858, pp. 101–2.

(60) Goodwin, 'Mosaic Cosmogony', pp. 138–9.

(61) Hardy, *Legends*, p. 114.

(62) Ibid., pp. 96, 101.

(63) Ibid., p. 219. Neale, 'Buddha and Buddhism,' p. 446 を見よ。

(64) Hardy, *A Manual of Buddhism*, p. 35n. Hardy, *Legends*, pp. 108, 161, 197–8 を見よ。

(65) *The Intellectual Observer*, 1867, p. 426.

(66) *The Christian Remembrancer*, 1858, p. 98.

(67) Alwis, 'Buddhism,' p. 34.

(68) Edkins, *Religion in China*, pp. 80–1. pp. 81–2 を見よ。さらに Edkins, *The Religious Condition*, p. 95.

(69) Bigandet, *The Life, or Legend of Gaudama*, pp. 11, 25. Titcomb, *Short Chapters on Buddhism*, pp. 33–4 を見よ。

(70) Eitel, *Buddhism*, p. 62. Dubose, *The Dragon, Image and Demon*, p. 209 を参照。

(71) Eitel, *Buddhism*, p. 63. Copleston, *Buddhism*, p. 248 を見よ。

(72) たとえば以下を見よ。Buchanan, 'On the Religion'; Joinville, 'On the Religion and Manners'; Davy, *An Account of the Interior of Ceylon*; Sangermano, *A Description of the Burmese Empire*.

(73) たとえば Davids, *Buddhism* を見よ。

(74) Monier-Williams, *Buddhism*, pp. 117–22.

(75) Gogerly, 'An Introductory Sketch', p. 2. Hardwick, *Christ and other Masters*, p. 154 も見よ。

(76) Beal, *A Catena of Buddhist Scriptures*, p. 147.

(77) たとえば Beal, *Buddhism in China*, pp. 98, 114 を見よ。

(78) Müller, 'A Bishop on Buddhism', p. 109; Claughton, 'Buddhism', p. 139; Edkins, *Religion in China*, p. 139; Berry, *Christianity and Buddhism*, pp. 94–5.

(79) Müller, 'A Bishop on Buddhism', p. 109.

(80) 以下を見よ。Söderblom, 'Holiness', Otto, 'Buddhism and Christianity'.

(81) Davids, *Buddhism*, pp. 203, 208, 209.

(82) Monier-Williams, *Buddhism*, pp. vii, 305.

(83) Dods, *Mohammed, Buddha, and Christ*, p. 177.

(84) Eitel, *Buddhism*, pp. 50–1. Cobbold, *Religion in Japan*, p. 51 も見よ。

(85) De Harlez, 'The Buddhistic Schools', pp. 53–4. 以下も見よ。Ball, *Is Buddism a*

Preparation, p. 12; Gerhart, 'Original Buddhism', p. 305.

(86) Loubère, *A New Historical Relation*, pp. 130, 161.

(87) Ward, *History, Literature, and Religion of the Hindoos*, I: civ.

(88) Ersch and Gruber, 'Buddha, Buddhaismus', p. 332.

(89) Edkins, 'Notices of Buddhism in China'; Wilson, 'On Buddha and Buddhism', p. 255.

(90) *London Quarterly Review*, 1858, p. 522.

(91) *The Christian Remembrancer*, 1858, p. 95. Knighton, *The History of Ceylon*, p. 67 を見よ。

(92) *The London Encyclopaedia*, 1829, IV: 694.

(93) *Allgemeine Deutsche Real-Encyclopädie*, 1833, II: 296; 1843, III: 7; 1851, III: 405; 1864, III: 830.

(94) *The Penny Cyclopaedia*, 1836, p. 530.

(95) Maurice, *The Religions of the World*, pp. 81–2, 72–4. *The Saturday Review*, 1884, p. 249 を見よ。

(96) *The Calcutta Review*, 1845, p. 251.

(97) Simpson, *The Hindu Pantheon*, p. 160. Cunningham, *The Bhilsa Topes*, p. 23 を見よ。

(98) たとえば以下を見よ。Lillie, *The Popular Life of Buddha*; Lillie, *Buddha and Early Buddhism*.

(99) Gogerly, 'An Outline of Buddhism', p. 31.
(100) Clarke, 'Buddhism', p. 728. 彼がヴォルテール風の表現をする際に参照したのは、おそらくBarthélemy St Hilaire, *The Buddha and His Religion*, p. 176.
(101) Titcomb, *Short Chapters on Buddhism*, p. 172. たとえば以下を見よ。Müller, 'Lecture on Buddhist Nihilism', p. 139〔「仏教の虚無主義について」〕; Armstrong, 'Buddhism and Christianity', p. 177; *London Quarterly Review*, 1888–9, pp. 329–30.
(102) Eitel, *Buddhism*, p. 66.
(103) Watters, 'Mr. Eitel's Three Lectures', pp. 65–6.
(104) Eitel, *Buddhism*, pp. 2–3.
(105) Dubose, *The Dragon, Image and Demon*, p. 208.
(106) Watters, 'Mr. Eitel's Three Lectures', p. 65.
(107) *London Quarterly Review*, 1888–9, p. 330.
(108) Scott, *Buddhism and Christianity*, p. 16.
(109) Huxley (ed.), *Life and Letters*, I: 319–20 を見よ。
(110) Davids, 'The Ancient Buddhist Belief', pp. 222–3.
(111) Davids, *Lectures*, p. 90.
(112) Kellogg, *The Light of Asia*, p. 11.
(113) Green, 'Christianity and Buddhism', p. 312.

(114) Scott, *Buddhism and Christianity*, p. 14.

(115) たとえば Calvin, *Institutes*, I: 3 を見よ。

(116) Armstrong, 'Buddhism and Christianity', pp. 197-8. 以下も見よ。Barthélemy St Hilaire, *The Buddha and His Religion*, pp. 164-5; *Chambers's Encyclopaedia*, 1874, II: 405; 1861, II: 405.

(117) Edkins, *The Religious Condition*, p. 122; Edkins, *Religion in China*, p. 97 も見よ。

(118) *The Saturday Review*, 1883, p. 695.

(119) Dods, *Mohammed, Buddha, and Christ*, p. 180. Grant, *The Religions of the World*, p. 149 も見よ。

(120) Bigandet, *The Life, or Legend of Gautama*, p. 73.

(121) Beal, *Buddhism in China*, p. 107.

(122) Müller, 'The Meaning of Nirvana', p. 285. 〔「涅槃の意味」〕Müller, 'Buddhist Pilgrims', pp. 253-4 〔「仏教の巡礼者たち」〕も見よ。

(123) Yule, *A Narrative*, p. 233.

(124) Claughton, 'Buddhism', p. 145. Ball, *Is Buddhism a Preparation*, p. 16 も見よ。

(125) Eitel, *Buddhism*, pp. 102-3. 以下も見よ。Adams, *Curiosities of Superstition*, p. 26; Kellogg, *The Light of Asia*, pp. 358-9.

(126) Grosier, *A General Description*, II: 222.

(127) *Encyclopaedia Britannica*, 1810, VI: 29.

(128) Judson, *An Account of the American Baptist Mission*, p. 3.

(129) Medhurst, *China*, p. 215. 以下も見よ。Francklin, *Researches*, pp. 11-2 および Knighton, *The History of Ceylon*, p. 73.

(130) Davids, *Buddhism*, IV: 434. 以下も見よ。Alwis, 'Buddhism', p. 30; Gogerly, 'An Outline of Buddhism', p. 43; Gogerly, 'An Introductory Sketch', p. 10; Childers, *Dictionary*, pp. 265, 267; Childers, 'Notes on Dhammapada', p. 220; Hardy, *Legends*, p. 174; Bigandet, *The Life, or Legend of Gaudama*, pp. viii, 21, 323; Burnouf and Lassen, *Essai sur le Pali*, p. 196; Burnouf, *Introduction*, p. 588. ビュルヌフは語源学的には「涅槃」は「消滅」を意味すると確信していた。しかしブッダがそれによって何を意味したのかについて、彼はそれほど確実な見解はもたなかった。Welbon, *The Buddhist Nirvāna*, pp. 53-63 を見よ。

(131) Barthélemy St Hilaire, *The Buddha and His Religion*, p. 140. 彼がフーコーの名を、消滅としての解釈の支持者として付け加えたのは疑わしい。Welbon, *The Buddhist Nirvāna*, pp. 89-100 を見よ。

(132) Wilson, 'On Buddha and Buddhism', p. 256. Burnouf, *Introduction*, p. 590 も見よ。

(133) Hardwick, *Christ and Other Masters*, p. 165. 以下も見よ。Dods, *Mohammed, Buddha, and Christ*, p. 155; Gerhart, 'Original Buddhism', p. 305; *London Quarterly Review*, 1858, p. 541.

(134) Arnold, *The Light of Asia*, p. viii.
(135) Kellogg, *The Light of Asia*, pp. 221–2.
(136) Wilkinson, *Edwin Arnold*, p. 93.
(137) たとえば Rowell, *Hell and the Victorians* を見よ。
(138) Davy, *An Account of the Interior of Ceylon*, pp. 160–1.
(139) Armstrong, 'Buddhism and Christianity', p. 187.
(140) Barthélemy St Hilaire, *The Buddha and His Religion*, p. 175.
(141) Bigandet, *The Life, or Legend of Gaudama*, p. 347.
(142) Ward, *History, Literature, and Religion of the Hindoos*, II: 213.
(143) *Asiatic Journal and Monthly Register*, 1831, p. 262.
(144) *Allgemeine Deutsche Real-Encyclopädie*, 1833, II: 296–7; 1851, III: 405; 1864, III: 830.
(145) *The Penny Cyclopaedia*, 1836, p. 530. *The Calcutta Review*, 1845, p. 251 も見よ。
(146) *The Prospective Review*, 1850, p. 477.
(147) Prinsep, *Tibet*, pp. 139–40; Cunningham, *The Bhilsa Topes*, p. 23.
(148) Barham, 'Buddha and his Critics'. Müller, 'The Meaning of Nirvana', p. 281 〔「涅槃の意味」〕も見よ。
(149) たとえば以下を見よ。*Journal of Sacred Literature*, 1865, p. 290; Edkins, review of S. Beal, *The Romantic Legend*, p. 376; Bettany, *The Great Indian Religions*, p. 147.

(150) Culbertson, *Darkness*, p. 77; Simpson, *The Hindu Pantheon*, p. 161 も見よ。

(151) Jersey, 'Buddhism and Christianity', p. 586.

(152) Müller, 'Buddhist Pilgrims', p.249.〔「仏教の巡礼者たち」〕p. 246 も見よ。

(153) Müller, 'Lecture on Buddhist Nihilism', p. 143.〔「仏教の虚無主義について」〕

(154) Childers, *Dictionary*, p. 265.

(155) Beal, *A Catena of Buddhist Scriptures*, p. 173. Amberely, 'Recent Publications on Buddhism', p. 313 も見よ。

(156) *Dublin University Magazine*, 1873, p. 213.

(157) *The Westminster Review*, 1878, p. 340. 以下も見よ。Machar, 'Buddha and Buddhism', p. 167; Burnouf, 'Le Bouddhisme en Occident', p. 343; Berry, *Christianity and Buddhism*, p. 91 も参照。

(158) Oldenberg, *Buddha: His Life, His Doctrine, His Order*, p. 266.〔『仏陀――その生涯、教理、教団』〕

(159) Ibid., p. 284. Welbon, *The Buddhist Nirvāna*, pp. 194-208 も見よ。

(160) Titcomb, *Short Chapters on Buddhism*, p. 80.

(161) Colinet, 'Recent Works on Primitive Buddhism', p. 278; Scott, *Buddhism and Christianity*, p. 217; Beames, 'A Plain Account of Buddhism', pp. 155-6.

(162) Buchanan, 'On the Religion', p. 266. p. 180 も見よ。そこでブキャナンは消滅、吸収、両

方の解釈を退けている。

(163) Sangermano, *A Description of the Burmese Empire*, pp. 102-3.

(164) Yule, A *Narrative*, p. 236. 「非実在」は「アナッタ」「アナートマン」の不正確な訳である。「無魂」「無我」の方がよいだろう。

(165) Clarke, 'Buddhism', p. 726.

(166) Davies, 'The Religion of Gotama Buddha', p.335. 以下も見よ。Beal, *Buddhism in China*, pp. 199-200; Collins, 'Buddhism and "The Light of Asia"', pp. 163, 165; Grant, *The Religion of the World*, p. 135; Copleston, 'Buddhism', pp. 134-5. もっともコプルストンは、どちらかと言えば消滅説の方に向かっている。

(167) たとえば以下を見よ。*Asiatic Journal and Monthly Register*, 1832, pp. 315-6; *The Edinburgh Review*, 1862, p. 408（実際には著者はマックス・ミュラーである）。

(168) *The Christian Remembrancer*, 1858, p. 97.

(169) Edkins, *The Religious Condition*, p. 207. 以下も見よ。Amberley, 'Recent Publications on Buddhism', pp. 312-3; Machar, 'Buddha and Buddhism', p. 169.

(170) Adams, *Curiosities and Superstition*, p. 22.

(171) Eitel, *Buddhism*, p. 122. 以下も見よ。Copleston, *Buddhism*, p. 152; Scott, *Buddhism and Christianity*, p. 218; *The Quarterly Review*, 1890, p. 339; Barth, *The Religions of India*, pp. 113-4; Ellinwood, *Oriental Religions and Christianity*, p. 153.

第五章　ヴィクトリア時代の訓戒と仏教の実践

(1) *The Nineteenth Century*, 1877, p. 331.

(2) Chadwick, *The Victorian Church*, II: 122.

(3) *Encyclopaedia Britannica*, 1842, V: 637.

(4) Roer, review of Burnouf, *Introduction*, p. 789.

(5) Edgar, 'The Development of Buddhism', p. 802. Monier-Williams, 'Literary Admirers of Buddhism', pp. 218-9 も見よ。

(6) Caird, *Buddhism*, p. 20.

(7) Huxley, *Evolution and Ethics*, p. 68.

(8) Buchanan, 'On the Religion', p. 255.

(9) Tennent, *Christianity in Ceylon*, p. 219. Hardy, *A Manual of Buddhism*, p. 358 も見よ。

(10) Sirr, *Ceylon and the Cingalese*, p. 79. pp. 114-5 も見よ。

(11) *The Westminster Review*, 1856, p. 325. 以下も見よ。 Knighton, *Forest Life in Ceylon*, II: 53; Knighton, *The History of Ceylon*, 1845, pp. 80-1.

(12) Eitel, *Buddhism*, p. 64.

(13) Caird, *Buddhism*, pp. 15-6; Alwis, 'Buddhism', p. 4; Kellogg, *The Light of Asia*, p. 270.

(14) *The Church Quarterly Review*, 1882, p. 105.

(15) Gogerly, 'On Transmigration', pp. 221-2.

(16) Eitel, *Buddhism*, p. 84. ただし Alabaster, *The Wheel of the Law*, pp. xix-xx を参照。

(17) Copleston, 'Buddhism', p. 130.

(18) *The Quarterly Review*, 1890, p. 345.

(19) Beal, *Buddhism in China*, p. 200.

(20) Adler, 'A Prophet of the People', p. 687.

(21) *The Saturday Review*, 1883, p. 695.

(22) Dods, *Mohammed, Buddha, and Christ*, pp. 168-9. Copleston, *Buddhism* へのベンの書評 p. 145 を見よ。

(23) Claughton, 'Buddhism', p. 144.

(24) *London Quarterly Review*, 1888-9, p. 330. p. 341 を見よ。

(25) Galton, 'The Morality of Buddhism', p. 6. 以下を見よ。Copleston, *Buddhism*, p. 63; Monier-Williams, *Buddhism*, p. 14; Hardwick, *Christ and Other Masters*, p. 169.

(26) Kellogg, *The Light of Asia*, pp. 14-5.

(27) Claughton, 'Buddhism', p. 151.

(28) *The Nineteenth Century*, 1877, p. 347.

(29) Barthélemy St Hilaire, *The Buddha and His Religion*, p. 152.

(30) Brockett, 'Buddhism', p. 226.

(31) Clarke, 'Buddhism', p. 727.

(32) Hardy, *Legends*, p. 214.
(33) Titcomb, *Short Chapters on Buddhism*, p. 175; Eitel, *Buddhism*, p. 79.
(34) *London Quarterly Review*, 1886, p. 291.
(35) Dods, *Mohammed, Buddha, and Christ*, p. 169.
(36) Scott, *Buddhism and Christianity*, p. 221. pp. 223-4 も見よ。
(37) Ibid., p. 234.
(38) Berry, *Christianity and Buddhism*, pp. 106, 109.
(39) Beames, 'A Plain Account of Buddhism', p. 157.
(40) Armstrong, 'Buddhism and Christianity', p. 185.
(41) Alabaster, *The Wheel of the Law*, p. xx. Watters, 'Mr. Eitel's Three Lectures', p. 68 も見よ。
(42) Edgar, 'The Development of Buddhism', p. 805. Caird, *Buddhism*, p. 7 も見よ。
(43) Dunlap, 'Buddhist Priests of Siam', p. 425. Berry, *Christianity and Buddhism*, pp. 102-3 も見よ。
(44) Dennis, *Christian Missions*, I: 382. Sheffield, 'Christianity and the Ethnic Religions', p. 111 も見よ。
(45) Ball, *Is Buddism a Preparation*, p. 22.
(46) Davy, *An Account of the Interior of Ceylon*, p. 168.

(47) Tennent, *Christianity in Ceylon*, p. 228.
(48) Knighton, *Forest Life in Ceylon*, II: 417–9.
(49) Claughton, 'Buddhism', p. 153.
(50) *Encyclopaedia Metropolitana*, 1845, XVI: 60. Buchanan, 'On the Religion', p. 256 も見よ。
(51) Yule, *A Narrative*, p. 241.
(52) Gutzlaff, 'Journal of a Residence', p. 18. ただし Feudge, 'The Mammoth Religion', p. 347 も参照。
(53) Gilmour, *Among the Mongols*, p. 255. Dods, *Mohammed, Buddha, and Christ*, p. 175 も見よ。
(54) *The Quarterly Review*, 1890, p. 345.
(55) Houghton, *The Victorian Frame of Mind*, p. 189.
(56) Sargant, *Buddha*, p. 17.
(57) Eitel, *Buddhism*, p. 82.
(58) Titcomb, *Short Chapters on Buddhism*, p. 175.
(59) Hume, *An Inquiry*, p. 91.
(60) Grosier, *A General Description*, II: 232.
(61) Le Comte, *Memoirs*. この情報について私が知ったのは、Marshall and Williams, *The Great Map of Mankind*, p. 108 による。

(62) *Encyclopaedia Britannica*, 1797, III: 363.

(63) *The English Encyclopaedia*, 1802, I: 820; *Encyclopaedia Perthensis*, 1807, IV: 130; *Pantologia*, 1813, II: n. p.; Platts, *Manners and Customs*, p. 538; *The London Encyclopaedia*, 1829, pp. 303–4.

(64) Gutzlaff, *China Opened*, II: 225–6. Hardwick, *Christ and Other Masters*, p. 341 を見よ。

(65) Philosinensis, 'Remarks on Budhism', p. 217.

(66) Kesson, *The Cross and the Dragon*, p. 186.

(67) Davis, *China*, II: 47; Culbertson, *Darkness*, p. 89.

(68) Culbertson, *Darkness*, p. 79. p. 74 を見よ。

(69) Davis, *China*, II: 48.

(70) Neale, 'Buddha and Buddhism', p. 447.

(71) Balfour, 'Buddhism', p. 10.

(72) Barrow, *Travels in China*, p. 422; *Encyclopaedia Britannica*, 1842, VI: 560.

(73) Cobbold, *Religion in Japan*, p. 73.

(74) Sirr, *Ceylon and the Cingalese*, p. 113.

(75) Knighton, *Forest Life in Ceylon*, II: 33–5.

(76) *The Prospective Review*, 1850, p. 484.

(77) *London Quarterly Review*, 1854–5, p. 455. Copleston, *Buddhism* へのベンの書評 p. 146

も見よ。

(78) Buchanan, 'On the Religion', p. 276.

(79) *The London Encyclopaedia*, 1829, IV: 695; *The Edinburgh Encyclopaedia*, 1830, III: pt. 2, 531.

(80) Bigandet, *The Life, or Legend of Gaudama*, p. 534.

(81) Ibid., pp. 531–2. 以下も見よ。Colquhoun, *Amongst the Shans*, p. 153; Yoe, 'Buddhists and Buddhism', p. 731; なお Sangermano, *A Description of the Burmese Empire*, p. 153 も参照。

(82) Müller, 'Buddhist Pilgrims', p. 252. 〔「仏教の巡礼者たち」〕

(83) Gogerly, 'An Outline of Buddhism', p. 17.

(84) *The Christian Remembrancer*, 1858, p. 98.

(85) Sandberg, 'Philosophical Buddhism', p. 266.

(86) Beal, *A Catena of Buddhist Scriptures*, p. 150; Titcomb, *Short Chapters on Buddhism*, p. 147; Alabaster, *The Wheel of the Law*, p. xliv; Monier-Williams, *Buddhism*, pp. 210–1.

(87) Beal, *A Catena of Buddhist Scriptures*, p. 151; Barthélemy St Hilaire, *The Buddha and His Religion*, pp. 141–4; Bigandet, *The Life, or Legend of Gaudama*, p. 104; *London Quarterly Review*, 1888–9, p. 341.

(88) Stewart, 'An Account of the Kingdom of Thibet', p. 476.

(89) Cranmer-Byng (ed.), *An Embassy to China*, p. 135. p. 233 を見よ。

(90) Barrow, *Travels in China*, p. 449.

(91) *The Encyclopaedia Edinensis*, 1827, I: 678.

(92) Platts, *Manners and Customs*, p. 538; *The London Encyclopaedia*, 1829, IV: 304. Philosinensis, 'Remarks on Budhism', pp. 217–8 を見よ。

(93) Medhurst, *China*, pp. 217–8. *The National Cyclopaedia*, 1847, III: 911–2; 1857, III: 911–2 を見よ。

(94) Clarke, 'Buddhism', p. 713; *The Westminster Review*, 1878, p. 348.

(95) Davis, *China*, II: 41.

(96) Culbertson, *Darkness*, p. 121; Davids, 'Buddhism', p. 438; Green, 'Christianity and Buddhism', p. 321. Müller, 'Christianity and Buddhism', p. 68 を見よ。

(97) *The Westminster Review*, 1856, p. 329.

(98) Alabaster, *The Wheel of the Law*, p. xxxvi.

(99) Dubose, *The Dragon, Image and Demon*, p. 290.

(100) Anderson, *The Buddha of Christendom*, p. 73. pp. vi-vii を見よ。ただし Torrens, *Travels*, p. 179 を参照。

(101) Clarke, 'Buddhism', p. 719.

(102) Kellogg, *The Light of Asia*, p. 358. Beal, *Buddhism in China*, pp. 103, 217 を見よ。

(103) Gilmour, *Among the Mongols*, pp. 253–4. Monier-Williams, *Buddhism*, pp. 156, 469 を見よ。

(104) Claughton, 'Buddhism', p. 145.

(105) Titcomb, *Short Chapters on Buddhism*, p. 109.

(106) Müller, 'Christianity and Buddhism', p. 68.

(107) Ibid., p. 68.

(108) *The Penny Cyclopaedia*, 1836, p. 532.

(109) Eitel, *Buddhism*, p. 30. ただし Watters, 'Mr. Eitel's Three Lectures', p. 65 を参照。

(110) Machar, 'Buddha and Buddhism', pp. 41–2.

(111) Kellogg, *The Light of Asia*, pp. 159–60.

(112) Prinsep, *Tibet*, p. 163.

(113) Bigandet, *The Life, or Legend of Gaudama*, p. 493.

(114) Ibid., p. 163; Speir, *Life in Ancient India*, pp. 368–9.

(115) *Literature*, 1901, pp. 243–4. *The Church Quarterly Review*, 1882, pp. 106–7 を見よ。

(116) ただし Strong, *The Metaphysic of Christianity and Buddhism*, p. 2 を参照。

(117) Davids, *Lectures*, p. 151. Scott, *Buddhism and Christianity*, pp. 24–5 を見よ。

(118) Davids, 'Buddhism and Christianity', pp. 11–2. 以下を見よ。Carpenter, 'The Obligations of the New Testament', pp. 975–9; *The Church Quarterly Review*, 1882, p. 107.

(119) Buchanan, 'On the Religion', p. 278.
(120) *The Prospective Review*, 1850, p. 489. 以下を見よ。 Forbes, *Eleven Years in Ceylon*, p. 206; *The Westminster Review*, 1856, p. 308.
(121) Neale, 'Buddha and Buddhism', p. 440. Sargant, *Buddha*, p. 23 を見よ。
(122) *Journal of Sacred Literature*, 1865, p. 299.
(123) Clarke, 'Buddhism', p. 722. Armstrong, 'Buddhism and Christianity', p. 186 を見よ。
(124) *Dublin University Magazine*, 1873, p. 206. 以下を見よ。 Adler, 'A Prophet of the People', p. 688; Eitel, *Buddhism*, pp. 6–7; Jersey, 'Buddhism and Christianity', p. 580; *London Quarterly Review*, 1886, pp. 291–2; Bettany, *The Great Indian Religions*, p. 232.
(125) Philosinensis, 'Remarks on Budhism', p. 216.
(126) Tennent, *Christianity in Ceylon*, p. 191.
(127) Scott, *Buddhism and Christianity*, p. 280.
(128) Kellogg, *The Light of Asia*, p. 376. Kesson, *The Cross and the Dragon*, p. 186 を見よ。
(129) Bryant, 'Buddhism and Christianity', pp. 378–9.
(130) Crawfurd, *Journal of an Embassy*, II: 98.
(131) Upham, *The Mahāvansi*, I: xxxii.
(132) Roer, review of Burnouf, *Introduction*, p. 785.
(133) Knighton, *Forest Life in Ceylon*, II: 2; Alwis, 'Buddhism', p. 4. Clarke, 'Buddhism', p. 718

も見よ。

(134) Hardwick, *Christ and Other Masters*, pp. 168–9.

(135) Kellogg, *The Light of Asia*, p. 356; Barthélemy St Hilaire, *The Buddha and His Religion*, p. 14. Tennent, *Christianity in Ceylon*, p. 204 も見よ。ただし p. 205 も参照。

(136) Chadwick, *The Victorian Church*, II: 466.

第六章　「盲目の異教徒」？

(1) Kesson, *The Cross and the Dragon*, p. 180.

(2) *The Christian Remembrancer*, 1858, p. 93.

(3) Upham, *The History and Doctrine of Budhism*, p. vii.

(4) Philosinensis, 'Remarks on Budhism', p. 219. Benevolens, 'Burmah', p. 554 も見よ。

(5) Gutzlaff, *China Opened*, II: 216–7.

(6) Kesson, *The Cross and the Dragon*, p. 179.

(7) Gogerly, 'On Transmigration', pp. 224–5.

(8) *London Quarterly Review*, 1854–5, p. 439.

(9) Hardy, *The British Government and the Idolatry of Ceylon*, p. 9.

(10) Hardy, *Legends*, p. ix. p. xiii も見よ。また Carus, *Buddhism*, pp. 263–5.

(11) Monier-Williams, *The Holy Bible and the Sacred Books of the East*, pp. 12–3. Monier-

Williams, 'Literary Admirers of Buddhism', p. 217 を見よ。ただし Carus, *Buddhism*, pp. 306-7 も参照。

(12) *The Church Quarterly Review*, 1891, p. 84. Sheffield, 'Christianity and the Ethnic Religions', pp. 108-9 を見よ。

(13) Clarke, 'Buddhism', p. 720.

(14) *Chambers's Encyclopaedia*, 1874, II: 409. ただし *London Quarterly Review*, 1886, p. 297 も参照。

(15) Cobbold, *Religion in Japan*, pp. 79-80.

(16) Knighton, *The History of Ceylon*, p. 86.

(17) Scott, *Buddhism and Christianity*, pp. 12-3.

(18) Culbertson, *Darkness*, p. 70.

(19) Claughton, 'Buddhism', p. 141. 以下を見よ。Jersey, 'Buddhism and Christianity', p. 577; Griffin, 'The Burman', p. 659; Rattigan, 'Three Great Asiatic Reformers', p. 312.

(20) Titcomb, *Short Chapters on Buddhism*, p. 1.

(21) *The Westminster Review*, 1856, p. 326.

(22) Ibid., p. 331.

(23) Prinsep, *Tibet*, p. 168.

(24) *The Westminster Review*, 1878, p. 354. Jersey, 'Buddhism and Christianity', p. 591 を見

よ。

(25) *The Church Quarterly Review*, 1882, p. 91.

(26) Kellogg, *The Light of Asia*, p. 171. Johnston, 'Christ and Buddha,' pp. 39-40 も見よ。

(27) *The Prospective Review*, 1850, p. 492.

(28) Maurice, *The Religions of the World*, p. xx. Hardwick, *Christ and Other Masters*, p. xii も見よ。

(29) Grant, *The Religions of the World*, p. 134.

(30) Berry, *Christianity and Buddhism*, p. 9.

(31) Carpenter, review of Copleston, *Buddhism*, p. 367.

(32) Copleston, *Buddhism*, p. x.

(33) Beal, *A Catena of Buddhist Scriptures*, p. 8. ただし Amberley, 'Recent Publications on Buddhism,' p. 298 も参照。アンバリー〔ジョン・ラッセル、一八四二―七六、英国の政治家。バートランド・ラッセルの父〕は、ビールの推測を仏教徒自身が思い描いた宇宙創成説に劣らず粗雑で奇抜だと示唆している。

(34) Martin, 'Is Buddhism a Preparation,' p. 203.

(35) Ball, *Is Buddhism a Preparation*, p. 9.

文献一覧

著者名が不詳、あるいは匿名、また複数著者による論文については、掲載誌のアルファベット順で挙げてある〔本文中で言及されている書名等については、邦訳がない場合でも表題の試訳を付記した。副題等を省いた略称の場合もある〕。

Abel-Rémusat, Jean P. 'Note sur quelques Epithètes descriptives de Bouddha'. *Journal des Savans* (1819): 625–33.

Adams, W. H. Davenport. *Curiosities of Superstition and Sketches of Some Unrevealed Religions*. London: J. Masters and Co., 1882.

Adler, Felix. 'A Prophet of the People'. *The Atlantic Monthly* 37 (1876): 674–89.

Alabaster, Henry. *The Wheel of the Law*. London: Trübner & Co., 1871.

Alexander, Sidney A. *Sakya-Muni: The Story of Buddha*. Oxford: A. Thomas Shrimpton & Son, 1887.

Allgemeine Deutsche Real-Encyclopädie 〔ドイツ一般百科事典〕. Leipzig: Brockhaus, 1833–7; 1843–8; 1851–5; 1864–73.

Allibone, Samuel A. *A Critical Dictionary of English Literature and British and American Authors Living and Deceased...* 3 vols. Pennsylvania: Lippincott, 1880.

Almond, Philip C. 'The Buddha of Christendom: A Review of the Legend of Barlaam and Josaphat'. *Religious Studies* 23 (1987): 391–406.

'Buddhism in the West: 300 B.C.-A.D. 400'. *The Journal of Religious History* 14 (1987): 235–45.

'The Medieval West and Buddhism'. *Eastern Buddhist* 19 (1986): 85–101.

Altick, Richard D. *The English Common Reader: A Social History of the Mass Reading Public 1800–1900*. Chicago: University of Chicago Press, 1957.

Alwis, James. 'Buddhism: Its Origin; History; and Doctrines'. *Journal of the Pali Text Society* 1 (1883): 1–37.

Ambereley, John R. 'Recent Publications on Buddhism'. *The Theological Review* 9 (1872): 293–317.

Anderson, Robert. *The Buddha of Christendom*. London: Hodder & Stoughton, 1899.

Armstrong, Richard A. 'Buddhism and Christianity'. *The Theological Review* 7 (1870): 176–200.

Arnold, Edwin. *The Light of Asia.* New York: Crowell & Co., 1884.〔エドキン・アーノルド『亜細亜の光』島村苳三訳、岩波書店（岩波文庫）、一九四〇年〕

Anon〔著者不詳〕. 'Chinese Buddhism'. *Asiatic Journal and Monthly Register* 6 (1831): 260–6.

Anon. 'Colossal Statue of Buddha'. *Asiatic Journal and Monthly Register* 23 (1827): 252.

Anon. 'On the Three Principal Religions in China'. *Asiatic Journal and Monthly Register* 9 (1832): 302–16.

Baker, Samuel W. *Eight Years in Ceylon.* London: Longmans, Green & Co., 1891.

Balfour, D. M. 'Buddhism'. *The Universalist Quarterly and General Review* 31 (1874): 5–6.

Ball, J. Dyer. *Is Buddism a Preparation or Hindrance to Christianity in China?* Hong Kong: St Paul's College, 1907.

Barham, Francis. 'Buddha and his Critics'. *The Times,* 24 April 1857.

Barrow, John. *Travels in China, Containing Descriptions, Observations, and Comparisons, Made and Collected in the Course of a Short Residence at the Imperial Palace of Yuen-Min-Yuen...* London: T. Cadell & W. Davies, 1804.

Barth, Auguste, *The Religions of India*〔インドの諸宗教〕. London: Kegan Paul, Trench, Trübner & Co., 1891.

Barthélemy St Hilaire, Jules. *The Buddha and His Religion*〔ブッダとその宗教〕. London: George Routledge, 1895.

Beal, Samuel. *A Catena of Buddhist Scriptures from the Chinese*〔仏教経典の連鎖〕. London: Trübner & Co., 1871.
Buddhism in China. London: S.P.C.K., 1884.
The Romantic Legend of Sakya Buddha. London: Trübner & Co., 1875.
Beames, John. 'A Plain Account of Buddhism'. *The Imperial and Asiatic Quarterly Review* 2 (1896): 145–61; 3 (1897): 144–58.
Benevolens. 'Burmah: Doctrines and Practices of the Budhists; their Geography, Astronomy, and Upper Regions; Rewards and Punishments...' *The Chinese Repository* 2 (1834): 554–63.
'Burmah: -its Situation, Extent, Population, Productions and Trade...' *The Chinese Repository* 2 (1834): 500–6.
Benn, Alfred W. Review of Copleston, *Buddhism*. *The Academy* 43 (1893): 145–6.
Bennett, John W. *Ceylon and its Capabilities; an Account of its Natural Resources, Indigenous Productions, and Commercial Facilities*... London: W. H. Allen & Co., 1843.
Berry, Thomas S. *Christianity and Buddhism*. London: S.P.C.K., 1891.
Best, Geoffrey. *Mid-Victorian Britain: 1851–1875*. London: Weidenfeld and Nicolson, 1971.
Bettany, George T. *The Great Indian Religions*. London: Ward, Lock, Bowden & Co., 1892.
Bigandet, Paul A. *The Life, or Legend of Gaudama, the Budha of the Burmese*〔ビルマのブ

ッダ伝説〕. Rangoon: American Mission Press, 1866.

Bird, James. *Historical Researches on the Origin and Principles of the Bauddha and Jaina Religions*... Bombay: American Mission Press, 1847.

Bixby, James T. 'Buddhism in the New Testament'. *Arena* 3 (1890): 555–6.

Bloomfield, Maurice. 'The Essentials of Buddhist Doctrine and Ethics'. *International Journal of Ethics* 2 (1891–2): 313–26.

Brandon, Ruth. *The Spiritualists*. London: Weidenfeld and Nicolson, 1983.

Brear, Douglas, 'Early Assumptions in Western Buddhist Studies'. *Religion* 5 (1975): 136–59.

The British Cyclopaedia of Literature, History, Geography, Law, and Politics 〔英国文学・歴史・地理・法・政治サイクロペディア〕. London: Orr & Smith, 1835–8.

Anon. Review of Lillie, *The Popular Life of Buddha*. *British Quarterly Review* 80 (1884): 175.

Brockett, Linus P. 'Buddhism: Its Origins and Results'. *Methodist Quarterly Review* 21 (1861): 219–27.

Bryant, William M. 'Buddhism and Christianity'. *Andover Review* 2 (1884): 255–68, 365–81.

Buchanan, Francis. 'On the Religion and Literature of the Burmas'. *Asiatick Researches* 6 (1799): 163–308.

de Bunsen, Ernest. *The Angel-Messiah of Buddhists, Essenes, and Christians* 〔仏教徒、エッ

セネ派、キリスト教徒の天使＝救世主〕. London: Longmans, Green & Co., 1880.
Burnouf, Emile. 'Le Bouddhisme en Occident'. *Revue des Deux Mondes* 88 (1888): 340–72.
Burnouf, Eugène. *Introduction à l'histoire du Buddhisme indien* 〔インド仏教史序説〕. Paris: Imprimerie Royale, 1844.
Burnouf, Eugène and Lassen, Christian. *Essai sur le Pali, ou Langue sacrée de la presqu'île au-delà du Gange* 〔パーリ語についての試論〕. Paris: Librairie Orientale de Dondey-Dupré Père et Fils, 1826.
Caird, John. *Buddhism*. New York: J. B. Alden, 1883.
Anon. 'Indian Buddhism - Its Origin and Diffusion'. *The Calcutta Review* 4 (1845): 241–81.
Calvin, John. *Institutes of the Christian Religion* 〔キリスト教綱要〕. London: S.C.M. Press, 1961.
Campbell, Bruce F. *Ancient Wisdom Revived: A History of the Theosophical Movement*. Berkeley: University of California Press, 1980.
Candlin, George T. 'What should be our Attitude toward the False Religions?' *The Chinese Recorder* 23 (1892): 99–110.
Carpenter, J. Estlin. 'The Obligations of the New Testament to Buddhism'. *The Nineteenth Century* 8 (1880): 971–84.
Carus, Paul. *Buddhism and its Christian Critics*. Chicago: Open Court Publishing Co., 1897.

Chadwick, Owen. *The Victorian Church.* 2 vols. London: A. & C. Black, 1970.
Chambers, William. 'Some Account of the Sculptures and Ruins at Mavalipuram, a Place a few Miles North of Sadras...' *Asiatick Researches* 1 (1788): 145–70.
Chambers's Encyclopaedia. London: W. & R. Chambers, 1860–8; 1874.
Child, Lydia M. 'Resemblances between the Buddhist and Roman Catholic Religions'. *The Atlantic Monthly* 26 (1870): 660–5.
Childers, Robert C. *A Dictionary of the Pali Language.* London: Kegan Paul, Trench, Trübner & Co., 1909.
'Notes on Dhammapada, with Special Reference to the Question of Nirvāna'. *The Journal of the Royal Asiatic Society* 5 (1871): 219–30.
Anon. Review of *Paraméswara-jnyána-góshthí. A Dialogue of the Knowledge of the Supreme Lord...* Cambridge: Deighton, Bell & Co., 1856. *The Christian Remembrancer* 35 (1858): 81–129.
Anon. 'Buddhism'. *The Church Quarterly Review* 31 (1891): 70–85.
Anon. 'The Rise of Buddhism'. *The Church Quarterly Review* 14 (1882): 88–107.
Clarke, James F. 'Buddhism: or, the Protestantism of the East' 〔仏教――東洋のプロテスタンティズム〕. *The Atlantic Monthly* 23 (1869): 713–28.
Claughton, Piers C. 'Buddhism'. *Journal of the Transactions of the Victoria Institute* 8 (1874):

138–66.

Clausen, Christopher. 'Victorian Buddhism and the Origins of Comparative Religion'. *Religion* 5 (1973): 1–15.

Cobbold, George A. *Religion in Japan: Shintoism, Buddhism, Christianity*. London: S.P.C.K., 1894.

Cockshut, Anthony, O. J., ed. *Religious Controversies of the Nineteenth Century: Selected Documents*. London: Methuen, 1966.

Coleman, Charles. *The Mythology of the Hindus*. London: Parbury, Allen & Co., 1832.

Colinet, Ph. 'Recent works on Primitive Buddhism'. *The Dublin Review* 19 (1888): 121–39; 23 (1890): 256–85.

Collins, Richard et alii. 'Buddhism, and "The Light of Asia"'. *Journal of the Transactions of the Victoria Institute* 28 (1897): 153–89.

Copleston, Reginald S. 'Buddhism'. *The Nineteenth Century* 24 (1888): 119–35.

Buddhism; Primitive & Present in Magadha and in Ceylon 〔仏教〕. London: Longmans, 1892.

Colquhoun, Archibald R. *Amongst the Shans*. London: Field and Tuer, conjointly with Simpkin, Marshall & Co. and Hamilton, Adams & Co., 1885.

Cox, Hiram. *Journal of a Residence in the Burmhan Empire, and more particularly at the*

Court of Amarapoorah〔ビルマ帝国滞在日記〕. London: Warren & Whittaker, 1821.
Cranmer-Byng, J. L., ed. *An Embassy to China. Being the Journal kept by Lord Macartney during his Embassy to the Emperor Ch'ien Lung 1793-1794*. Hamden, Connecticut: Archon Books, 1963.
Crawfurd, John. *History of the Indian Archipelago: Containing an Account of the Manners, Arts, Languages, Religions, Institutions, and Commerce of its Inhabitants*〔インド諸島史〕. 3 vols. Edinburgh: Archibald Constable & Co., 1820.
Journal of an Embassy from the Governor-General of India to the Courts of Siam and Cochin China. 2 vols. London: Colburn & Bentley, 1830.
Creuzer, Friedrich. *Symbolik und Mythologie der alten Völker, besonders der Griechen im Auszuge von Dr. Georg Heinrich Moser*〔古代民族の象徴と神話〕. Leipzig: Carl Wilhelm Leske, 1822.
Culbertson, Michael S. *Darkness in the Flowery Land*〔花咲く国の闇〕. New York: Charles Scribner, 1857.
Cunningham, Alexander. *The Bhilsa Topes; or, Buddhist Monuments of Central India: Comprising a brief historical Sketch of the Rise, Progress, and Decline of Buddhism...* Varanasi: Indological Book House, 1966.
Davids, T. W. Rhys. 'The Ancient Buddhist Belief Concerning God'. *Modern Review* 1

(1880): 219–23.
'Buddha's First Sermon'. *Fortnightly Review* 32 (1879): 899–911.
'Buddhism'. *The Encyclopaedia Britannica*, IV: 424–38. Edinburgh: A. & C. Black, 1876.
Buddhism. London: S.P.C.K., 1877.
'Buddhism and Christianity'. *The International Quarterly* 7 (1903): 1–13.
Lectures on the Origin and Growth of Religion as Illustrated by some Points in the History of Indian Buddhism 〔宗教の起源と発展に関する講義〕. London: Williams and Norgate, 1881.

Davies, William. 'The Religion of Gotama Buddha'. *The Atlantic Monthly* 74 (1894): 334–40.

Davis, John F. *China: A General Description of that Empire and its Inhabitants, & c.* 〔中国〕 2 vols. London: John Murray, 1857.

Davy, John. *An Account of the Interior of Ceylon and of its Inhabitants, with Travels in that Island*. Reprinted in *Ceylon Historical Journal* 16 (1969).

Dennis, James S. *Christian Missions and Social Progress*. 3 vols. Edinburgh: Oliphant, Anderson & Ferrier, 1897, 1899, n.d.

Dods, Marcus, *Mohammed, Buddha, and Christ*. London: Hodder and Stoughton, 1888.

Anon. 'Buddhism and its Founder'. *Dublin University Magazine* 82 (1873): 206–18.

Dubose, Hampden C. *The Dragon, Image and Demon, or the Three Religions of China.*

London: S. W. Partridge & Co., 1886.

Dunlap, Eugene P. 'Buddhist Priests of Siam'. *Church at Home and Abroad* 11 (1892): 423–6.

Edgar, J. Ware. 'The Development of Buddhism in India'. *The Fortnightly Review* 33 (1879–80): 801–21.

The Edinburgh Encyclopaedia. Edinburgh: William Blackwood, 1830.

Anon. '*Asiatic Researches: or, Transactions of the Society instituted in Bengal, for inquiring into the History and Antiquities, the Arts, Sciences and Literature of Asia,* vol.VI. 1801'. *The Edinburgh Review* 1 (1803): 26–43.

Anon. '*Asiatic Researches: or, Transactions of the Society instituted in Bengal, for inquiring into the History and Antiquities, the Arts, Sciences and Literature of Asia.* Volume the Second. London, 1804'. *The Edinburgh Review* 9 (1807): 92–101, 278–304.

Anon. Review of Taylor, J., *Prabodh Chandrodaya...* London, 1812. *The Edinburgh Review* 22 (1813–14): 400–9.

Anon. 'Recent Researches on Buddhism'. *The Edinburgh Review* 115 (1862): 379–408.

Edkins, Joseph. 'Notices of Buddhism in China'. *North China Herald*, no. 196, 29 April 1854.

The Religious Condition of the Chinese. London: Routledge, Warnes, & Routledge, 1859.

Review of Beal, *The Romantic Legend. The Academy* 10 (1876–7): 376–7.

Chinese Buddhism. London: K. Paul, Trench, Trübner & Co., 1893.

Religion in China. London: Kegan Paul, Trench, Trübner & Co., 1893.
Eitel, Ernest J. *Buddhism: Its Historical, Theoretical and Popular Aspects* 〔仏教〕. London: Trübner & Co., 1884.
Ellinwood, Frank F. *Oriental Religions and Christianity*. New York: Charles Scribner's Sons, 1892.
Encyclopaedia Britannica. Edinburgh: Bell & MacFarquhar, 1797; Edinburgh: Constable, Vernor, Hood, & Sharpe, 1810; Edinburgh: Constable, Gale & Fenner, Wilson & Sons, 1817; Edinburgh: A. & C. Black, 1842.
The Encyclopaedia Britannica. Edinburgh: A. & C. Black, 1853–60.
The Encyclopaedia Edinensis. Edinburgh: John Anderson, 1827.
Encyclopaedia Metropolitana. London: B. Fellowes, etc., 1845.
Encyclopaedia Perthensis. Perth: C. Mitchel & Co., c. 1807.
The English Encyclopaedia. London: G. Kearsley, 1802.
Ersch, Johann S., and Gruber, J. G., eds. 'Buddha, Buddhaismus'. *Allgemeine Encyclopädie der Wissenschaften und Künste...* 〔総合学芸百科事典〕 Leipzig: 1818–89.
Erskine, William H. 'Observations on the Remains of the Bouddhists in India'. *Transactions of the Asiatic Society of Bombay* 3 (1823): 494–537.
Everett, Charles C. 'Recent Studies in Buddhism'. *The Unitarian Review* 18 (1882): 421–36.

Faber, George S. *The Origin of Pagan Idolatry Ascertained from Historical Testimony and Circumstantial Evidence* 〔異教的偶像崇拝の起源〕. 3 vols. London: F. & C. Rivingtons, 1816.

Fairbairn, Andrew M. 'History of Religions'. *The Contemporary Review* 47 (1885): 436–43.

Fergusson, James. *Tree and Serpent Worship: Or Illustrations of Mythology and Art in India*. London: W. H. Allen, 1868.

Feudge, Fannie R. 'The Mammoth Religion of the World' 〔世界の巨大宗教〕. *Galaxy* 16 (1873): 342–54.

Filliozat, Jean. *Studies in Asokan Inscriptions*. Calcutta: Indian Studies Past and Present, 1967.

Forbes, Jonathan. *Eleven Years in Ceylon, comprising Sketches of the Field Sports and Natural History and an Account of its History and Antiquities*. 2 vols. London: Richard Bentley, 1841.

'Notes on the Buddhas from Ceylonese Authorities...' *The Journal of the Asiatic Society of Bengal* 5 (1836): 321–30.

Francklin, William. *Researches on the Tenets and Doctrines of the Jeynes and Buddhists Conjectured to be the Brahmans of Ancient India, with Discussion on Serpent Worship*. London: Francklin, 1827.

Frazer, Robert W. *A Literary History of India*. London: T. Fisher Unwin, 1898.
Froude, James A. *Short Studies on Great Subjects*. Vol. IV. London: Longmans, Green, & Co., 1899.
Galton, Charles. 'The Founder of Buddhism'. *The Month* 79 (1893): 153–60.
'The Morality of Buddhism'. *The Month* 78 (1892–3): 4–15.
Gerhart, Emanuel V. 'Original Buddhism'. *Reformed Quarterly Review* 39 (1892): 291–308.
Gilmour, James. *Among the Mongols*. London: The Religious Tract Society, 1888.
Glacken, Clarence J. *Traces on the Rhodian Shore*. Berkeley: University of California Press, 1976.
Gmeiner, John. 'The Light of Asia and the Light of the World'. *The Catholic World* 42 (1885): 1–9.
Gogerly, Daniel J. 'An Introductory Sketch of Buddhism'. In Gogerly, *Ceylon Buddhism*, 1–14.
'An Outline of Buddhism'. In Gogerly, *Ceylon Buddhism*, 15–44. *Ceylon Buddhism*. 2 vols. Colombo: Wesleyan Methodist Book Room, 1908.
'On Transmigration'. In Gogerly, *Ceylon Buddhism*, 211–48.
Goodwin, Charles W. 'Mosaic Cosmogony'. In *Religious Controversies*, edited by Anthony Cockshut, pp. 136–69.
Grant, George M. *The Religions of the World*. London: A. & C. Black, 1895.

Green, Robert F. 'Christianity and Buddhism'. *Proceedings of the Literary and Philosophical Society of Liverpool* 44 (1890): 299–322.

Griffin, Lepel H. 'The Burman and his Creed'. *The Fortnightly Review* 54 (1890): 657–73.

Grosier. *A General Description of China: Containing the Topography of the Fifteen Provinces which Compose this Vast Empire...* 〔中国に関する全般的記述〕 2 vols. London: G. G. & J. Robinson, 1795.

Gutzlaff, Charles F. *China Opened.* 2 vols. London: Smith, Elder & Co., 1838.

'Journal of a Residence in Siam, and of a Voyage along the Coast of China to Mantchou Tartary'. *The Chinese Repository* 1 (1832–3): 16–25, 274–6.

'Remarks on the Present State of Buddhism in China'. *The Journal of the Royal Asiatic Society of Bengal* 16 (1856): 73–92.

Hardwick, Charles. *Christ and other Masters. An Historical Inquiry into Some of the Chief Parallelisms and Contrasts between Christianity and the Religious Systems of the Ancient World* 〔キリストとその他の先師たち〕. London: Macmillan & Co., 1875.

Hardy, R. Spence. *The British Government and the Idolatry of Ceylon.* London: Crofts & Blenkarn, 1841.

Christianity and Buddhism Compared. Colombo: Wesleyan Mission Press, 1874.

Legends and Theories of the Buddhists 〔仏教徒の伝説と理論〕. London: Williams &

Norgate, 1881.

A Manual of Buddhism〔仏教への手引き〕. Varanasi: Chowkhamba Sanskrit Series Office, 1967.

de Harlez, Charles. 'The Buddhistic Schools'. *The Dublin Review* 43 (1889): 47–71.

Harrison, Frederic, ed. *The New Calendar of Great Men: Biographies of the 558 Worthies of All Ages and Nations in the Positivist Calendar of Auguste Comte*. London: Macmillan, 1892.

Heyck, Thomas W. *The Transformation of Intellectual Life in Victorian England*. London: Croom Helm, 1982.

Hibbert, Christopher. *The Dragon Wakes*. London: Longman, 1970.

Hodgson, Brian H. *Essays on the Languages, Literature and Religion of Nepal and Tibet*. 2 vols. in one. London: Trübner & Co., 1874.

'European Speculations on Buddhism'. In Hodgson, *Essays*, I: 96–101.

'Notices of the Languages, Literature, and Religion of Nepal and Tibet'. In Hodgson, *Essays*, I: 1–35.

'Quotations from Original Sanskrit Authorities in Proof and Illustration of the Preceding Article'. In Hodgson, *Essays*, I: 65–96.

Holbrook, Silas P. *Sketches by a Traveller*. Boston: Carter & Hendee, 1830.

Houghton, Walter E. *The Victorian Frame of Mind, 1830–1870*. New Haven: Yale University Press, 1957.

Huc, Eviariste-Regis. *Travels in Tartary, Thibet and China, 1844–1849*. 2 vols. London: Routledge & Sons, 1928.

Hume, David. *An Inquiry Concerning the Principles of Morals* 〔道徳原理の研究〕. New York: Liberal Arts Press, 1957.

Humphreys, T. Christmas. *The Development of Buddhism in England*. London: The Buddhist Lodge, 1937.

Sixty Years of Buddhism in England. London: The Buddhist Society, 1968.

Huxley, Leonard. *Life and Letters of Thomas Henry Huxley*. 2 vols. London: Macmillan, 1900.

Huxley, Thomas H. *Evolution and Ethics and Other Essays*. London: Macmillan, 1911.

Anon. 'Buddhism and its Legends'. *The Intellectual Observer* 10 (1867): 421–8.

Jersey, Margaret Child-Villiers, Countess of. 'Buddhism and Christianity'. *The National Review* 4 (1884–5): 577–91.

J.M.M. 'Buddhism'. *Journal of Sacred Literature* 35 (1865): 281–300.

Johnston, J. Wesley. 'Christ and Buddha: Resemblances and Contrasts'. *Methodist Review* 58 (1898): 32–40.

Joinville, Joseph Endelin de. 'On the Religion and Manners of the People of Ceylon'. *Asiatick*

Researches 7 (1801): 399–446.
Jones, William. 'On the Chronology of the Hindus'. *Asiatick Researches* 2 (1790): 111–47.
'Dissertation 111. On the Hindu's, being the Third Anniversary Discourse Delivered to the Society, Feb. 2, 1786'. In Jones, William, et alii. *Dissertations and Miscellaneous Pieces Relating to the History and Antiquities, the Arts, Sciences, and Literature, of Asia.* Dublin: P. Byrne & W. Jones, 1793.
'A Supplement to the Essay on Indian Chronology'. *Asiatick Researches* 2 (1790): 389–403.
de Jong, J.W. 'A Brief History of Buddhist Studies in Europe and America' 〔欧米における仏教研究小史〕. *The Eastern Buddhist* 7 (1974): i: 55–106, ii: 49–82.
Judson, Ann H. *An Account of the American Baptist Mission to the Burman Empire. In a Series of Letters addressed to a Gentleman in London.* London: Joseph Butterworth & Son, 1827.
Kaempfer, Engelbert. *The History of Japan together with a Description of the Kingdom of Siam, 1690–1692.* 3 vols. Glasgow: James MacLehose & Sons, 1906.
Kellogg, Samuel H. *The Light of Asia and the Light of the World.* London: Macmillan, 1885.
Kennedy, Vans. *Researches into the Nature and Affinity of Ancient and Hindu Mythology.* London: Longman, Rees, Orme, Brown & Green, 1831.
Kesson, John. *The Cross and the Dragon* 〔十字架と龍〕. London: Smith, Elder, & Co., 1854.

Kistner, Otto. *Buddha and his Doctrine: A Bibliographical Essay*. London: Trübner & Co., 1869.

Knighton, William. *Forest Life in Ceylon*（*With Four Dialogues between a Buddhist and a Christian*）〔セイロンの森林生活〕. 2 vols. London: Hurst & Blackett, 1854.

The History of Ceylon from the Earliest Period to the Present Time. London: Longman, Brown, Green & Longmans, etc., 1845.

Knox, Robert. *An Historical Relation of the Island Ceylon*. Ceylon: Tisara Prakasakayo, 1966. 〔ロバート・ノックス『セイロン島誌』濱屋悦次訳、平凡社（東洋文庫）、一九九四年〕

Koeppen, Carl F. *Die Religion des Buddha und ihre Entstehung*. 2 vols. Berlin: Ferdinand Schneider, 1857–9.

Lassen, Christian. *Indische Alterthumskunde*. 4 vols. Bonn: H.B. König, 1847–62.

Le Comte, Louis. *Memoirs and Observations... Made in a late Journey Through the Empire of China*〔回想と観察報告〕. London: Benjamin Tooke, 1699.

Lillie, Arthur. *Buddha and Early Buddhism*〔ブッダと仏教〕. London: Trübner & Co., 1881.

The Influence of Buddhism on Primitive Christianity. London: Sonnenschein, 1893.

The Popular Life of Buddha. London: Kegan Paul, Trench & Co., 1883.

Anon. Review of Lillie, Arthur, *Buddha and Buddhism*. Edinburgh: T. & T. Clark, 1900. *Literature*〔文学〕8（1901）: 243–4.

The London Encyclopaedia. London: Thomas Tegg, 1829.

Anon. 'Buddhism'. *London Quarterly Review* 10 (1858): 513–44.

Anon. 'Modern Buddhism'. *London Quarterly Review* 72 (1888–9): 325–46.

Anon. 'The British Government and Buddhism'. *London Quarterly Review* 3 (1854–5): 436–56.

Anon. 'The Religion of Burmah'. *London Quarterly Review* 67 (1886): 283–97.

Loubère, Simon de la. *A New Historical Relation of the Kingdom of Siam* 〔シャム王国の新たな歴史関係〕. London: no publisher, 1693.

Low, J. 'General Observations on the Contending Claims to Antiquity of Brahmans and Buddhists'. *The Journal of the Asiatic Society of Bengal* 18 (1849): 89–130.

Lubac, Henri de. *La Rencontre du Bouddhisme et de l'Occident*. Paris: Aubier, 1952.

MacDonald, Frederika. 'Buddha and Buddhism'. *Religious Systems of the World*. London: Swan Sonnenschein, 1890.

Machar, Agnes M. 'Buddha and Buddhism'. *The Canadian Monthly* 13 (1877–8): 35–42, 165–71.

Mahony, Capt. ? William C. 'On *Singhala*, or *Ceylon*, and the Doctrines of BHOODHA, from the Books of the *Singhalais*'. *Asiatick Researches* 7 (1801): 32–56.

Malalasekera, G. P. *Encyclopaedia of Buddhism*. Ceylon: Government of Ceylon, 1961.

Manuel, Frank E. *Isaac Newton Historian*. Cambridge, Mass.: Belknap Press, 1963.

The Eighteenth Century Confronts the Gods. Cambridge, Mass.: Harvard University Press, 1959.

Marshall, Peter J., ed. *The British Discovery of Hinduism in the Eighteenth Century*. Cambridge: Cambridge University Press, 1970.

Marshall, Peter J. and Williams, Glyndwr. *The Great Map of Mankind: British Perceptions of the World in the Age of Enlightenment*. London: J. M. Dent & Sons, 1982.

Martin, William A. P. 'Is Buddhism a Preparation for Christianity?' *The Chinese Recorder* 20 (1889): 193–203.

Maurice, Frederick D. *The Religions of the World and their Relation to Christianity*. London: Macmillan, 1861.

Medhurst, Walter H. *China: Its State and Prospects*. London: John Snow, 1838.

Mill, James. 'Religion and Character of the Hindus'. *The Edinburgh Review* 29 (1817–18): 377–403.

The History of British India〔英国領インド史〕. London: Baldwin, Craddock, & Joy, 1817; London: James Madden & Co., 1840–8; London: James Madden & Co., 1858.

Monier-Williams, Monier. *Buddhism, in its Connexion with Brahmanism & Hinduism, and in its Contrast with Christianity*〔仏教〕. London: John Murray, 1889.

The Holy Bible and the Sacred Books of the East. London: Seeley & Co., 1887.

'Literary Admirers of Buddhism'. *Our Day* 3 (1888-9): 215-21.

Anon. Review of Upham, *The History and Doctrine of Budhism*. *Monthly Review* 118 (1829): 577-91.

Moor, Edward. *The Hindu Pantheon*〔ヒンドゥー教万神殿〕. London: J. Johnson, 1810.

Müller, F. Max. 'A Bishop on Buddhism'. *The New Review* 8 (1893): 107-15.

'Buddhist Pilgrims'. In Müller, *Selected Essays*, II: 234-79.〔「仏教の巡礼者たち」日野慧運訳、フリードリヒ・マックス・ミュラー『比較宗教学の誕生――宗教・神話・仏教』国書刊行会、二〇一四年、四一七―四五〇頁〕

'Christianity and Buddhism'. *The New Review* 4 (1891): 67-74.

The Dhammapada. Oxford: Clarendon, 1898.

'Lecture on Buddhist Nihilism'. In Müller, F. Max, *Lectures on the Science of Religion*. New York: Scribner & Co., 1872, 129-47.〔「仏教の虚無主義について」日野慧運訳、フリードリヒ・マックス・ミュラー『比較宗教学の誕生――宗教・神話・仏教』国書刊行会、二〇一四年、五一五―五三四頁〕

'The Meaning of Nirvana'. In Müller, *Selected Essays*, II: 280-91.〔「涅槃の意味」日野慧運訳、フリードリヒ・マックス・ミュラー『比較宗教学の誕生――宗教・神話・仏教』国書刊行会、二〇一四年、四五一―四六二頁〕

Selected Essays on Language, Mythology, and Religion. Vol. II. London: Longmans, Green, & Co., 1881.

The National Cyclopaedia of Useful Knowledge〔役立つ知識の国民百科〕. London: Charles Knight, 1847–51; London: Routledge & Co., 1856–9.

The National Encyclopaedia: A Dictionary of Useful Knowledge. London: William Mackenzie, 1867–8.

Neale, Edward V. 'Buddha and Buddhism'. *Macmillan's Magazine* 1（1860）: 439–48.

Neumann, Ch. F. 'Buddhism and Shamanism'. *Asiatic Journal and Monthly Register* 16（1835）: 124–6.

Anon. 'Buddhism'. *New Englander* 3（1845）: 182–91.

Various. 'The Influence upon Morality of a Decline in Religious Belief'. *The Nineteenth Century* 1（1877）: 331–58, 531–46.

Oldenberg, Hermann. *Buddha: His Life, His Doctrine, His Order.* London: Williams & Norgate, 1882.〔ヘルマン・オルデンベルク『仏陀――その生涯、教理、教団』木村泰賢・景山哲雄訳、書肆心水、二〇一一年〕

Anon. 'The History and Doctrine of Budhism'. *Oriental Herald and Journal of General Literature* 21（1829）: 93–103.

Otto, Rudolf. 'Parallelen und Wertunterschiede im Christentum und Buddatum'. Rudolf Otto

Archive, University of Marburg.
Pals, Daniel L. *The Victorian 'Lives' of Jesus*. San Antonio: Trinity University Press, 1982.
Pantologia. A New Cyclopaedia. London: G. Kearsley, 1813.
The Penny Cyclopaedia. London: Charles Knight, 1833-.
Percival, Robert. *An Account of the Island of Ceylon containing its History, Geography, Natural History, with the Manners and Customs of its Various Inhabitants...* Reprinted in *The Ceylon Historical Journal* 22 (1975).
Philips, Richard. *The Story of Gautama Buddha and his Creed: An Epic* 〔ゴータマ・ブッダ物語〕. London: Longmans, Green, & Co., 1871.
Philosinensis, 'Remarks on Budhism; together with Brief Notices of the Island of Poo-to and of the Numerous Priests who Inhabit it'. *The Chinese Repository* 2 (1834): 214-25.
Platts, John. *The Manners and Customs of All Nations* 〔全国民の風俗と習慣〕. London: Henry Fisher, Son, & Co., 1827.
Prinsep, Henry T., and Prinsep, James. *Tibet, Tartary, and Mongolia: Their Social and Political Condition and the Religion of Boodh, as there Existing*. London: W. H. Allen, 1851.
Anon. 'Eastern Monachism'. *The Prospective Review* 6 (1850): 473-93.
Anon. Review of Monier-Williams, *Buddhism*, and Oldenberg, *Buddha: His Life, His*

Doctrine, His Order. *The Quarterly Review* 170 (1890): 318–46.

Rattigan, William H. 'Three Great Asiatic Reformers: A Study and a Contrast'. *London Quarterly Review* 92 (1899): 291–312.

Roer, Eduard. Review of Burnouf, *Introduction*. *The Journal of the Asiatic Society of Bengal* 16 (1845): 783–809.

Rowell, Geoffrey. *Hell and the Victorians*. Oxford: Clarendon Press, 1974.

Said, Edward W. *Orientalism*. London: Routledge and Kegan Paul, 1978.〔エドワード・W・サイード『オリエンタリズム』上・下、板垣雄三・杉田英明監修、今沢紀子訳、平凡社(平凡社ライブラリー)、一九九三年〕

Salisbury, Edward E. 'M. Burnouf on the History of Buddhism in India'. *Journal of the American Oriental Society* 1 (1849): 275–98.

'Memoir on the History of Buddhism, read before the American Oriental Society, at their Annual Meeting, in Boston, May 28, 1844'. *Journal of the American Oriental Society* 1 (1849): 79–135.

Sandberg, Graham. 'Philosophical Buddhism in Tibet'. *The Contemporary Review* 57 (1890): 256–71.

Sangermano. *A Description of the Burmese Empire. Compiled chiefly from Burmese Documents*. London: Susil Gupta, 1966.

Sargant, William L. *Buddha and His Religion*. Birmingham: William Hodgetts, 1864.
Anon. 'Attractions of Modern Buddhism'. *The Saturday Review* 58 (1884): 248–9.
Anon. 'Buddha's Doctrine'. *The Saturday Review* 54 (1882): 765–6.
Anon. 'Buddhism and Christianity'. *The Saturday Review* 55 (1883): 694–5.
Schumann, Hans W. *Buddhism: An Outline of its Teachings and Schools*. Wheaton, Illinois: Theosophical Publishing House, 1974.
Scott, Archibald. *Buddhism and Christianity: A Parallel and a Contrast*. Edinburgh: David Douglas, 1890.
Scott, Patrick. 'The Business of Belief: The Emergence of "Religious" Publishing'. In *Sanctity and Secularity: The Church and the World*, edited by Derek Baker, pp. 213–24. Oxford: Blackwell, 1973.
Anon. 'Mr. Fielding on Buddhism'. *Scottish Review* 33 (1899): 286–301.
Sheffield, D.Z. 'Christianity and the Ethnic Religions'. *The Chinese Recorder* 34 (1903): 106–18.
'Dr. Kellogg's "Light of Asia and Light of the World"'. *New Englander* 49 (1888): 24–34.
Simpson, William O., ed. *The Hindu Pantheon by Edward Moor*. Madras: J. Higginbotham, 1864.
Sirr, Henry C. *Ceylon and the Cingalese; Their History, Government, and Religion, the*

Antiquities, Institutions, Produce, Revenue, and Capabilities of the Island... 2 vols. London: William Shoberl, 1850.

Söderblom, Nathan. 'Holiness'. In *Encyclopaedia of Religion and Ethics*, edited by James Hastings, VI: 731–41. Edinburgh: T. & T. Clark, 1913.

Speir, Charlotte. *Life in Ancient India* 〔古代インドの生活〕. London: Smith, Elder, & Co., 1856.

Stewart, John. 'An Account of the Kingdom of Thibet. In a letter from John Stewart, Esquire, F. R. S., to Sir John Pringle, Bart., P. R. S.' *Philosophical Transactions* 67 (1777): 465–89.

Strong, Dawsonne M. *The Metaphysic of Christianity and Buddhism: A Symphony*. London: Watts & Co., 1899.

'The Revival of Buddhism in India'. *The Westminster Review* 153 (1900): 271–82.

Symes, Michael. *An Account of an Embassy to the Kingdom of Ava in the year 1795*. 2 vols. Edinburgh: Constable & Co., 1827.

Tennent, James E. *Christianity in Ceylon; Its Introduction and Progress under the Portuguese, the Dutch, the British, and American Missions: With an Historical Sketch of the Brahmanical and Buddhist Superstitions* 〔セイロンのキリスト教〕. London: John Murray, 1850.

Anon. 'The Oriental Collections at the British Museum'. *The Times*, 12 April 1886, p. 12.

Titcomb, Jonathan H. *Short Chapters on Buddhism, Past and Present*. London: Religious Tract Society, 1883.

Torrens, Henry D. *Travels in Ladāk, Tartary, and Kashmir*. London: Saunders, Otley, & Co., 1862.

Anon. 'Announcement of Illustrated Edition of Arnold's *The Light of Asia*'. *Trübner's American, European & Oriental Literary Record* 5 (1884): 90.

Turnour, George. *The First Twenty Chapters of the Mahawanso: and a Prefatory Essay on Pali Buddhistical Literature...* 〔マハーワンソ〕 Ceylon: Cotta Church Mission Press, 1836.

Upham, Edward. *The History and Doctrine of Budhism* 〔仏教の歴史と教義〕. London: R. Ackermann, 1829.

The Mahāvansi, the Rājā-Ratnăcari, and the Rājā-Vali, forming the Sacred and Historical Books of Ceylon; also a collection of Tracts Illustrative of the Doctrines and Literature of Buddhism. 3 vols. London: Parbury, Allen & Co., 1833.

Ward, William. *A View of the History, Literature, and Religion of the Hindoos: Including a Minute Description of their Manners and Customs and Translations from their Principal Works* 〔ヒンドゥー教徒の見解〕. 2 vols. London: Black, Parbury & Allen, 1817.

Watters, Thomas. 'Mr. Eitel's Three Lectures on Buddhism'. *The Chinese Recorder* 4 (1871): 64–8.

Welbon, Guy R. *The Buddhist Nirvāna and Its Western Interpreters*. Chicago: University of Chicago Press, 1968.

The Wellesley Index to Victorian Periodicals 1824–1900. 3 vols. Toronto: University of Toronto Press, 1966–.

Anon. 'Buddhism: Mythical and Historical'. *The Westminster Review* 66 (1856): 296–331.

Anon. Review of Beal, *The Buddhist Tipitaka, 1876; A Letter to Dr. R. Rost, Librarian, India Office, London*, 1874; *A Catena of Buddhist Scriptures*, 1871; *The Romantic History of Buddha*, 1875. *The Westminster Review* 53 (1878): 328–54.

Wilford, Francis. 'An Essay on the Sacred Isles in the West with other Essays connected with that Work'. *Asiatic Researches* 8 (1805): 245–368.

Wilkinson, William C. *Edwin Arnold as Poetizer and as Paganizer*. New York: Funk and Wagnalls, 1884.

Wilson, Horace H. 'On Buddha and Buddhism'. *The Journal of the Royal Asiatic Society of Great Britain and Ireland* 16 (1856): 229–65.

Wright, Brooks. *Sir Edwin Arnold: The Interpreter of Buddhism to the West*. New York: Bookman Associates Inc., 1957.

Yoe, Shway. 'Buddhists and Buddhism in Burma'. *The Cornhill Magazine* 42 (1880): 721–31.

Yule, Henry. *A Narrative of the Mission sent by the Governor-General of India to the Court of Ava in 1855, with Notices of the Country, Government, and People*. London: Smith, Elder, & Co., 1858.

訳者あとがき

本書はオーストラリアのクイーンズランド大学の名誉教授であり、一九九七年にオーストラリアの人文学アカデミー・フェロー（FAHA）に選出されている、フィリップ・C・アーモンド博士が一九八八年にケンブリッジ大学出版局より刊行した著書 *The British Discovery of Buddhism* の全訳である。ペーパーバック版が二〇〇六年に刊行されており、それを底本とした。アーモンド氏は一九八二年以来、同大学で教育研究に携わり、同大学の宗教学部、次いで人文学高等研究所を拠点として活発な研究活動を展開してきた。宗教哲学、神秘主義研究から研究歴を開始したが、その後、本書を含む西洋と仏教の関係を主題とした研究に取り組み、近年では近代英国宗教思想史分野での数篇の著書のほか、悪魔、妖術、邪術などについても研究を進めている。

現在、日本の学界で近代仏教研究が活況を呈している。特に近年、いくつもの共同研究が進展し、研究が蓄積されてきた。世代間の研究の継承もあって研究領域が多角的に展開し、とりわけ近現代における日本仏教をめぐって、一つの研究分野が発展している。他方、「仏教」概念それ自体の近代性についても、その概念自体が西洋近代における仏教学の成立とともに確定してきたという、その歴史への着目とともに認識が深まりつつある。この西洋近代的な仏教の定位においては、歴史上でのブッダの認識に加え、テキストとしての仏教の重視が、西洋における近代仏教学を方向づけてきたことへの理解が深まってきている。

ところで、西洋と仏教との出会い、さらに具体的には西洋による仏教の、仏教としての発見は、西洋の言説世界における「宗教」の概念・用語の成立、確定の時期と重なっている。端的に言って、仏教が発見されることによって、ユダヤ教、キリスト教、イスラームといった在来の三つの一神教（＝アブラハムの宗教）に匹敵、相当し、さらに対抗しうる一つの宗教としての仏教が西洋の思想世界に登場したことになり、いわゆる「世界宗教」という近代西洋的な思想パラダイムが成立する契機となっていく（ジョナサン・Z・スミス「宗教（諸宗教、宗教的）」宮嶋俊一訳、マーク・C・テイラー編『宗教学必須用語22』所収、原著一九九八年、刀水書房、二〇〇八年、および増澤知子『世界宗教の発明――ヨーロッパ普遍主義と多元主義の言説』原著二〇〇五年、秋山淑子・中村圭志訳、みすず書房、二〇一五年、参照）。ここに、西洋における仏教という主題の、きわめて大きな一つの重要性がある。

この主題はまた、本書でも言及されているエドワード・W・サイードの『オリエンタリズム』（原著一九七八年、今沢紀子訳、一九八六年、平凡社ライブラリー版、一九九三年）が西洋と中東イスラームに主眼を絞った研究であったのに対し、特に西洋とインド、ならびにそれ以東の東南アジア、東アジアとの関係を背景とし、「宗教とオリエンタリズム」という問題系においても、重要なもう一つの位置を占めている。

＊　＊　＊　＊　＊

ところで、現代日本における近代仏教研究の一つの特徴は仏教のグローバルな側面への着目であり、近代仏教学の背景にある西洋の仏教研究に注目が向けられる一方で、神智学とアジア仏教の関連などについても関心が向けられている。またハワイやアメリカ合衆国本土の仏教についても、数冊の日本語版研究書が著わされるなど、研究が進展している。なお、南北アメリカにおける仏教という主題の一つの背景は、日本を含むアジアからの移民・難民の流入とともに「生きられた宗教」として仏教が携えられていったという点である。この移民・難民たちにとっての生活のなかの仏教に加え、その他の非アジア系の求道者（seeker）たちからなる改宗仏教徒の存在や、仏教系の諸々の新宗教教団の展開が、重層的な研究主題を形成している。

他方、日本の近代仏教研究の展開のなかで、ヨーロッパの仏教についても、時折、言及されるようになってきている。ともにフランス語原著の、ロジェ＝ポル・ドロワ『虚無の信仰——西欧はなぜ仏教を怖れたか』（原著一九九七年、島田裕巳・田桐正彦訳、トランスビュー、二〇〇二年）、フレデリック・ルノワール『仏教と西洋の出会い』（原著一九九九年、今枝由郎・富樫瓔子訳、トランスビュー、二〇一〇年）といった重要な文献も邦訳され紹介されてきた。このように日本ではフランス語圏での研究の紹介が先行したが、ヨーロッパ各国には国ごとにそれなりの個別の状況もあることが想定できるはずである。

ここで参考までに、ヨーロッパ、とりわけドイツ語圏の状況に詳しいマルティン・バウマン博士（スイス、ルツェルン大学教授）が二〇一九年六月に発表した論文「ヨーロッパにおける仏教」を取り上げ、ヨーロッパの仏教における最近の状況について概観してみよう。バウマン氏はまず冒頭で現代西欧における仏教の存在が定着しつつある状況について、以下のようにまとめている。

西欧において仏教は、三つの異なる方途をたどり主流の人々に到達しつつある。第一に、一般の人々のあいだでは、仏教は他宗教に代わって選択しうる身近なものだとする肯定的なイメージが定着してきており、仏教センターの数、メンバーの数という点で大きな成長につながっている。第二に、ヴィパッサナー瞑想とその多様な世俗的形態が、ストレス低減と認識拡大のための新たな形態として広く実践され流行するようになってきている。最後に資本主義市場における多様な商品、たとえば仏像、掛軸、りん〔仏具〕の形で、穏和で寛容な、基本的に肯定的なものとして仏教は幅広く表現されてきた。これらの商品はさまざまな家具店、ガーデニング用品店で簡単に購入できる。仏像は家庭の部屋や庭において、静謐と現代的な霊性を象徴する装飾品になってきた。仏教はヨーロッパにおいて、多元化、世俗化、商品化といった大規模な社会的傾向によって形成されるこうしたさまざまな形態をとってきたのである。(Martin Baumann, "Buddhism in Europe: History, Current State of Affairs, and Adaptations to European Large-Scale Social Trends," *Buddhism around the World*, edited by Thich Nhat Tu, HCM City, Vietnam: Buddhism Today Foundation, 2019, pp. 163–4)

バウマン氏は同論文においてヨーロッパと仏教との出会いの歴史をたどり、その最初期の段階、次いで一九六〇年代以降のヨーロッパへの仏教の本格的な流入の段階を振り返ったあとで、最近の状況に関する議論にまで及んでいる。それはすなわち仏教の思想、実践、そしてさまざまなモノが、ヨーロッパで普及している個人主義化、世俗化、商品化という大規模な社会的傾向に適合する過程である。本書『英国の仏教発見』は、ヨーロッパにおける仏教の流入の最初期に関する叙述であり、その後の状況をふまえると遡及的にその内容理解も深められるだろうと考えられる。そうした観点から、ここでさらにバウマン氏による近年のヨーロッパにおける仏教の広がりに関する議論を要約しておきたい。

バウマン氏は直近五〇年ほどのヨーロッパ社会における価値観の変化が、仏教への関心の増大の背景にあると見る。その変化の一つが、価値観の選好における個人主義化であり、一九七〇年代以降、禅やヴィパッサナー、チベット仏教の流入とともに、ヨーロッパの人々が新たな形態の瞑想実践に興味をもつことを促したとされる。また、社会の世俗化という全般的な傾向のなかで、スコットランド出身の著述家スティーヴン・バチェラー (Stephen Batchelor, 1953-) の著作に見られるように、ヨーロッパにおいて仏教は（批判も受けているとされるが）一定程度、世俗的、合理主義的に表現されてきている。さらに瞑想実践も、「マインドフルネス」を冠した諸例に見られるように、欧米において世俗的な形態で提供されることで広く受け入れられてきた。商業化、商品化という面にかかわるバウマン氏の記述を、そのまま引用しておこう。

　ヨーロッパでは過去二〇年、百万ユーロ単位の市場が発展し、仏教書、仏像、チベット仏教の法具、瞑想用の日本的座布等々が提供されてきた。仏教雑誌では広告の数が急増している。それは仏教の講演、仏教センター、初心者向け瞑想コース、セミナー、何年もかかる学習や瞑想の講座、人気講師の著書等々の販売促進に向けられている。仏像やミニチュアの日本庭園の泉のようなアジア的工芸品は、大衆のあいだで庭や居室の装飾物として広く人気を得ている。さらにオンライン・ショップでは、あらゆる種類のりん、仏像などアジア的なさまざまなものが売られている。市場に出回る既成の商品は、個人の心身の健康と現代的な霊性のイメージと関連づけられている。

(Ibid., p. 174)

ヨーロッパの植民地主義の流れを汲むアジアの文物の商品化にはいくらかの批判も向けられているが、資本主義と商業主義の趨勢を押しとどめるにはいたっていないようである。バウマン氏は、こうしたヨーロッパにおける仏教の現状をふまえ、多宗教化しているヨーロッパの宗教状況における、確固たる位置を占めた少数派として仏教を捉えていたのである。

＊　＊　＊　＊　＊

現代ヨーロッパの仏教をめぐる近年のこうした議論もふまえたうえで、改めて西洋における仏教との出会いの意味を考えてみると、どのようなことが言えるだろうか。西洋近代社会における科学的合理主義と産業資本主義の展開のなか、また対外的な帝国主義と植民地主義の拡張のなかで、仏教理解は本書が示しているように時代的な刻印を免れるものではなく、歴史の変遷のなかでその理解も紆余曲折をたどっていく。ただし、特に留意すべきは、おおよそ一九世紀以降の西洋人の宗教理解において、仏教が宗教の多元化と相対化の一翼を担っていくということである。カトリック、プロテスタント、東方正教といった複数の伝統をもともと抱え込んでいたキリスト教世界は、ヨーロッパ域内、また近隣地域におけるユダヤ教、イスラームとの空間的共存のみならず、仏教との思想的対峙も課題として突き付けられるようになる。そこからやがては仏教のみならず、世界におけるその他諸々の宗教伝統のそれぞれの歴史と現状について認識の更新が迫られていくことになるだろう。なお西洋にとっての仏教との思想的対峙という課題は、バウマン氏が着目するように現代においては往々にして、仏教的事物が大衆消費社会の商品として流通するなかで、見えにくくなっているかもしれないが、今日においても課題であり続けていることには変わりはない。

本書『英国の仏教発見』の初版刊行後、すでに三〇年以上が経過している。その間に、冷戦が終わり、二〇〇一年の米国同時多発テロが発生し、西欧諸国においても二〇一五年のシャルリ・エブド襲撃事件を含め、いくつかのテロ事件が続いてきた。日本では一九九九五年に一連のオウム真理教事件が発覚、二〇一一年に発生した東日本大震災は、福島第一原発事故も引き起こし、今日でも依然として解決しえない問題を生み出している。そして二〇二〇年、私たちは、地球規模での新型コロナ・ウィルス感染拡大という新たな事態の勃発を目撃したのだった。

今、挙げてきた事項のいくつかは、一見すると宗教とは関係のないものと思われよう。しかし本当に無関係なのだろうか。そして仏教は、このような世界と日本の状況のなかで、どのような位置を占め、どのような役割を果たすのだろうか。日本人にとって、ある程度、身近にあり、ありきたりの存在と思われているであろう仏教を、本書を手掛かりにしながら、英国、さらには西洋という外部からの視線にさらされたものとして捉え返してみたときに、私たちは諸々の宗教や文化の錯綜した相互関係が、政治や経済や科学や芸術や、また宇宙観や環境観や生命観等々も伴った、同時代史のなかに位置づけられることを改めて知ることになる。そしてそれは本書が主題とする一九世紀のみならず、私たちが生きる二一世紀においてもあてはまる、一つの歴史的な現実と言えるだろう。

二〇二〇年一二月

奥山倫明

人名索引

ア行

カ行

サ行

タ行

ナ行

ハ行

マ行

ヤ行・ラ行・ワ行

フィリップ・C・アーモンド（Philip C. Almond）
オーストラリア、クイーンズランド大学名誉教授（宗教学・宗教哲学）。オーストラリア人文学アカデミー・フェロー。近年の著書に *Afterlife: A History of Life after Death*（I.B. Tauris, 2016），*God: A New Biography*（I.B. Tauris, 2018）などがある。

奥山倫明（おくやま　みちあき）
東洋英和女学院大学教授、死生学研究所所長。博士（文学）。著書に『エリアーデ宗教学の展開——比較・歴史・解釈』（刀水書房、2000年）、『制度としての宗教——近代日本の模索』（晃洋書房、2018年）がある。

英国《えいこく》の仏教《ぶっきょう》発見《はっけん》

二〇二一年　七月一五日　初版第一刷発行

著　者　フィリップ・C・アーモンド
訳　者　奥山倫明
発行者　西村明高
発行所　株式会社法藏館
京都市下京区正面通烏丸東入
郵便番号　六〇〇-八一五三
電話　〇七五-三四三-〇〇三〇（編集）
〇七五-三四三-五六五六（営業）

装幀者　熊谷博人
印刷・製本　中村印刷株式会社

ISBN 978-4-8318-2623-7 C1114

法藏館文庫既刊より

価格税別

ほ-1-1	あ-1-1	な-1-1	く-1-1	い-1-1
増補			中世史の構図	
宗教者ウィトゲンシュタイン	禅仏教とは何か	折口信夫の戦後天皇論	王法と仏法	地獄
星川啓慈著	秋月龍珉著	中村生雄著	黒田俊雄著	石田瑞麿著

ほ-1-1 増補 宗教者ウィトゲンシュタイン 星川啓慈著

ひとつの孤独な魂が、強靭な理性と「神との和解」のはざまで悩みぬく。新発掘の二つの『日記』等をめぐる考察を縦横にもりこんだ、宗教学からの独創的アプローチ。

1000円

あ-1-1 禅仏教とは何か 秋月龍珉著

仏教の根本義から、臨済宗・曹洞宗の日本禅二大派の思想と実践を体系的に叙述。難解な内容を、簡潔にわかりやすくあらわした入門書の傑作。解説＝竹村牧男

1100円

な-1-1 折口信夫の戦後天皇論 中村生雄著

戦後「神」から「人間」となった天皇に、折口信夫は いかなる可能性を見出そうとしていたのか。折口学の深淵へ分け入り、折口理解の新地平を切り拓いた労作。解説＝三浦佑之

1300円

く-1-1 王法と仏法 中世史の構図 黒田俊雄著

強靭な論理力で中世史の構図を一変させ、「武士中心史観」にもとづく中世理解に鋭く修正を迫った黒田史学。その精髄を示す論考を収めた不朽の名著。解説＝平雅行

1200円

い-1-1 地獄 石田瑞麿著

古代インドで発祥し、中国を経て、日本へとやってきた「地獄」。その歴史と、対概念として浮上する「極楽」について詳細に論じた恰好の概説書。解説＝末木文美士

1200円

ア-1-1・2

評伝 J・G・フレイザー
その生涯と業績 上・下（全二冊）
R・アッカーマン著
小松和彦監修
玉井 暲監訳

大著『金枝篇』で世界に衝撃を与えた人類学者の画期的評伝。研究一筋の風変わりな日常から、出版をめぐる人間模様、悪妻とも評された妻との結婚生活まで。未公開書簡や日記も満載。

各1700円

い-2-1

アニミズム時代
岩田慶治著

森羅万象のなかにカミを経験する。その経験の場とは。アニミズムそしてシンクロニシティ空間論によって自然との共生の方法を説く、岩田アニミズム論の名著。解説＝松本博之

1200円

か-1-1

信長が見た戦国京都
城塞に囲まれた異貌の都
河内将芳著

同時代史料から、「町」が社会集団として成熟していくさまや、戦国京都が辿った激動の軌跡を尋ね、都市民らの視線を通して信長と京都の関係を捉え直した斬新な戦国都市論！

900円

や-1-1

宗教とは何か
現代思想から宗教へ
八木誠一著

理性と言語による現実把握の限界をどう超えるか。ニーチェの生の哲学から実存主義、さらには京都学派の哲学までを総覧し、現代人のための宗教に至る道筋を鮮やかに指し示す。

1300円

つ-1-1・2

平安人物志
上・下（全二冊）
角田文衞著

考古学と文献史学を駆使した角田の博識と推理が冴え渡る、41篇の人物伝。緻密な分析で、平安朝を生きた人々の数奇な生涯を鮮やかに描き出した、歴史的名著。解説＝山田邦和

各1700円

か-2-1

インド人の論理学
問答法から帰納法へ
桂紹隆著

インド人の思考法は、観察から法則を導き出す帰納法的思考であった。事実に基づく論証法がインドでどのように展開したのか。その淵源を仏教の縁起の教えに見出した名著。

1300円

た-2-1
悟りと解脱
宗教と科学の真理について
玉城康四郎著
徹底した禅定実践と学問研鑽によって仏道を求め、かくして到達したブッダの解脱に基づき、一切の枠組みを超えた真理を究明する。稀有の求道者の最後の書。解説＝丘山　新
1000円

さ-3-1
ブッダとサンガ
〈初期仏教〉の原像
三枝充悳著
一人のブッダから多くの仏が生まれたのはなぜか。サンガはどのように成立したのか。仏教の根本問題を論旨明快な叙述で解きほぐす、恰好のインド仏教史入門。解説＝丸井　浩
1100円

し-1-1
ポストモダンの新宗教
現代日本の精神状況の底流
島薗進著
一九七〇年代以降に誕生・発展した「新新宗教」の特徴を読み解き、「新新宗教」を日本・世界の宗教状況とリンクさせることで、現代宗教論に一つの展望を与えた画期的試み。
1200円

や-2-1
〈方法〉としての思想史
安丸良夫著
安丸史学が対峙し、目指したものとは――。自身の研究や経験を回顧した論考・時評等を中心に収め、その思想的格闘の軌跡を示した歴史学徒必読の名著。解説＝谷川　穣
1300円

ア-2-1
英国の仏教発見
フィリップ・C・アーモンド著
奥山倫明訳
19世紀の英国人らによる仏教表象を分析し、西洋近代において、仏教が称賛や蔑視を交えながら「創造」されていく過程を、オリエンタリズムと宗教をめぐる観点から解明。
1300円

か-1-2
改訂 祇園祭と戦国京都
河内将芳著
創作物を通じて戦国期の祇園祭に託された「権力に抵抗する民衆の祭」というイメージは実態に合うものなのか。イメージと史実を比較し、中世都市祭礼・祇園祭の実像に迫る。
1000円